KB089258

4차 산업혁명

지금이 기회다!

The Fourth Industrial Revolution

4차 산업혁명 지금이 기회다!

양성길 최재용 총괄

박광록 박영찬 반종규 방명숙 안병미 이은정 이재원 이창원 정일영 지음

한국경제신문 i

2016년 스위스 다보스에서 열린 세계경제포럼에서 언급된 후 널리 쓰이고 있는 '4차 산업혁명'이란 단어는 '3차 산업혁명을 기반으로 디지털과 바이오산업, 물리학 등의 경계를 융합하는 기술혁명'이라고 정의한다. 이미 전 세계의 각국 정부들은 저마다의 해법으로 4차 산업혁명의 주도권을 잡기 위해 분주한 모습인데 대한민국도 예외는 아니다.

1차 산업혁명과 2차 산업혁명기에는 변방국이었던 대한민국이 3차 산업혁명기에 일약 스타로 발돋움하며 경제 선진국이 됐다. 하지만 부의 분배와 복지라는 덫에 걸려 추락에 대한 불안감이 고조되고 있는 것도 사실이다. 세계 경제 순위 10위권인 우리나라가 4차 산업혁명 지수에서는 20위권에 머무르고 있는 사실은 우리를 더욱 초조하게 한다.

정부에서는 뒤늦은 감이 있지만 2018년부터 4차 산업혁명 인프라 구축에 본격적으로 나설 태세다. 금융, 통신, 교통 등 10개 주요 산업 분야별 공공·민간 빅데이터를 분석하는 빅데이터 전문 센터가 순차적으로 설립되며, 빅데이터, 차세대통신, 인공지능(AI), 자율주행차, 드론(무인기), 맞춤형 헬스케어, 스마트시티, 가상증강현실, 지능형 로봇, 지능형 반도체, 첨단소재, 혁신 신약, 신재생에너지 등 13개 분야를 혁신 성장 동력으로 선정해 '선택과 집중'을 하기로 했다. 2020년까지 '레벨

3(조건부 자율주행. 자동차가 자동으로 운전을 수행하지만 운전자가 지속적으로 운행 상황을 모니터링하고 필요한 경우 차량을 제어)' 수준의 자율주행차가 고속도로를 달릴 수 있도록 관련 기술 개발과 스마트도로 인프라 확충을 위해 동분서주하고 있다. 정부에서는 이런 정책을 통해 2025년께 55만 개 이상의 신규 일자리가 창출될 것으로 기대하고 있다.

주지하는 바와 같이 4차 산업혁명의 관전 포인트 중 하나는 '일자리'다. 정부의 노력과 산업계, 학계의 공조가 이뤄진다면 우리는 슬기롭게 새로운 일자리를 많이 창출할 것이다. 따라서 4차 산업혁명에 대한 바른 이해가 시급한 시점이다.

이 책은 4차 산업혁명과 디지털 트랜스포메이션 / 4차 산업혁명 시대의 소셜미디어 활용 디지털마케팅 전략 / 4차 산업혁명의 또 다른 이름, 5G로 여는 미래 / 4차 산업혁명으로 나아가는 길 / 4차 산업혁명 시대에 필요한 자녀교육 / 비트코인 입문하기 / 4차 산업혁명과 유아 뇌교육 / 4차 산업혁명 시대 스마트한 보안과 개인정보보호 / 4차 산업혁명의 본질(本質)과 미래 일자리 / 제조분야 스마트 팩토리의 총 10장으로 구성돼 있다. 이 책을 통해 4차 산업혁명의 의미를 바르게 알고 잘 대응해 세계로 뻗어가는 대한민국을 창조하자.

이 책의 내용에 대해 궁금한 사항은 각 저자에게 이메일 또는 SNS 채널을 통해 문의하길 바란다. 독자와의 활발한 소통을 이어가고 있는 저자들은 오늘도 4차 산업혁명을 전파하기 위해 책과 씨름하고 있다. 독자 여러분의 건승을 바란다.

양성길 인싸이트컨설팅 대표

차례

CHAPTER

10

제조분야 스마트 팩토리

정일영

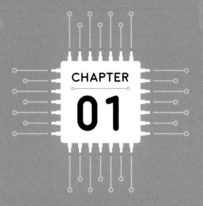

CHAPTER 01

4차 산업혁명과
디지털 트랜스포메이션

양성길

- 인싸이트컨설팅 대표
- 사단법인 4차산업연구원 공동대표
- 한국소셜미디어대학 석좌교수
- 다문화TV 자문위원
- 세계전뇌학습아카데미 전문위원
- 전 LG전자 PC연구실 엔지니어 / Intel 엔지니어
- Line ID: intel007
- 블로그: http://blog.naver.com/intel007
- e-mail: intel007@naver.com

최근 부쩍 많이 등장하는 단어 중 하나가 바로 '4차 산업혁명'이다. 곳곳에서 4차 산업혁명 관련 다양한 주제의 세미나 및 포럼이 열리고 있으며 외국의 유명 인사들도 초청되고 있다. 여전히 4차 산업혁명에 대한 정의 및 시기에 대한 다양한 이론이 존재하고 있는 것이 사실이지만 분명 세계는 지금 커다란 변화의 흐름을 인식하고 각각 다른 방향에서 생존을 위한 준비를 하고 있다.

혁명(革命)이라는 단어는 기존의 사회 체제가 송두리째 바뀌는 경우에 사용되곤 한다. 기존의 패러다임이 바뀌기 때문에, 혁명으로 인해 기득권층은 권력을 잃기도 하며 새로운 계층이 지배계급으로 떠오르기도 한다. 그동안 세 차례의 혁명으로 기존 질서가 무너지고 새 질서가 등장했으며 이를 '산업혁명'이라고 부른다. 1차 산업혁명은 영국에서 일어났는데 증기기관이 그 원동력이었으며 소나 말 등 동물에 의지해 운반했던 물류 시스템을 획기적으로 개선하게 됐다. 증기기관은 석탄을 그 동력으로 이용했으며 물의 원활한 공급을 위해 강가에 공장을 건설했고 이로 인한 환경오염이라는 심각한 문제를 야기하기도 했다. 증기기관의 활용은 공장제를 급속하게 보급하는 동력이 됐다. 공장에서 일하는 사람들은 사회적으로 천대를 받았고 노동착취라는 시각에서 노동자의 권익을 위하려는 목소리도 점차 높아졌다.

2차 산업혁명은 대서양을 건너 미국에서 시작됐는데 전기가 그 원동력이었다. 전기의 등장으로 낮뿐만 아니라 밤에도 일을 하는 것이 가능해졌으며 컨베이어 벨트에 의한 대량생산이 가능해져 자동차의 보급이 급속하게 증가하는 계기가 됐다. 2차 산업혁명의 두드러진 현상 중 하나는 도시화다. 식량을 생산하지 않는 도시인구의 팽창은 큰 문제점으로 대두되기도 했지만 농업 발전에 따른 생산량의 증가로 상호보완적인 위상을 갖게 된다. 도시는 공업과 상업의 중심지로 부각되며 '도시생활'이 자연스럽게 자리 잡게 된다.

1차 산업혁명과 2차 산업혁명의 시기에는 변방국으로 세계의 주목을 전혀 받지 못하던 대한민국은 3차 산업혁명의 시기에 세계의 경제대국으로 우뚝 서게 된다. 3차 산업혁명도 미국에서 시작됐는데 반도체, 컴퓨터, 인터넷이 원동력이었고 미국의 동부가 아닌 서부에서 꽃피었다. 3차 산업혁명으로 인해 우리가 그동안 경험했던 것보다 더 빠른 속도로 사회 전반적인 것들이 송두리째 변화했고 도시화가 급격하게 전개된다. 라디오와 텔레비전에 이어 인터넷으로 연결되며 이제 지구는 하나의 공동체로서의 모습을 갖추게 된다. 이 시기에는 석유의 이용이 활발해지지만 석유에너지로 인한 환경오염, 지구온난화 등 생태계의 변화가 일어났고 이를 관찰한 인류는 미래세대를 생각하는 친환경에너지(태양광에너지, 풍력에너지, 바이오에너지 등)의 개발도 동시에 진행한다.

대량생산, 대량소비가 가능해진 3차 산업혁명 시기에는 빈국과 부국의 격차가 갈수록 벌어졌으며, 가난이 대물림되는 현상이 사회문제로 떠오르기도 한다. 반도체, 컴퓨터, 인터넷의 만남으로 다양하고도 새로운 직업이 출현하고 있으며 그동안 유지되던 직업이 구석으로 내몰리고 있기도 하다. 이 시기의 두드러진 현상 중 하나인 빈익빈 부익부(貧益貧 富益富)로 인해 국가 간, 개인 간 뚜렷하게 나타난 상대적인 박탈감은 극렬한 노동운동으로 표출되기도 했다.

4차 산업혁명은 3차 산업혁명의 연장선상에서 출발했다. 학문 간 융합과 기술로 새로운 형태의 제품과 서비스가 등장하고 온갖 일자리가 위협을 받으며 평생직장의 개념이 사라지고 있다. 4차 산업혁명은 인간 위주의 산업이 인공지능(AI) 로봇, 사물인터넷(IoT), 모바일, 3D프린터, 무인자동차, 나노·바이오 기술이라는 옷을 입고 현존하는 다양한 문제의 해결사로 등장해 산업을 혁신시키며 사회에 큰 변화를 불러일으키는 것은 물론 통치 시스템과 인간들이 사는 방식을 송두리째 바꾸도록 요구하고 있다.

우리의 상상이 현실이 되는 4차 산업혁명 사회는 사물인터넷과 인공지능을 기반으로 사이버와 현실세계가 네트워크로 연결된 통합 시스템으로 인해 모든 것이 연결돼 우리가 지금까지 경험하지 못한 새로운 삶을 살도록 강요하고 있다. 언어와 이미지를 처리해 복잡한 의사결정을 할 수 있는 인공지능 및 빅데이터 기반의 기술을 가진 업체와 그렇지 못한 업체 사이에 큰 간격이 벌어질 가능성을 배제할 수 없다. 디지털 기술을 확보한 업체는 업종을 넘나들며 절대강자로 그 입지를 더욱 굳힐 것으로 보이는데, 구글(Google)이 자체 보유한 디지털 핵심기술을 바탕으로 무인자동차 시장을 개척해나가는 것이 그 좋은 예다.

이제 세상은 우리의 상상을 초월해 다양한 모습으로 진화하며 하루가 다르게 놀라운 기술과 혁신 서비스를 쏟아내고 있으며 이에 저항해 기존의 기득권을 지키려고 노력하는 모습도 관철되고 있다. 하지만 이 변화의 흐름은 이미 우리의 삶과 가치관을 송두리째 흔들 막강한 힘을 과시하며 국경을 넘나들며 다양한 모습으로 우리 곁에 다가오고 있다. 3차 산업혁명의 시기에 일약 스타가 돼 세계 무대에 화려하게 등장한 대한민국은 다양한 메이드 인 코리아의 제품으로 세계인들의 사랑을 받고 있는데, 4차 산업혁명 시기에도 기술을 주도하는 경제대국으로 우뚝 서기를 기대해본다.

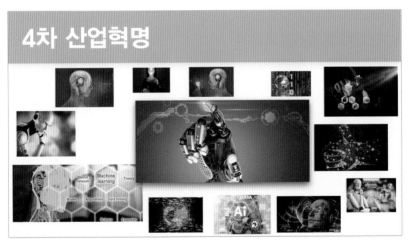

그림 01 4차 산업혁명은 우리의 상상보다 빠른 속도로 우리 곁에 오고 있다

* 핵심기술(원동력)
  ① 증기기관
  ② 전기
  ③ 컴퓨터, 반도체, 인터넷
  ④ 사회전체 시스템의 융합 / 변화
  (국가 간, 기업 간, 산업 간…)

* 명동
* 과거보다 빠른 속도로…

그림 02 50여 년 동안 달라진 명동의 모습. 하지만 이제는 과거보다 더욱 빠르게 진행되는 산업혁명의 거센 물결이 전 세계를 강타하고 있다

1. 디지털 트랜스포메이션

4차 산업혁명은 디지털 트랜스포메이션(Digital Transformation : DX)이라고 부르기도 하는데 기존 3차 산업혁명 시기에 등장한 기술들이 융합·복합하는 과정에서 디지털화가 필수적이기 때문이다. 인류사회 전반에 걸쳐 폭넓게 적용되고 있는 디지털 기술은 새로운 형태의 혁신을 제공하며 우리에게 기회를 제시하고 있다. 디지털 트랜스포메이션은 디지털 전환(轉換)이라고 번역되는데 이는 전통적인 사회 구조가 디지털 기술을 만나면서 시회 전반에 걸쳐 혁신되는 것을 의미한다. 기업에서 사물인터넷, 클라우드 컴퓨팅, 인공지능, 빅데이터 솔루션 등 정보통신기술(ICT)을 플랫폼으로 구축·활용해 생산성을 향상시키는 것이 이에 해당한다. IBM은 디지털 트랜스포메이션을 '기업이 디지털과

물리적인 요소들을 통합해 비즈니스모델을 변화시키고, 산업에 새로운 방향을 정립하는 전략'이라고 정의하고 있다. 이를 위해서는 아날로그 형태의 데이터를 디지털 형태로 변환하는 것이 필요하다. 디지털 트랜스포메이션의 사례로는 제너럴일렉트릭(GE)의 산업 인터넷용 소프트웨어 플랫폼 프레딕스(Predix)가 대표적이다. GE는 지난 2016년 7월, 산업 인터넷 소프트웨어 플랫폼인 프레딕스를 마이크로소프트(MS)의 클라우드 서비스 '애저'에서 구동하기 위해 전략적 제휴를 맺었으며, 2016년 7월 중국의 화웨이와 전략 동반자 관계를 선언하고 프레딕스 기반의 '산업인터넷' 전략을 공동 추진하기로 결정해 그 세력을 점차 키워가고 있는 현실이다. 세계적인 거대 기업들이 자신의 강한 역량을 무기로 서로 연합해 영향력을 확대해나가면 신생 기업들에 있어서 진입장벽이 높아질 수밖에 없다.

디지털 트랜스포메이션의 파고가 시간이 갈수록 높아지고 있다. 산업 내 디지털화가 급격히 진행되면서 재고, 경영, 비즈니스모델, 협력, 고객관계 등의 전 분야에서 대대적인 디지털 전환의 필요성이 대두되고 있는 것이다. 예를 들면 독일 기업인 아디다스(Adidas)는 3D 프린팅, 로봇, 첨단자동화 장비로 제조공정을 혁신한 '스피드팩토리(SpeedFactory)'로 지난 2016년 9월 독일에서 23년 만에 근로자 10명으로 50만 켤레를 맞춤 생산하는 쾌거를 이뤘다. 게다가 미국, 일본 등으로 도입을 확대할 예정인데 이는 제조·유통 비용의 혁신은 물론, 지역과 임금에 구애받지 않는 자동화된 중소형 공장 모델을 소비가 일어나는 현장에 짓는다는 데 큰 의의가 있다.

한편, 전기자동차업체 테슬라(Tesla)의 경우 설계, 제작, 판매 등의 기존 자동차 산업의 모든 것을 재정의해 자동차업계의 혁신을 주도하고 있는데 온라인 사전 예약 개시 3일 만에 25만 대의 주문을 받는 등 큰 호응을 얻고 있으며 자동차 산업의 강자 기업인 GM, 포드, 도요타 등은 고객 및 시장의 프로세스 혁신과 소프트웨어 역량 정비 등의 디지털 전환 요구에 어떻게 대응해야 할지 전전긍긍하고 있다. 기술의 혁신 특히 디지털 트랜스포메이션의 기술 파급은 기업의 평균 수명을 단축시킬 것이라는 예측이 나오고 있다. 지난 1960년대에는 60년이던 기업의 수명은 오는 2020년에는 12년에 불과할 것으로 예측하고 있는데 이러한 디지털 혁명의 결과 '포춘 500대 기업 중 52%가 사라질 것'이라는 예측을 하는 전문가도 등장하고 있다. 오는 '2020년까지 모든 기업은 디지털 약탈자(digital predator) 또는 디지털 희생양(digital prey) 중 하나의 운명을 맞게 될 것'이라는 예측은 기업을 운영하는 오너들에게 큰 압박감으로 다가온다. 게임의 룰이 크게 바뀌고 있는 것이다.

그런데 디지털 트랜스포메이션의 정의를 살펴보면 우리가 어떻게 대응하는 것이 옳은지 그 방향성을 가늠해볼 수 있다. 디지털 트랜스포메이션은 '디지털 기반으로 기업의 전략, 조직, 프로세스, 비즈니스모델, 문화(culture), 커뮤니케이션, 시스템을 근본적으로 변화시키는 경영 전략'이라고 정의를 내릴 수 있다. 즉 연구개발 쪽에만 국한된 개념이 아니라 기업을 형성하는 모든 가치 사슬에 고르게 영향을 끼치는 개념인 것이다. 그래서 많은 사람들은 4차 산업혁명과 디지털 트랜스포메이션을 동일 선상에서 비교하고 검토하곤 한다. 이제 기업은 근본적으로 변해야 살아남는다.

2. 변화에 대한 기업의 대응전략

그러면 기업은 어떻게 전략을 수립하고 변화하는 세상에 대응해야 할까? 우선 커뮤니케이션의 방법 및 타깃을 재정립하는 게 필요하다. 고객의 경험을 강화하는 커뮤니케이션 채널의 구축이 꼭 필요하다. 이는 기존 기업 중심의 마케팅, 커뮤니케이션과는 확연히 다르게 나타나고 있다. 점차 정확도를 높여가고 있는 디지털 기술을 활용해 고객 행동, 제품 및 서비스의 활용 등에 관련한 각종 데이터를 체계적으로 분석하고 실시간으로 고객의 니즈에 대응해 온·오프라인 통합 채널 운영 전략을 수립하는 것이 필요하다. 이제는 자신의 제품과 서비스를 제공하기 위해 TV, 신문, 방송, SNS 등에만 공격적으로 알리는 것을 자제할 필요가 있다. 고객이 자신의 니즈를 온라인으로 직접 신청하는 방식의 틀을 구축하는 것이 필요하기 때문이다. 즉, 고객이 찾아오게 하는 플랫폼을 만드는 것이 미래 경영의 화두인 셈이다.

그동안 일반적이었던 계층적 의사결정 구조는 디지털 트랜스포메이션이 급격하게 진행되고 있는 현장에서 어려움을 겪을 수 있다. 이의 개선을 위해 수평적 의사결정과 데이터에 기반을 둔 의사결정을 하는 내부 시스템의 정비가 시급하다. 이를 위해서는 기존의 IT인프라를 적극 활용해야 하며 새롭게 나타나고 있는 다양한 IT솔루션의 검토도 필요하다. 그동안 표준화한 통제적 관리 방식이 우세했다. 이는 직원들을 효율적으로 관리할 수 있다는 장점이 있지만 직원들이 스스로 판단할 수 있는 능력을 가로막았다. 하지만 이제는 모바일, 소셜미디어, 클라우드, 인공지능 등의 다양한 디지털 기술의 결합으로 직원들이 스스로 판단하고 의사결정을 쉽게 할 수 있는 시스템의 구현이 가능해졌다. 따라서 변화하는 디지털 환경에 대응하려면 현재의 비즈니스모델을 치밀하게 점검하고 기업의 핵심경쟁 우위가 무엇인지 재정의를 내리는 것이 요구된다. 이를 통해 신규 비즈니스모델의 발굴이 용이해지고 기업은 미래에 보다 적극적으로 대처할 수 있게 되는 것이다.

그림 03 디지털 전환(轉換)은 이미 커다란 흐름의 한 축을 형성하고 있으며 사고의 전환이 없이는 이 변화의 흐름에 적응하기가 힘들다

　디지털 트랜스포메이션을 비즈니스모델로 접근하려는 노력이 경주되고 있다. 이중 가장 두드러지는 것은 산업 재창조(Reinventing Industries)다. 지금까지 존재하지 않던 비즈니스모델을 만들어내며 새로운 인프라를 형성하고 완전히 새로운 형태의 고객 행동을 창출하는 업체들이 속속 등장하고 있다. 플랫폼 비즈니스(Platform Business), 공유경제(Sharing Economy), 온디맨드 비즈니스(On Demand Business) 등의 분야가 이에 해당한다. 특히 공유경제를 바탕으로 한 사업군은 놀

라운 속도로 변화에 더딘 업종을 퇴보시키며 그 빈자리를 메워나가고 있다. 예를 들면 우버(Uber)와 에어비앤비(Airbnb)가 그에 해당하는데 이들은 철저하게 디지털화한 자산을 기초로 해 새로운 질서를 만들고 있으며 이에 힌트를 얻은 많은 경쟁업체들의 출현을 예고하고 있다.

이런 새로운 물결에 맞서기 위한 기존 업체들의 노력은 크게 성공을 거두지 못하고 있으며 변화의 흐름에 순응해 그들 자신도 변화를 위한 경주에 나서도록 하는 원인이 되고 있다. 그런데 우리나라의 경우는 곳곳에서 법적인 제약에 부딪쳐 산업 재창조를 하려는 벤처기업들이 무릎을 꿇는 모습을 발견하곤 한다. 정치권이 발 벗고 나서서 합리적으로 법 규제를 풀고 새로운 산업이 자리를 잡도록 하는 노력을 경주해야 세계적인 기업들이 생겨나고 양질의 일자리가 창출될 것으로 판단한다.

그림 04 산업 재창조를 통해 없어지는 일자리를 빠르게 대체하고 있는 새로운 일자리의 보급 및 확산이 시급하다

디지털 트랜스포메이션을 비즈니스모델로 접근하려는 노력은 제품 또는 서비스의 대체(Substituting Products or Services) 형태로 나타나기도 한다. 이는 핵심제품과 서비스를 새로운 디지털 기술 및 포맷으로 직접 대체하는 것인데, 기업체들의 생존게임이 빠르게 전개되면서 기존의 비즈니스모델이 사라지는 것을 직시하고 기존 서비스를 대체할 새로운 영역을 스스로 창출하는 것이다. 그동안 집집마다 두꺼운 전화번호부가 있었다. 그런데 우리 주변에서 전화번호부가 빠르게 사라지더니 이제는 구경하기가 힘들게 됐다. 그런데 프랑스 전화번호부업계의 선두 주자인 빠주죤느(Pages Jaunes)가 수립한 대응 전략은 많은 업체들에게 타산지석으로 삼을 만하다. 빠주죤느는 그동안 자신들이 전화번호부를 생산하면서 축적한 데이터베이스를 어떻게 활용할까 고민하다가 디지털 디렉터리 서비스를 기반으로 중소기업들을 지역 고객과 연결해주는 비즈니스모델을 새롭게 개발해 큰 호응을 얻고 있다.

생각해보면 골목마다 있던 비디오테이프 대여점은 이제 찾기 힘들게 됐다. 만일 이들 중 누군가가 빠르게 진행되는 변화를 읽고 인터넷으로 동영상을 다운받게 하고 값을 매기는 시스템을 선행적으로 만들었다면 어떻게 됐을까? 아마도 크게 성공해 세간의 관심을 끌었을 것이다. 그런데 이 경우 개발비용 및 기획비용이 생각보다 많이 들 수 있으며 저작권 문제 등을 해결할 방법을 강구해야 할 것이다. 디지털로 변환된 데이터는 손쉽게 복제가 가능한데 이 경우 원본의 손실이 없다는 것이 그 큰 장점으로 꼽히기 때문이다. 따라서 필자는 이렇게 업종 전환을 고려 중인 업체를 대상으로 한 컨설팅 업체의 출현이 크게 도움이 될 것이라고 생각한다.

그림 05 기존 산업계에서 장점으로 부각하던 것을 디지털 트랜스포메이션을 통해 새로운 비즈니스 모델을 만들어내기 위해서는 생각의 전환이 선행돼야 한다

디지털 트랜스포메이션을 비즈니스모델로 접근하려는 노력이 정점을 찍는 영역 중 하나는 새로운 디지털 비즈니스의 창출(Creating New Digital Business) 분야다. 그동안 존재하지 않던 영역이 산업의 진보와 함께 센서, 인공지능, 로봇 등의 디지털 기술을 접목해 스마트 제품과 신규 서비스를 제공하는 형태로 출현하고 있으며 이 업체들의 비즈니스모델에서 힌트를 얻은 파생 기업들이 출현하기도 한다. 이 중에서 센서는 4차 산업혁명 패러다임 변화를 주도하는 핵심 아이템으로 여겨지고 있는데, 향후 10년 전후로 매년 1조 개 생산시대(Trillion Age) 도래가 예상되고 있지만 이제까지 시장은 해외 소수 업체들이 독점해왔다. 하지만 최근에는 새로운 수요가 급증하고 있으며 다양한 분야에 그 응용이 전개되고 있는데 이는 다양한 디지털 데이터를 추출하기 위해 필수 불가결한 아이템이기도 하다. 한편 센서는 유사기능을 통합하여 점차 지능화하고 있다. 이에 따라 센서를 많이 사용하지 않았던 전통 산

업, 인프라, 농업 등에서 수요가 급증하면서 기능이 통합된 콤보 센서의 수요가 증가하고 있는 추세다.

소프트웨어업체들은 사물인터넷 센서업체들과 제휴해 정보를 수집하고 기존 서비스 플랫폼에 있는 방대한 정보와 접목해 새로운 가치를 창출하려는 노력을 경주하고 있다. 한편 센서의 이용이 보편화하면서 센서 가격 하락으로 기존 센서 강자들이 원가절감을 위해 아웃소싱을 확대하게 됐는데 이들의 하청을 받아 생산하던 전문 생산업체(Foundry)들이 축적된 생산 노하우를 기반으로 시장에 진입하는 현상도 관찰되고 있다. 센서 경쟁력에서 소프트파워가 중요해지면서 생태계에 소프트웨어업체의 참여가 중요해졌는데 이는 센서를 통해 입수된 데이터를 분석하고 응용해 산업에 반영하는 것은 결국 서비스이기 때문이다. 따라서 센서의 활용에 기반한 새로운 벤처업체의 출현이 예상되며 이는 그동안 우리가 관찰해오던 영역이 아닌 전혀 다른 형태의 비즈니스가 될 것이다.

그림 06 센서의 소형경량화와 콤보 센서의 출현은 사물인터넷 기술에 접목되면서 인공지능에 의한 다양한 분석을 빠르게 할 수 있는 시대의 출현을 예고하고 있다

3. 인공지능 로봇이 주도하는 4차 산업혁명 시대

'인공지능 로봇'이 주도하는 4차 산업혁명의 시대는 어떤 모습일까? 기존의 산업혁명과는 다르게 기계가 육체노동뿐 아니라 인간의 정신노동도 대체할 수 있다는 점이 크게 부각되고 있다. 인공지능 로봇으로 인해 인간의 노동력이 상당 부분 대체된다는 우려는 있지만 잘 활용할 수만 있다면 더 효율적인 업무 수행이 가능해지기 때문에 이의 활용을 위한 다양한 연구가 진행되고 있는 것이다. 이 경우 육체노동의 한계는 로봇으로 극복하고 뇌가 100% 하고 있는 정신노동의 일부를 인공지능이 보완해주는 방향으로 전개가 가능한데 이는 사회 각층의 합의를 전제로 해 현실화할 수 있다. 만일 뇌가 100% 하고 있는 정신노동의 전부를 수행하게 된다면 일자리는 급속하게 줄어들 것이며 이는 사회의 붕괴로 이어질 가능성이 크다.

디지털 트랜스포메이션을 비즈니스모델로 접근하려는 노력은 가치 전달 모델의 재구성(Reconfiguring Value)의 형태로 나타나기도 한다. 이는 기존의 제약된 방식의 영업, 상품판매, 서비스 제공을 디지털 기술을 활용해 가치사슬을 단축시키거나 직접 제공하는 방식으로 전환하는 것을 의미하는데 빅데이터의 활용을 통해 이뤄지기도 한다. 디지털 기술을 활용하면 기존 방식에 비해 스펙트럼이 더 넓어지고 효율적으로 운용이 가능하기 때문에 기업의 입장에서는 영업, 상품판매, 서비스제공의 극대화를 꾀할 수 있다. 또한 가치 제안의 재정의(Rethinking Value Proposition)를 통해 접근이 되기도 하는데 기존 사업을 영위하면서 확보한 고객활동, 거래방식 등을 기반으로 새로운 고객경험과 가치를 제공해 기업의 성장을 도모하기도 한다.

일본의 소프트뱅크는 인공지능 로봇 '페퍼(Pepper)'를 시장에 선보이며 관련시장을 선도하고 있는데 이 로봇은 주변의 상황을 파악하고 자율적으로 필요한 행동을 판단하는 알고리즘이 탑재된 것이 특징이다. 상대방의 감정을 인식해 대화할 수 있는 휴머노이드 로봇이기 때문에 거부감이 상대적으로 적으며 페퍼와 익숙해지면 자연스럽게 낯설지 않은 상황 하에서 새로운 변화에 적응할 수 있다.

그림 07 상대방의 감정을 읽는 로봇의 출현은 인간의 삶에 커다란 변화를 예고하고 있다. 애완동물 대신에 다양한 휴머노이드 로봇을 소유한 사람들이 생길 가능성이 점쳐지고 있다

기업체들은 성공적인 디지털 트랜스포메이션 전략을 추진하기 위해 다양한 활동을 하고 있다. CEO가 진두지휘하며 솔선수범하는 탑다운(Top-down) 리더십이 다시 주목받기 시작하는데 특히 디지털 마인드를 가지기 위해 이공계 출신들의 영입이 활발해지고 있다. 상황을 논리적으로 분석하고 주어진 환경을 디지털 환경으로 바꾸는 능력이 CEO

들에게 요구되면서 그들을 학습시키는 교육의 방법도 다양화·구체화하고 있다.

탑다운 리더십의 경우 CEO의 예리한 통찰력이 그 어느 리더십보다 더 요구되는데 CEO의 판단은 기업의 방향타 역할을 하기 때문에 매우 중요한 덕목이다. CEO는 조직을 관리하고 구성원들에게 자연스럽게 디지털 마인드를 갖도록 독려하며 빅데이터 분석을 통해 얻은 결과를 어떻게 현장에 적용할지 고민하게 된다. 아이러니하게도 디지털 마인드를 높이기 위해 철학 및 심리학적인 접근 방법이 활용되기도 한다. 기업뿐 아니라 국가기관 및 종교계 등에서도 변화의 흐름을 간파하고 효과적으로 대응할 수 있는 인재의 영입을 서두르고 있는데 디지털 트랜스포메이션을 통해 새로이 편성되는 질서에 효율적으로 소프트랜딩을 할 수 있다고 판단하기 때문이다.

그림 08 탑다운(Top-down) 리더십이 다시 주목받기 시작하면서 리스크 매니지먼트에 대한 인식이 폭넓게 받아들여지고 있다. CEO는 통찰력이 뛰어나야 할 뿐 아니라 급격하게 예고 없이 찾아오는 리스크를 분석하고 효과적으로 대처하는 능력도 갖고 있어야 한다

기업의 명확한 목적과 비전을 설정하는 것은 성공적인 디지털 트랜스포메이션을 위해 매우 중요한 사항이다. 왜냐하면 유행에 따라 디지털 신기술을 도입하거나 선진기업들의 성공 사례를 답습하는 방법은 디지털 트랜스포메이션 추진의 속도를 더디게 만들 수 있기 때문이다. 일단 자신이 속한 업종을 분석하고 자신의 조직의 역량을 파악한 후 상황과 전략에 맞는 목적과 비전을 설정해 단계별로 접근해야 하는데 이를 위해 다양한 시뮬레이션을 하고 방향을 잡는 노력이 필요하다. 경쟁사가 도입한 검증되지 않은 디지털 신기술을 비판 없이 급하게 도입할 경우 돌이킬 수 없는 경영상의 실패를 경험하게 되기도 하며 이는 회사에 치명타를 입히기도 한다. 자신의 회사와 조직에 적합한 디지털 신기술을 도입하는 것은 매우 중요하며 다른 기업들의 성공사례만 답습하려 하지 말고 실패사례도 분석해 바른 방향 설정을 하는 것이 요구된다. 이를 위해서는 자신을 객관적으로 분석하고 이해하려는 노력이 필요하다.

때로 조직의 혁신을 위해 전담조직을 신설하고 혁신의 주도권을 부

그림 09 기업의 명확한 목적과 비전을 설정한 후에는 과감한 변화를 시도해야 한다. 도입할 수 있는 디지털 신기술에는 어떤 것이 있는지 타사의 성공사례와 실패사례를 통해 무엇을 배울 것인지 판단 후 실천을 하기 위한 세부계획을 수립해야 한다

여하기도 한다. 전담조직은 현재까지의 방법에서 탈피해 새로운 시각에서 현상을 파악하기 때문에 혁신을 이끌어내는 데 매우 유리하다. 디지털 트랜스포메이션은 최근 IT기업뿐 아니라 모든 기업의 화두로 떠오르고 있는데 IT기업이 아닌 경우 디지털 트랜스포메이션 전담조직을 구성하는 데 있어 내부인력의 부재로 어려움을 겪기도 한다. 전문가들은 글로벌 기업들이 향후 2년 내 광범위한 디지털 트랜스포메이션을 경험할 것으로 예측하고 있다. 글로벌 기업들은 전담조직을 구축함으로써 신속하게 경쟁 우위에 서기 위해 전력 질주를 하고 있는데 대부분의 중견기업들도 오는 2020년까지는 디지털 트랜스포메이션을 통한 혁신적인 사업모델을 구축할 것으로 여겨진다.

디지털 트랜스포메이션을 실현할 때는 작게 시작하고 지속적으로 개선하는 것이 필요하다. 처음부터 대규모 프로젝트로 진행하다 보면 예산 낭비를 할 수도 있고 고객의 피드백을 놓치는 경험을 하게 되기도 한다. 또한 잘못된 방향이라고 판단해 계획을 수정하게 되면 이로 인한 손실은 예상을 초월하기도 한다. 기존 비즈니스모델의 자기잠식도 두려워하지 않는 파괴적 혁신을 감내할 수 있는 결단력도 요구되고 있다.

4차 산업혁명 시대의
소셜미디어 활용
디지털마케팅 전략

박광록

- 시너지경영컨설팅 대표/컨설턴트
- 대한민국산업현장교수(정보통신분야)
- 서울시 SBA청년창업스쿨 마케팅 지도위원
- 국내 중·소상공인 100곳 이상 마케팅 현장지도
- 호서대학교 벤처대학원 융합서비스경영 전공
- 카카오톡 : isaystyle
- e-mail : isaystyle@naver.com

바야흐로 4차 산업혁명 시대가 코앞에 와 있다. 4차 산업혁명 시대의 큰 변화가 기업의 마케팅 환경에 어떤 변화를 불러올지 궁금해진다. 성공한 사람들은 호기심이 강하고, 실패한 사람들은 두려움부터 느낀다고 한다. IT 혁명이 일어나고 소비자 특성이 급변하는 4차 산업혁명 시대에는 기업(B)과 개인(C)의 마케팅 전략도 스마트하게 바뀌어야 한다.

스마트폰과 SNS(소셜네트워크서비스)가 전 세계에 보급되면서 글로벌 모바일 시장이 형성됐다. 소비자들은 소셜미디어(Social Media)를 통해 본인이 찾고자 하는 다양한 정보를 손쉽게 검색할 수 있으며, 자신에게 꼭 맞는 정보를 찾기 위해 SNS 기반의 소셜미디어 정보를 적극적으로 활용하고 있다. 과거 대중적인 매스미디어 중심의 광고 마케팅 방식이 점점 영향력을 잃어가고 있는 것이다. 이제 기업은 개개인 고객들에게 어떻게 자신의 제품과 브랜드를 노출해야 할지, 개인에게 최적화된 맞춤형 고객 서비스를 어떻게 확대해야 할지 고민해야 한다.

필자는 20년 가까이 'e-비즈니스' 시장에서의 마케팅 홍보 판매촉진 기법을 연구하며 이를 직업으로 삼아왔고 100곳 이상의 중소기업, 소상공인을 대상으로 실전 마케팅 현장지도를 한 경험을 갖고 있다. 기업이 지니고 있는 문제를 명확하게 짚어내 이에 대한 강의와 컨설팅을 전문적으로 진행해왔다. 이 글을 읽는 중소기업, 소상공인, 농업인들이 4차 산업혁명 시대의 급변하는 마케팅 환경을 이해하고, e-비즈니스 전자상거래 시장에서의 판매 역량을 키우고, 소셜미디어를 활용한 바이럴 마케팅 기법을 익힌다면 저비용 고효율의 마케팅이 가능하리라 본다.

4차 산업혁명 시대를 맞아 이제 필자와 함께 어떤 마케팅 활동을 펼쳐야 할지 함께 고민해보기 바란다.

그림 01 스마트폰 사용시간 점유율 (출처 : 와이즈앱)

1. 4차 산업혁명 시대의 디지털마케팅

1) 4차 산업혁명 시대, 마켓 4.0의 도래

ICT(정보통신기술)를 활용한 빅데이터, 인공지능(AI), 사물인터넷, 3D 프린터, 자율주행, 드론 등으로 대표되는 4차 산업혁명 시대에 소비자들은 어떻게 움직일까? 소비자 행동을 중심으로 본다면 SNS를 기반으로 불특정 다수의 사람들이 전 세계적으로 24시간 주고받는 정보에 놀라움을 금할 수 없다. 개개인이 만들어가는 소셜미디어 콘텐츠가 서로 연결되는 초연결성의 시대가 열린 것이다.

최근 4차 산업혁명 시대의 유망한 직업으로 빅데이터 전문가, 인공지능 전문가, 3D프린팅 전문가, 로봇 윤리학자, 가상현실 전문가 등이 떠오르고 있다. 필자는 기업의 CEO, 마케팅 담당자뿐만 아니라 1인 기업가, 소상공인, 농업인까지도 소셜미디어 마케팅 전문가가 돼야 한다고 생각한다. 급변하는 4차 산업혁명 시대에 변화를 읽어내고 빠르게 대응하기 위해서는 소셜네트워크를 이용한 빠른 정보 습득과 이를 산업현장에 적용하는 과정이 필요하기 때문이다. 이를 위해 초연결성으로 구성된 소비자 집단의 특성을 잘 파악해야 한다.

필립 코틀러(Philip Kotler)는 《마켓 4.0》에서 고객의 구매 행동 경로가 인지(알아본다)→호감(좋아한다)→물음(확신한다)→행동(구매한다)→옹호(추천한다)로 바뀐다고 밝힌 바 있다. 고객은 과거의 경험, 홍보, 광고, 다른 사람들의 옹호를 통해 많은 브랜드에 수동적으로 접근하며 시간이 지남에 따라 특정 브랜드와 깊이 있게 상호작용한다. 특정 브랜드에 만족스런 경험을 한 고객은 강력한 충성심을 갖게 되고 사람들 앞에서 해당 브랜드를 옹호하는 세력으로 변화해간다. 4차 산업혁명 시대에 SNS, 소셜미디어를 활용한 디지털마케팅 전략은 바로 이 같은 고객의 구매 행동 경로에 대한 통찰력을 갖고 한 발짝 먼저 다가서는 적극적인 마케팅 활동이다.

2) 국내외 전자상거래 시장의 변화

4차 산업혁명 시대에 기업이 나아가야 할 방향 중 하나는 국내외 'e-비즈니스' 전자상거래 시장에서의 경쟁력 확보라고 생각한다. 지난 2016년 미국 PFS Web의 발표에 따르면 중국 온라인 구매자의 21%, 싱가포르 구매자의 16%가 한국 제품을 지속적으로 구매한 것으로 나타났다. 제품 경쟁력을 갖춘 기업이라면 이베이, 아마존, 타오바오, 큐텐 등 글로벌 오픈마켓에 입점 판매하는 방식을 고려할 것이다. 또한 페이스북, 인스타그램 등 SNS를 활용해 회사의 브랜드와 제품을 알리고 지속적인 피드백 관리를 통해 고객을 확보할 것이며 이는 효과적인 글로벌 진출의 기회가 될 것으로 보인다.

그림 02 쇼핑 매체 이용 현황 (출처 : DMC미디어)

(1) 국내 소비자 4명 중 1명은 '모바일'로 쇼핑

지난 2015년에 비해 2016년 모바일 쇼핑몰은 2배 가까이 성장했다. 유통업계의 O2O(Online to Offline. 단어 그대로 온라인이 오프라인으로 옮겨온다는 뜻), 인공지능 쇼핑, 옴니채널(소비자가 온라인, 오프라인, 모바일 등 다양한 경로를 넘나들며 상품을 검색하고 구매할 수 있도록 한 서비스) 등 온라인-오프라인 채널을 연계한 마케팅 활동도 활발해지고 있다.

중국은 인구대비 인터넷 이용률이 급성장하고 있다. 지난 2015년 14%에 가까운 인구가 인터넷 사용자인 것으로 나타났다. 한국의 전자상거래 시장이 오픈마켓(G마켓, 옥션, 11번가 등)과 소셜커머스(쿠팡, 위메프 등) 중심으로 성장하고 있다면 중국은 알리바바, 미국은 아마존을 중심으로 성장하고 있다. 이들의 특징은 자국의 물리적인 영토를 뛰어넘어 온라인상에서 전 세계를 하나의 시장으로 보고 있으며 세계 어느 곳에서나 '24시간 쇼핑'이 가능한 플랫폼을 만들었다는 것이다.

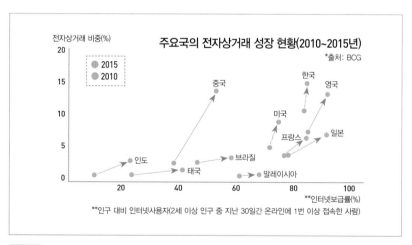

그림 03 주요국의 전자상거래 성장 현황 (출처 : 보스턴컨설팅그룹)

중국을 대표하는 전자상거래 업체는 알리바바다. 알리바바는 물류창고를 운영하거나 상품을 자체적으로 사서 소비자에게 팔지 않고 판매자와 구매자를 연결하는 역할에 집중한다. 판매자는 소비자와 자체적인 관계를 맺는다. 이때 알리바바는 각 판매자가 전자상거래 시장에 쉽게 진입할 수 있도록 돕는 역할을 한다.

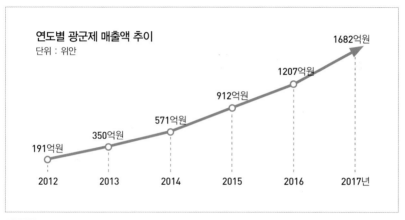

연도별 광군제 매출액 추이
단위 : 위안

1682억원

1207억원

912억원

571억원

350억원

191억원

2012 2013 2014 2015 2016 2017년

그림 04 2017년 광군제 매출 추이 (출처 : 알리바바그룹)

2017년 광군제(매년 11월 11일. 싱글들을 위한 날이자 중국 최대 규모의 온라인 쇼핑이 이루어지는 날. 미국의 '블랙프라이데이'와 비교되기도 함)에 알리바바는 '패션 인공지능' 기술을 선보였다. 하루 매출 28조 원이라는 기록적인 매출을 달성했으며 이를 통해 알리바바는 미래의 유통 비전을 보여줬다.

미국을 대표하는 전자상거래 업체는 아마존이다. 아마존은 온라인 소매업에 전문성을 가진 전형적 기업이다. 자체적인 물류창고도 운영하고 있다. '아마존에 없는 물건은 지구상에 없다'는 말이 나올 정도니 아마존이 취급하는 물건 종류는 사실상 제한이 없다고 볼 수 있다. 결제가 쉽고 배송이 빠르며 충성도 높은 고객에게 특화된 서비스를 제공한다. 아마존은 한국에서도 글로벌 셀링(온라인 수출) 사업을 시작했다. 한국어 전용 판매 창구와 한국 셀러 전담 상담사도 갖춘 것으로 보인다. 또한 한국에서 경쟁력 있는 제품들이 이베이, 아마존, 타오바오, 큐텐 등 글로벌 쇼핑 플랫폼을 통해 글로벌 시장에 진출하는 기회가 점점 증대되고 있다.

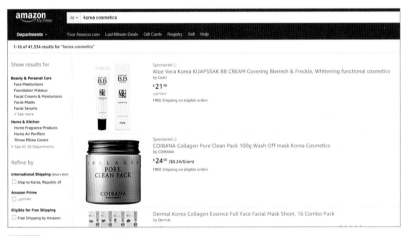

그림 05 아마존 쇼핑몰 화면

(2) 쇼핑 서비스도 인공지능 서비스로 진화

4차 산업혁명 시대를 맞아 인공지능 기술에 대한 관심이 높아지면서 인공지능과 유사한 기술을 활용한 쇼핑 서비스를 도입한 업체가 늘고 있다. 국내 대표적인 오픈마켓인 11번가에서도 인공지능 기반 기술을 활용해 상품 추천 서비스를 선보이고 있다.

11번가는 인공지능 챗봇 서비스인 '바로'를 통해 맞춤 상품을 추천하는 서비스를 선보이고 있으며 고객에게 좋은 반응을 얻고 있다. 바로는 방문 고객들에게 고객이 원하는 상품을 제안하고 있다.

(3) 4차 산업혁명 시대 기업의 서비스 혁신 '챗봇'

인터넷, 모바일 환경에서는 디지털마케팅의 중요성이 더욱 부각되고 있다. 고객의 구매 행동의 변화는 곧 기업의 마케팅 변화를 가져올 수밖에 없다. 기업의 마케팅 담당자들은 더 이상 불특정 다수를 향한 무차별 광고가 아닌 가망고객을 발굴하고 그들과의 관계형 커뮤니티 마케팅에 집중할 필요가 있다. 그렇다고 해서 기존의 TV, 라디오, 신문 등 전통적인 광고 매체가 사라지지는 않을 것이다. 다만 고객의 입맛에 맞는 맞춤형 정보를 제공하는 데 좀 더 집중해야 할 것으로 보인다.

챗봇의 활용 분야는?

대화형 커머스 및 온오프라인 연계 (O2O)	쇼핑, 비행기 및 숙소 예약, 레스토랑 예약 및 주문, 택시 호출
개인 비서	헬스 케어, 뉴스 피드, 날씨 정보, 금융 상담, 일정 관리, 길 찾기
공공 서비스	법률 상담, 세금 납부, 부동산 정보, 구인구직
엔터테인먼트	광고, 방송 안내

그림 06 챗봇의 활용 분야 (출처 : 한국정보화진흥원)

최근에는 인공지능 기술 발달로 고객들의 다양한 질문에도 척척 상담하고 답변하는 '챗봇'이 빠르게 확산되고 있다. 향후 모바일 생태계에서는 카카오톡, 페이스북 메신저 앱에도 적용된 챗봇 서비스가 활기를 띨 것으로 보인다. 그렇다면 빠르게 변화하는 IT 기술 환경 속에서 마케팅 예산과 전문적인 마케팅 인력이 부족한 중소기업, 소상공인, 농업인들은 어떻게 대응해야 할까?

그림 07 우리는 무엇을 준비해야 할까요?

우선 그들은 전통적인 마케팅 수단을 최대한 활용하되 저비용 고효율을 이끌어낼 수 있는 디지털마케팅을 병행하며 시너지 효과를 이끌어내야 한다. 이를 위해 온라인마케팅의 기본적 도구인 블로그, 카카오톡, 페이스북, 인스타그램, 유튜브 등을 시작하는 것이 좋다.

물론 홈페이지나 쇼핑몰 등을 통해 온라인 판매를 시도하고 오픈마켓 등에 입점해 제품을 알리고 기업의 브랜드 인지도를 꾸준히 올리는 노력도 해야 할 것이다. 즉, 브랜드 인지도 강화를 위한 홍보 활동을 꾸준히 진행하고 매출 증대를 위한 온라인 판매 촉진 활동도 적극적으로 병행하는 것이 중요하다.

3) 국내외 소셜미디어 현황

소셜미디어(Social Media)는 개방, 공유, 참여를 기본 개념으로 웹 2.0 시대의 SNS(소셜네트워크서비스)를 기반으로 등장한 온라인 플랫폼이다.

웹 2.0이란 정보 개방을 통해 인터넷 사용자들 간 정보 공유와 참여를 이끌어내고 이를 통해 정보 가치를 지속적으로 증대시키는 것을 목표로 하는 일련의 움직임을 말한다. 즉 웹 2.0은 개방적인 웹 환경을 기반으로 네티즌이 상호 간에 자유롭게 참여해 스스로 제작한 콘텐츠를 생산·개방·공유하는 개념이다.

해외에서는 구글 검색이 대표적이고, 국내에서는 네이버의 지식iN 서비스가 웹 2.0의 시초라고 할 수 있다. (출처 : 네이버 지식백과)

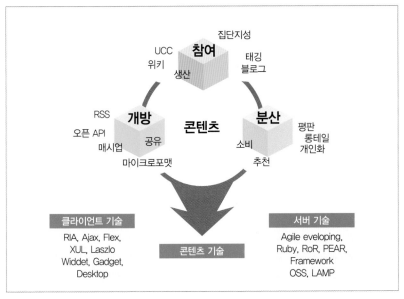

그림 08 웹 2.0 플랫폼 (출처 : web2hub.com)

스마트폰의 보급이 대중화되면서 개개인이 자신의 생각과 정보 등을 SNS 채널을 통해 공유하고 확산해나가며 다른 사람들과의 관계를 생성하는 자발적인 개방 구조를 형성했다. 이는 쌍방향이라는 특징을 띠고 있으며 불특정 다수와 정보를 공유하고 수평적 관계 형성을 의미한다. 이를 통해 다른 사용자와 연결이 가능하고 각종 콘텐츠를 공유할 수 있게 됐다.

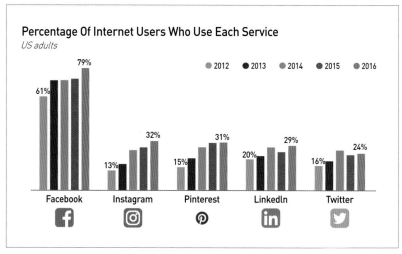

그림 09 소셜미디어 사용자 현황 (출처 : 비즈니스인사이더)

미국 매체 비즈니스인사이더에 의하면 소셜미디어는 끊임없이 진화하고 있으며 세계 인구의 37%가 다양한 플랫폼으로 이뤄진 소셜미디어를 사용하고 있다고 보도했다. 대표적인 소셜미디어로는 블로그, 트위터, 유튜브, 페이스북, 인스타그램, 위키피디아 등이 있으며 소셜미디어를 이용하는 사람들은 자신의 기분, 생각, 좋은 아이디어, 유익한 정보 등을 자신의 친구 또는 이웃들과 공유한다고 밝혔다.

소셜미디어 사용자 누구나 콘텐츠를 스스로 생산하고 유통하면서 자기를 표현하고 정보를 습득 및 공유할 수 있다. 소셜미디어 확산과 이용 증대는 참여와 공유를 지향하는 새로운 사회 문화를 선도하고 소셜커머스, 큐레이터와 같은 디지털 경제기회를 창출하고 사회적 공감대 확산과 신뢰를 형성하는 데 기여하고 있다. 소셜미디어가 갖는 개방성과 양방향성, 신속한 정보 확산과 네트워킹 등이 분명 디지털마케팅 부문의 성공적인 기획과 추진에 필요한 요인으로 작용할 것이다.

필자는 디지털마케팅의 핵심 수단으로 소셜미디어의 적극적인 활용 방안을 모색하고 기업의 입장에서 소셜미디어를 활용한 홍보마케팅 전략을 살펴보고자 한다.

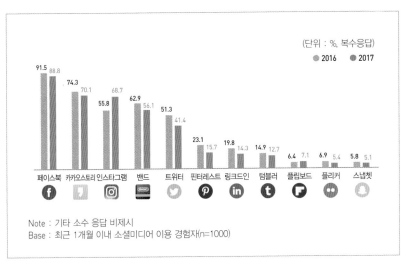

그림 10 소셜미디어 이용자 현황 (출처 : DMC미디어)

DMC미디어에 따르면 국내 인터넷 이용자 10명 중 7명이 인스타그램을 이용하는 것으로 나타났다. 주요 SNS 이용 매체로는 페이스북이

꼽혔다. 소셜미디어를 이용하는 이유는 '친구 혹은 지인과의 연락이나 커뮤니케이션을 위해서'라는 응답이 56.5%로 가장 많았다. 다음으로 뉴스·이슈 등의 정보 획득(37.8%), 취미·관심사 공유(23.2%), 가족·친척과 연락 및 교류(15.7%), 사진·동영상 공유(15.1%) 순이었다(복수응답 설문조사).

(1) 소셜미디어의 세 가지 특성

첫째는 개인화된 콘텐츠다. 이는 어떤 제품이나 서비스에 대한 개개인의 주관적인 경험, 의견, 선호도 등이 포함된 콘텐츠를 의미한다. 둘째는 개방화된 플랫폼으로 회원가입과 로그인에만 한정돼 있지 않고 서비스 자체를 개방하는 것을 의미한다. 셋째는 참여와 공유 플랫폼, 즉 특정 이슈에 대해서 쉽게 동참할 수 있고 공유할 수 있는 기능을 의미한다.

소셜미디어는 인터넷, 모바일에서 유통되는 다양한 멀티미디어 콘텐츠(텍스트, 음성, 영상 등)를 교환할 수 있는 거대한 커뮤니케이션 미디어로서의 역할을 수행하고 있다. 이를 활용하면 고객과의 커뮤니케이션을 통한 일대일 마케팅이 가능해진다. 개별고객과의 접근을 통한 마케팅 전략을 펼칠 수 있으므로 기존 광고비용의 절감 효과를 거둘 수 있다. 또한 기업과 고객 간의 커뮤니케이션이 쉽고 기존의 일방향적인 마케팅에서 벗어나 쌍방향성을 통해 개별고객에게 접근해 고객과의 지속적인 관계를 유지할 수 있다. 고객의 구미에 맞는 정보를 직접 전달할 수 있어 효과적인 마케팅 수단으로 떠오르고 있다.

(2) 소셜미디어를 활용한 디지털마케팅에 어떤 유익이 있을까?

첫째, 저비용으로 판매를 확대할 수 있는 기회를 제공한다. 인터넷 홈페이지, 쇼핑몰 등의 형태를 취하므로 오프라인 매장이나 사무실이 특별히 필요 없어 비용이 절감된다. 기업의 신규시장 개척이나 시장영역 확대에 SNS, 소셜미디어를 활용하면 시장 진입장벽을 획기적으로 낮추는 효과를 가져올 수 있다.

둘째, 고객과의 커뮤니케이션 및 서비스품질 개선 및 충성도 강화다. 개인별로 맞춤형 커뮤니케이션 소통이 가능하므로 고객과의 친밀성을 높일 수 있다. SNS를 효과적으로 이용할 경우 고객 개개인을 대상으로 개별적인 메시지를 전달할 수 있으며 이를 통해 고객과의 일대일 관계 구축이 가능하다. 기업은 고객과의 일대일 관계 형성을 통해 얻게 된 정보를 데이터베이스화해 고객과의 관계를 장기적으로 구축해나가기 위한 마케팅 자료로 활용할 수 있다.

4) 기업, 개인의 대표적 홍보수단 '블로그' 운영

(1) 블로그란?

블로그(blog)는 웹 로그(web log)의 줄임말로 인터넷을 의미하는 '웹(web)'과 항해일지를 뜻하는 '로그(log)'가 합쳐진 신조어다. 블로그는 손쉽게 시작할 수 있는 콘텐츠 중심의 홍보수단으로 유용하다.

필자는 디지털마케팅 현장지도를 위한 강의와 컨설팅을 위해 여러 지역을 여행하곤 한다. 그럴 때마다 그 지역의 맛집을 찾기 위해 네이버 블로그를 검색한다.

NAVER | 경주 맛집 | 🔍

블로그 1-10 / 176,760건

[경주 맛집] 경주역 앞 성동시장 먹자골목 2017.11.29.
[경주 맛집] 경주역 앞 성동시장 먹자골목 경주는 사진 찍기에는 아주 좋은 거대한 스튜디오 같다. 그래서 사진을 목적으로 경주 나들이가 잦다. 그래서 경주에서 식사를...
바다보며한잔.... 할까? blog.naver.com/sunye... 약도

경주 맛집 재방문 100% 2일 전
추석 때 다녀왔던 진주성찬 겨울에도 다녀왔는데, 역시나 이곳 경주 맛집 한옥건물로 화려한 식당인 여기는 같이 간 지인들은 내가 데리고 간 곳이 박물관인 줄...
후다닥마음맨의 맛깔나는 세... kyle1kim.blog.me/221... 약도

경주 맛집 쌈밥의 클라스! 2017.12.09.
관광객들의 발길을 이끌고 있기로 유명한 이 곳은 경주 맛집이다. 한국적인 맛을 제대로 경험할 수 있는 곳이다~ 여러차례 방송에도 출연이 될 만큼 사람들의 극찬이...
초대리의 :: True Story :: kies84.blog.me/22115... 약도

경주 맛집 늘봄 - 떡갈비 2017.12.02.
경주맛집 늘봄.. 한우떡갈비우렁쌈밥.. 요즘 갑자기 갑니다.. 자.. 상이 차려지는데.. 이곳 늘봄의 좋은 점.. 다 각자 줍니다. 떡갈비도 각자.. 얼마나 좋아요.. 푸성귀들과 찬들....
HOW MANY ROADS blog.naver.com/howma... 블로그 내 검색 약도

그림11 블로그 맛집 검색

중소기업, 소상공인, 농업인 등 자신의 제품을 홍보하고 브랜딩을 강화해나가야 하는 입장에서 블로그는 아주 유용한 홍보 도구다. 즉, 무료로 '제품과 서비스'를 홍보할 수 있는 인터넷, 모바일 플랫폼인 것이다.

네이버 검색창 상단에 노출되는 블로그를 운영하는 사람을 파워블로거라고 부르며, 파워블로그는 방문자 수가 많고 댓글도 많이 달린다. 때론 파워블로거의 콘텐츠가 인터넷 여론을 지배하는 경우도 있으며 이 때문에 기업들이 '입소문 마케팅'의 핵심으로 파워블로거와 협업을 하기도 한다.

필자도 블로그를 통해 멀리 지방에서부터 서울까지 다양한 곳에서 마케팅 현장지도에 대한 문의를 접하고 있다(필자가 운영하는 커뮤니티 http://cafe.naver.com/isaymall).

그림 12 필자의 블로그

진행절차 타킷(고객) 정하기 ▶ 연관키워드(카테고리) 주제/컨셉 잡기 ▶ 매일매일 포스팅 블로그 지수관리 ▶ 상위노출관리	※ **절대! 상업적으로 보여서는 안된다.** 신뢰도가 중요하다. 신뢰 가능한 출처->좋은 글 **1. 정보제공(70%)** **2. 체험후기(30%)** **콘텐츠관리** **3. 상품정보(?)** 예) 여성패션블로그 - 코디법, 화장법 – 코디체험, 화장체험 – 의류, 화장품

그림 13 블로그 초기 진행절차   그림 14 블로그 콘텐츠 구성

블로그 품질지수 높이는 방법 1. 이웃추가 2. 댓글 3. 엮인글 4. 공감 및 스크랩 5. 페이지뷰 늘리기 **페이지 뷰 늘리는 방법** 1. 포스팅길이는 길지 않게 2. 키워드 글자에 링크 걸기 3. 시리즈(연재) 글 쓰기 4. 댓글이 많으면 방문자가 눌러본다 1.매일매일 포스팅 2.오랜기간 포스팅 3.검색키워드 포함 포스팅 **블로그지수높이기**	※ **일방문자 목표! 300명->1000명->3000명** **1. 꾸준한 포스팅(주제.이슈)** **2. 키워드 공략** **방문자늘리기** (하위->상위) **3. 포스팅 타이밍관리(포스팅 없는 날짜.시간)** **4. 찾아가는 소통(댓글/답글,이웃추가,SNS까지)**

그림 15 블로그 지수 높이기   그림 16 블로그 방문자 늘리기

(2) 초보 블로거에게 필요한 운영 Tip

블로그를 처음 운영하고자 하는 초보자라면 다음 사항을 참고해두면 도움이 될 것이다.

위의 내용은 필자가 수년간 효과적인 블로그 포스팅과 키워드마케팅을 직접 실습하고 노출 결과를 만드는 과정에서 정리한 내용이므로 초보자들에게는 가이드가 될 것이다. 다만 위 자료는 참고용으로만 활용하기 바라며, 무엇보다 블로그는 '진정성'이 중요하므로 본인의 관심거리와 이야기를 네티즌과 소통한다는 마음으로 꾸준히 운영하길 권한다.

(3) 비즈니스 환경이 변하면 소비자들의 구매 행동도 변한다

과거에는 고객이 기업의 제품과 서비스 정보를 기업으로부터 제공받고 구매하는 형태였다면, 현재는 기업과 고객이 평등한 관계에서 제품과 서비스에 대한 정보를 주고받으며 수평적 관계에서 구매하고 적극적인 고객은 기업에게 제품의 개선점과 신상품 아이디어를 제공하기까지 한다. 이러한 수평적 관계에서 소비자들은 기업보다 같은 소비자를 더 신뢰하게 된다.

필자를 포함해 주변의 사람들을 살펴보면 아침부터 잠들기 직전까지 손에서 스마트폰을 좀처럼 떼지 않는다. 스마트폰이 우리 몸의 일부분이 돼버린 느낌이다. 이는 기업 입장에서 해석한다면 모바일 시장 어딘가에 24시간 잠들지 않는 잠재고객들이 몰려있다고 해도 과언이 아니다. 기업은 블로그, 페이스북, 인스타그램, 유튜브 등 다양한 SNS 채널을 통해 기업의 이미지를 제고하고 제품홍보는 물론 직접 상품판매 채널로 활용해나갈 필요가 있다.

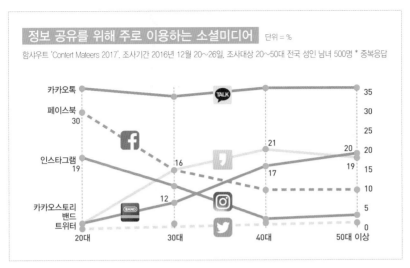

그림 17 연령대별 소셜미디어 이용 현황 (출처 : 함사우트)

2. 마켓 4.0 시대의 고객 경로 확보 5단계

고객은 스마트폰을 통해 언제 어디서나 기업의 정보나 제품 후기를 손쉽게 찾아볼 수 있다. 매장을 찾은 고객이 상품을 보면서도 다른 한 손에는 스마트폰을 들고 인터넷에서 상품정보를 검색하고 있다고 보면 현실적일 것이다. 기업이 고객을 좌우하던 시대는 지났다.

그림 18 고객 경로 확보 5단계 (출처 : 《마켓 4.0》)

고객을 내 편으로 만들고 그들에게 유용한 제품을 공급하기 위해서 기업은 고객들이 소통하는 공간에 함께 참여하는 것이 중요하다. 고객과 소통하며 문제를 해결하고 제품·서비스 기능을 개선하는 과정이 곧 신제품 개발의 계기가 돼야 한다.

최근 3D프린터가 각광을 받고 있다. 3D프린터의 보급이 일상화되면 소비자와 소비자가 만나는 C2C(Customer to Customer) 시장이 급성장할 것으로 보인다. 지구 반대편에서 원하는 상품을 내 집에 있는 3D프린터로 직접 만들어 파는 날이 올 것이다.

기업이 프로모션 이벤트를 만들고 고객이 단순 참여하는 방식에서 고객과 함께 프로모션을 기획하고 운영하고 기업이 뒤에서 지원하는 방식이 고객의 참여율과 만족도를 높이고 입소문을 통해 브랜드 호감을 키우고 충성도 큰 옹호세력을 만들어나가는 방법이 될 것이다.

3. 초보자를 위한 스마트마케팅 362 전략

1) 스마트마케팅 '362 전략' 이해하기

필자는 IT, 패션, 뷰티, 농수산물 등 다양한 분야의 중소기업과 소상공인을 대상으로 마케팅 현장지도를 해왔는데 이는 기업의 현장에서의 애로점을 파악하는 기회가 됐다. 중소기업, 소상공인, 농업인들은 매일매일 주어진 업무를 처리하는 상황에서 전문적인 마케팅 홍보 활동을 하기가 시간적·현실적으로 어렵다는 것이다.

그럼에도 불구하고 미래 성장을 위해 어려운 환경을 이겨내고 마케팅 환경을 계속 개선해나가야 한다. 이를 위해 중소기업, 소상공인, 농업인들이 각자의 주어진 환경을 분석하고 자신들의 비즈니스 키워드를 추출하는 과정을 통해 고객을 세분화하고 세분화된 시장(카테고리)을 개척해나가는 과정이 필요하다.

속담에 '급할수록 돌아가라'는 말이 있듯이 마케팅 환경구축에 충분한 시간을 투자해야 한다. 이 과정을 통해 경쟁자를 분석하고 고객이 원하는 콘텐츠를 생성해나가면 된다. 창업을 준비 중인 예비창업자라면 3개월간 모바일 e-비즈니스 마케팅 환경 분석, 플랫폼 기획 및 콘텐츠를 생성하고 6개월 동안 기업, 제품, 서비스 인지도 강화와 판매촉진 프로모션을 진행한다. 이런 과정을 통해 최소한의 매출실적을 확인 후 2차년도부터 본격적인 비즈니스모델을 재정립하고 사업을 전개해볼 것을 권한다.

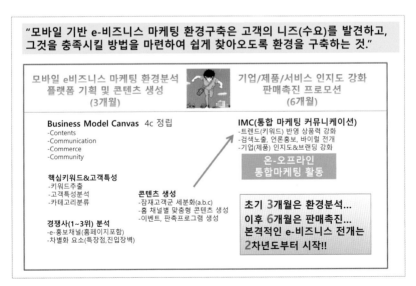

그림 19 스마트 362 마케팅 전략

2) 현장에서 효과적인 5가지 실전 Tip

필자가 직접 경험하고 체험했던 내용과 기업을 대상으로 현장지도했던 사례를 바탕으로 기업의 브랜드 인지도를 높이고 제품의 판매를 촉진하기 위한 실전 팁을 정리해본다.

(1) 상품은 팔아야 하고 팔려야 한다(키워드를 최적화하라)

고객들은 온라인에서 상품 정보를 검색하고 가격을 비교할 때가 많다. 그럴 때마다 그들은 특정 키워드를 검색한다. 이와 같은 특정 키워드는 연관 키워드, 추천 키워드 형식으로 정리할 수 있다. 즉, 내가 지금 찾고 있는 그 상품을 다른 누군가도 찾고 있으며 비슷한 고민을 하는 경우가 많다는 것이다. 이때 중요한 것은 그들이 무슨 고민을 하고 어떤 키워드를 갖고 온라인에서 검색하는지 알아내는 것이다. 고객을 찾는 키워드를 추출하고 해당 키워드에 최적화된 맞춤형 콘텐츠를 생성해 제공한다면 고객은 매우 친근하게 느낄 것이다.

그림 20 상품은 팔아야 하고 팔려야 한다

이와 같은 방식으로 고객이 찾고자 하는 상품을 재구성하고 각종 판매채널과 홍보채널에서의 관계형 커뮤니티를 찾아 상품의 특징과 효과, 사용 후기를 공유하는 과정이 반복된다면 판매는 자연스럽게 증가할 것이다. 지금 이 순간에서 온라인 저편 어디에선가 잠재고객들이 우리의 제품과 서비스를 찾고 있다고 상상해보자.

(2) 고객특성을 분석하고 세부 카테고리를 구분하라

기업의 제품과 서비스가 아무리 훌륭하다고 해도 그 제품과 서비스를 이용할 고객을 발굴하지 못한다면 무용지물이 될 것이다. 특히 창업 초기에 마케팅 담당자가 해당 상품을 판매하기 위한 고객 집단을 세분화하지 못한다면 효과적인 프로모션 이벤트를 진행하기는 어려울 것이다.

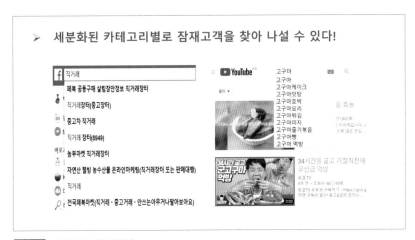

그림 21 카테고리 세분화하기

필자는 온라인에서의 키워드 마케팅을 위해 300개의 관련 키워드를 추출하기를 권해드린다. 즉, 고객이 우리 회사, 우리 제품과 관련해 검

색창에 검색하는 예상 키워드를 찾아내는 것이다. 연관 키워드를 찾아
내는 방법 중 하나는 네이버 광고주로 가입해 키워드 검색을 통해 찾아
내는 방법이 있다. 또는 네이버, 페이스북, 유튜브 등 네티즌이 많이 찾
는 플랫폼의 검색창에서 관련 키워드를 검색해 나타나는 자동검색어를
유추해내는 방법도 있다.

(3) 인간 중심의 스토리텔링 콘텐츠를 생성하라

고객에게 무엇을 팔려고 하지 말고 그에게 필요한 무엇인가를 지원
한다는 마인드가 필요하다. 고객이 인정할 때까지 진정성을 갖고 열심
히 지원하다 보면 고객이 원하는 진짜 '그것'을 찾게 될 것이다. 그때
'그것'을 상품화하고 서비스로 제공한다면 고객은 인정할 수밖에 없을
것이다. 이때 중요한 것이 친구처럼 진정성 있는 콘텐츠로 브랜드 매력
을 높이는 것이다.

그림 22 인간중심 스토리텔링 콘텐츠

(4) 모바일 기반 e-비즈니스 홈 채널을 구축하라

중소기업, 소상공인, 농업인에게 중요한 것은 저비용으로 효과를 낼 수 있는 수단일 것이다. 잠재고객들이 기업의 제품과 서비스를 이용하기 위해서는 어느 기업이 어떤 제품과 서비스를 제공하는지 쉽게 알 수 있어야 한다. 기업의 기본정보와 제품·서비스의 특징을 안내하고 고객과의 커뮤니케이션을 위해서는 자신만의 '홈 채널'이 필요하다.

쉽게 무료로 제작할 수 있는 홈 채널로는 네이버 모바일 홈페이지 '모두', 네이버 쇼핑몰 '스토어팜', 카페, 블로그 등이 있다. 물론 페이스북 페이지 또는 카카오 스토리채널도 유용하다. 또한 네이버 검색창에 기업의 브랜드 및 제품 정보가 검색되도록 하는 것도 중요하다. 이를 위해서는 카페, 블로그, 지식인 등에 고객들이 원하는 콘텐츠를 꾸준히 생성해서 포스팅하면 된다.

그림23 모바일 커뮤니티 홈 구축하기

(5) 끊임없이 고객과 소통하고 평가하고 개선하라

'고객이 왕'이라는 표현이 있다. 나쁜 기업, 나쁜 제품으로부터 고객을 안전하게 보호해야 한다. 이를 위해서는 스스로의 제품과 서비스가 먼저 우수하고 정직해야 한다. 옴니채널을 통해 어디에서나 동일한 서비스를 제공하고 고객의 참여를 유도하고 그들의 의견을 수렴해야 한다. 고객의 사용 후기 및 건의사항은 신제품 개발의 기회로 봐야 한다.

4차 산업혁명 시대에 많은 것들의 변화가 이미 곳곳에서 예고되고 있다. 그럼에도 홍보 분야에 있어서 소셜미디어는 그 변화 속에 포함돼 있지 않다. 그러나 세상이 바뀌고 있는데 소셜미디어라고 변하지 않아도 된다는 의미는 아니다.

4차 산업혁명 시대를 맞이해 개인, 소상공인, 중소기업 등 각 계층에서도 시대의 흐름에 맞는 변화를 모색하지 않을 수 없다. 고객은 날로 영악해지고 손해볼 이유가 전혀 없다. 오히려 빠른 속도로 코앞에 닥친 4차 산업혁명 시대에 고객들의 니즈는 더 다양하고 구체적으로 변하고, 그들은 과학적 토대에 근거한 최첨단의 서비스를 제공받기 원할 것이다.

그러나 홍보 분야에 있어서 소셜미디어만큼은 정부에서도 발표했듯이 잔존하는 카테고리에 속해 있다. 그렇다면 이 빠른 시대 흐름 속에서 어떻게 홍보를 하고 마케팅 활동을 펼쳐야 시대의 속도에 합류할 수 있는가 하는 고민을 필자는 본문을 통해 펼쳐봤다.

답은 결국 스마트한 세상 속에 빠른 속도로 보급된 스마트폰 등 모바일 환경을 기반으로 한 진정성 있는 콘텐츠의 생성에 있다고 본다. 이를 어떻게 고객들에게 송출할 것인가 하는 방법론에 있어서는 소셜미디어의 다양한 채널을 활용하게 된다. 그래서 소셜미디어는 4차 산업혁명 시대 속에서도 그 모습을 그대로 유지할 수 있는 것이다.

다만 4차 산업혁명 시대에 따른 획기적으로 변화되는 환경 속에서 개인이나 기업이나 농업인이나 각자의 경제성장을 위한 소셜미디어 활용에 있어 각 채널의 운영방법이 획기적으로 변화하지는 않을 것이다.

여기서 필자가 말하고 싶은 것은 운영방식은 변화하지 않을지라도 그 운영에 담아야 할 내용에 좀 더 충실하자는 것이다. 진정성 있는 스토리가 살아 있는 콘텐츠를 꾸준히 생성하고 고객이 원하는 바가 무엇인지를 알아 키워드에 민감하게 대처한다면 지금까지의 소셜미디어 활용방법과 다른 4차 산업혁명 시대에 맞는 운영방법을 터득하게 될 것이다.

참고자료 ≫

- 필립 코틀러, 《마켓 4.0》, 더퀘스트, 2017
- 와이즈앱
- DMC미디어
- 보스턴컨설팅그룹
- 알리바바그룹
- 한국정보화진흥원
- web2hub.com
- 비즈니스인사이더
- 함샤우트

CHAPTER
03

4차 산업혁명의
또 다른 이름,
5G로 여는 미래

박영찬

- 다클코리아(DACL KOREA) 대표로서
  세계 최초 DACL한국형리더십아카데미 전파
- 사단법인 4차산업혁명연구원 공동대표
- KAIST인성리더십 전문교수(14년)
- KAIST바이오및뇌공학과 대우교수(10년)
- 카카오톡 : dcc21
- e-mail : ctci@kaist.ac.kr

오는 2018년 2월에 개막되는 평창 동계올림픽에서 세계 최초로 5G 시범 서비스가 등장한다. 경기장 곳곳에 5G 통신이 가능한 카메라를 설치한 뒤 실시간으로 동영상을 전송하게 된다. 이를테면 아이스하키 경기를 볼 때 시청자들은 공격수가 수비를 제치고 골을 넣는 생생한 장면을 원하는 방향의 카메라영상을 선택해서 볼 수 있다. 뿐만 아니라 가상현실(VR) 증강현실(AR)기술을 탑재해 마치 현장에 앉아 있는 것처럼 주변 관객들의 다양한 표정도 볼 수 있다.

초스피드, 초대용량 데이터, 초연결의 특성을 가진 5G혁명은 1차 산업혁명을 이끈 증기기관, 2차 산업혁명을 이끈 전기에너지, 3차 산업혁명을 주도한 인터넷과 함께 4차 산업혁명을 이끄는 기반기술로서 '네트워크 디지털혁명'이라고 부르기도 한다.

4차 산업혁명은 한마디로 빛의 혁명이다. 빛처럼 빠르게 변화한다는 의미도 된다. 그야말로 우리 생활 전반에 걸쳐 혁명적인 일들이 일어나게 될 것이다. 빅뱅의 시작이 1년 전이라고 가정하면 현대 인류의 탄생은 불과 2분 전의 일이며 근대사회로 이끈 산업혁명은 2초 전에 발생했다고 볼 수 있다.

혁명의 시대엔 모든 것이 바뀐다. 평범한 사람이 어느 날 유명한 명사가 되고 가난한 사람이 마음먹기에 따라 아이디어 하나로 부자가 될 수 있는 일생일대의 기회를 잡을 수 있다. 작고 빠른 중소벤처기업이 크고 느린 대기업을 이길 수 있는 4차 산업혁명 시대의 또 다른 이름을 우리는 '5G혁명'이라고 말한다.

앞으론 플랫폼 기반이 구축된 기업들이 우리들 사회생활에 있어 전반적인 산업을 주도할 것이다. 개방과 공유의 시대! 초(超)연결사회(Hyper Connected Society)를 위한 5G 기술이 성큼 우리 앞에 다가왔다. 5G 시대엔 세상이 어떻게 변하고 우리는 어떻게 대응해야 하는지, 그리고 어떻게 살아갈지에 대해 알아보도록 하자.

1. 미래는 공상과 상상이 만든다

1) 현실이 된 예측기술

심술천재 심술통으로 유명한 이정문 화백의 만화를 보면서 어린 시절 참 신기하다는 생각이 든 적이 있었다. 그리고 그 만화는 오늘날 우리가 살아가는 시대를 정확히 예측하고 있다. 이정문 화백은 24세일 때 학생잡지사의 요청으로 '서기 2000년대의 생활의 이모저모'라는 만화를 상상해서 그렸는데 거기엔 놀라운 내용들이 담겨 있다.

그림 01 이정문 화백 서기 2000년대 생활의 이모저모
(출처 : 비즈니스인사이트)

오늘날 스마트폰으로 불리는 소형 TV 전화기가 만화에 나오는데 그가 초등학교 3학년 때 무전기로 군인들이 교신하는 것을 보고 앞으로 TV 또한 작아지면서 소형전화기가 나오지 않을까 상상하면서 그렸다고 한다.

그림 02 이정문 화백의 이동통신 소형전화기
(출처 : SBS-TV 〈5G미래와의 대화〉)

그림 03 이정문 화백의 태양열을 이용한 집 (출처 : SBS-TV 〈5G미래와의 대화〉)

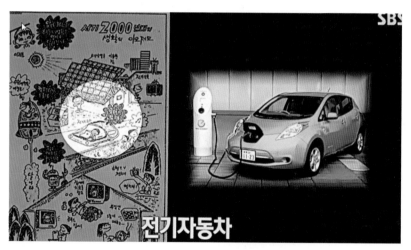

그림 04 이정문 화백의 전기자동차 (출처 : SBS-TV 〈5G미래와의 대화〉)

그림엔 태양열을 이용한 발전주택, 전기자율주행차, 움직이는 도로, 원격학습과 원격진료, 사물인터넷에 해당하는 스마트 부엌 등이 나온다. 인간의 상상력은 그 어떤 것보다 위대하다. 인공지능시대를 살아가는 우리가 컴퓨터보다 뛰어난 것은 바로 '생각하고 새로운 것을 창조하는 능력'이다.

소프트웨어 혁명시대에 상상력으로 기회를 만들어보자. 이왕이면 다른 사람이 하지 않은 것, 이미 한 것이라도 기존의 것을 뛰어넘는 것을 해야 한다. 그런 측면에서 내일로 가기 위한 동기부여를 해주는 '공상과 상상'은 이 시대를 살아가는 인간만의 특권이 아닐까 생각해본다.

밀레니엄 프로젝트 미래학자들이 선정한 현실이 된 30년 전 예측기술도 우리에게 놀라움을 안겨준다. 인간은 더 이상 상대가 되지 않는다는 말을 남기면서 68승 1패의 전적으로 은퇴한 알파고(AlphaGo)는 우리에게 인공지능시대가 다가왔음을 알려준 계기가 됐다.

30년 전에 이미 인공지능이 인간바둑고수를 이길 것을 예측했고 자율주행차가 사람 없이 거리를 누비고, 유전적으로 세 명의 부모를 가진 아기가 출생하게 되고 오늘날 사물인터넷으로 불리는 IoT(Internet of Things)기술로 인해 인간과 기계의 연결이 가능해지고, 가상현실 기술에 거대한 마켓이 생기며, 인류는 재생에너지를 이용하게 될 것이라는 내용들을 이미 수십 년 전에 예측했고 그 기술들은 현 시대에 이뤄지고 있다.

2) 인터넷의 아버지는 한국인이다

오늘날 인류의 삶을 변화시킨 혁신적 기술 중의 하나가 바로 인터넷이다. 인터넷의 아버지는 과연 누구일까?

"실재공간도 가상공간도 모두 우리가 사는 세상이다"라고 말하는 그는 인터넷을 통해 컴퓨터와 컴퓨터, 사람과 사람을 연결해주는 일을 통해 인터넷 형성에 기여한 인물들을 기념하기 위한 '인터넷 명예의 전당'인 'Global Connector'에 전 세계 인터넷 초기개발자 다섯 명 중 한 명으로 이름을 올리게 된다. 그분이 바로 대한민국의 자랑스러운 전길남 박사다.

그림 05 인터넷의 아버지 전길남 박사 (출처 : YTN)

그는 실재공간과 가상공간이라는 두 개의 세상을 사는 현대인들에게 '기술은 인간의 삶을 도와주기 위해 있는 것'으로 '편리함을 주는 기술의 노예'가 되지 않도록 주의를 해야 한다고 강조한다.

한국인들은 전 세계적으로 뛰어난 두뇌, 손재주 그리고 따뜻한 가슴과 열정이 있는 민족으로 유명하다. 늘 어려운 여건 속에서 기적을 만들어온 민족이다. 지금 이 시대 우리가 인터넷 강국으로 부상하는 것 역시 전길남 박사 같은 분이 있었기에 가능하지 않았을까 싶다.

3) 4차 산업혁명은 '5G혁명'

4차 산업혁명을 한마디로 초(超)연결사회(Hyper-Connected Society)로 표현할 수 있다. 초연결사회는 디지털 기술을 통해 사람과 사람, 사물과 사물, 온라인(on-line)과 오프라인(off-line), 일 대(對) 일, 일 대(對) 다수, 다수 대(對) 다수로 융합과 협업, 협치가 더욱 중요해지는 사회, 서로 긴밀하게 연결되는 사회다.

5G 시대를 맞이해 신속함과 안전함, 편리함을 함께 갖춘 이른바 사물인터넷(IoT) 시대 또한 본격적으로 열리고 있다. TV나 냉장고, 전자레인지, 세탁기 등 가전제품에 인터넷이 연결되면서 필요한 정보와 데이터를 주고받게 된다. 사물인터넷으로 인해 지금까지 삶과는 다른 생활을 가능하게 만들어준다.

그림06 사물과 사물, 사람과 사람이 연결되는 사물인터넷(IoT)

IoT 기술은 생명 바이오 분야까지 영역이 확장돼 감성인식기술을 바탕으로 사람의 몸에 장착되면서 인간의 건강과 감성상태까지 체크하게 되는 등 인류의 삶을 혁명적으로 변화시키게 된다. TV, 냉장고, 가구, 세탁기 등에 각각의 사물을 식별하기 위한 고유번호 및 IP주소를 갖게 되고, 다양한 센서기술을 통해 모든 정보로의 접근을 가능하게 해주는 역할을 스마트기기가 해주고 있기 때문에 5G기술이 그 중심에 서게 된다.

초연결이란 말은 지난 2008년 미국의 리서치 기업 가트너가 처음 사용했다. 우리나라의 경우 인터넷 사용률과 초고속 광대역 인터넷 보급률이 세계적인 수준이라 5G 시대에 세계로 도약할 기회를 잡을 수 있다.

정보통신기술에 의한 흐름을 미국에서는 디지털 트랜스포메이션(Digital Transformation)이란 용어로 사용하고 있다. 이제는 5G기술에 의해 페이스북과 유튜브, 트위터 등 SNS를 통해 시간과 공간을 초월해 전 세계인이 동질감을 느낄 수 있기 때문에 글로벌 시티즌의 마인드, 즉 세계시민 정신이 필요한 시점이 아닐까 생각해본다.

2. 역사상 최대의 패러다임 시프트

1) 인공지능이 인간을 넘어서는 순간이 도래한다

"30년 안에 인공지능이 인간을 넘어서는 순간(Singularity)이 다가온다. 이것은 인류에게 있어 정말 큰 기회다"라고 손정의 소프트뱅크(SoftBank) 회장은 지난 2017년 3월 세계 최대 이동통신박람회인 '모바일월드콩그레스(MWC) 컨퍼런스'에서 기조연설을 했다.

4차 산업혁명을 이끌어갈 가슴 설레는 뉴 비전(New Vision)이 지난 2016년 10월 25일 미국 실리콘밸리에 전해졌고 2017년 MWC에서 한 번 더 강조된 것이다. '싱귤래리티(Singularity)'란 질적 도약이 생기는 특정 시점(특이점)을 뜻하는 말이다. 인류역사상 최대의 패러다임 시프트(Paradigm Shift)로, 최첨단의 테크놀로지로 역사상 최고의 비즈니스 모델이 실현되고 있다.

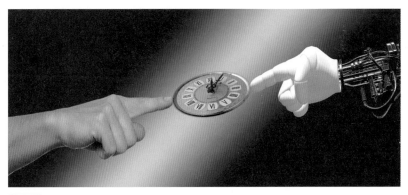

그림 07 인류와 컴퓨터의 공존을 통한 행복한 세상 만들기

지금까지 없었던 비즈니스모델 '뇌형컴퓨터의 실현'으로 학습컴퓨터가 완성되는 단계, 지식의 자동집적(데이터)에 지혜의 자동생성(알고리즘)으로 인간의 고차원적 정보처리능력(인지와 학습)과 인공지능의 데이터 활용기술의 융합으로 인간의 지능이 평균 5,000에서 10,000까지 높아질 수 있는 질적 도약의 시기다. 이 시기엔 '인류와 컴퓨터의 공존을 통한 행복한 세상 만들기'가 최대의 테마가 될 것이다.

2) 초지능(Super Intelligence)을 가진 신인류의 시대

사물인터넷과 인공지능의 결합으로 20~30년 내에 제조업, 헬스케어, 자동차와 교통, 서비스 등 생활 전반에 걸쳐 디지털화가 진행된다. 지능정보기술로 인해 사회가 지능화하고 산업구조가 변화되면서 인간의 삶에 초지능(Super Intelligence)의 시기가 도래하여 총제적인 변화를 초래하게 된다.

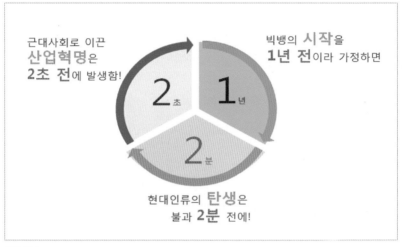

그림 08 우리가 사는 세상을 시간으로 보면 어떤 모습일까?

4차 산업혁명은 여러 분야에서 빅뱅이 될 것이다. 빛의 혁명이라는 의미도 빛처럼 빠르게 변화하는 시대라는 뜻을 포함한다. 그야말로 우리 생활 전반에 걸쳐 혁명적인 일들이 일어나게 될 것이다. 빅뱅의 시작이 1년 전이라 가정하면 현대 인류의 탄생은 불과 2분 전이며 근대사회로 이끈 산업혁명은 2초 전에 발생했다고 볼 수 있다.

3) 융합과 공유의 시대 4차 산업혁명

"4차 산업혁명은 개별적인 기술의 발전보다는 세상의 융합으로 보는 안목이 필요하다"라고 창조경제연구회 이민화 이사장은 말한다. 1차, 2차 산업혁명이 만든 물질세상을 현실세계인 오프라인(off-line)이라고 본다면 3차 산업혁명으로 등장한 새로운 가상세상이 바로 온라인(on-line)이다.

5G기술에 의해 사물인터넷이 만드는 초연결사회

연결혁명으로 불리는 4차 산업혁명답게 실시간으로 정보 수집을 가능하게 해주는 사물인터넷의 심장으로 불리는 모빌리티(Mobility)를 위해 클라우드(Cloud), 데이터를 엮고 확장하는 빅데이터(Big Data), 인공지능로봇, VR(가상현실), AR(증강현실), MR(혼합현실), 센서기술, 나노기술, 3D프린팅 등이 융합해 사람과 사물이 정보를 주고받고, 사물과 사물이 정보를 주고받는 환경을 제공해주는 이 모든 것은 오는 2018년 평창올림픽에서 최초로 시범을 보이고 2020년부터 상용화할 5G 기술이 있기에 가능하다.

그림 10 5G기술에 의해 증강현실(AR)-그림책에서 동물이 튀어나오는 기술 (출처 : 빅토리아프로덕션)

4차 산업혁명을 맞아 현실과 가상의 두 세상을 연결하는 융합기술이 등장했는데 대표적인 기업이 '우버(Uber)'와 '에어비앤비(airbnb)'다. 우버는 택시 없이도 80조의 기업 가치를 지니고 있고 에어비앤비 또한 호텔 없이도 36조의 기업 가치를 지니고 있는 세계적인 글로벌 플랫폼 회사다. 시간이 지날수록 더욱더 사람, 사물, 공간 등 모든 것이 인터넷으로 서로 연결돼 정보를 수집하고 생성·공유하면서 활용하는 사회가 성큼 다가올 것이다.

3. 빛의 혁명 포토닉스로 여는 5G의 미래

1) 1G 시대에서 5G 시대로 이동

G는 'Generation'의 약자로 1G를 1세대 이동통신으로 부른다. 이 시기는 무전기 같이 생긴 무선전화기로 음성통화만 가능했던 아날로그 통신 시대를 말한다. 지난 1988년부터 대한민국에서 상용화되기 시작된 1G시대는 비싼 단말기 값과 전화요금 때문에 대중화되지 못했고 일반인들은 주로 '삐삐'를 사용하던 시절이었다. 좀 더 여유로운 사람은 자동차 안에 카폰을 두고 사용하던 초기형태의 이동통신이 1G시대다.

2G는 지난 1996년부터 등장한 디지털방식의 CDMA 이동통신시스템을 말한다. 2G는 1G시대 아날로그의 단점을 보완하고 디지털신호로 변환해 사용하면서 삐삐에서 사용되던 문자까지 가능해지면서 적은 데이터 용량으로 높은 품질의 통화서비스를 제공하던 시절이었다. 이때부터 단말기 가격과 통신비가 저렴해지면서 이동통신의 대중화가 시작됐다.

1G와 2G 시대에 있어 전화번호 등 각종 데이터를 전화기로 구입할 때마다 새로 입력해야 하는 문제점이 있었으나 지난 2002년부터 시작된 3G시대는 USIM(유심)칩이 생겨나면서 기존의 정보를 그대로 새로운 단말기로 이동할 수 있게 됐다. 그리고 인터넷과 함께 영상통화가 가능해지면서 본격적인 스마트폰 시대가 열렸다.

음성데이터와 비 음성데이터(메일, 메시지 등) 전송이 가능해졌고 011, 017, 018, 019로 통신사별로 지정된 번호에서 010으로 번호가 통합됐다.

유심(USIM)이 생기면서 본격적인 영상통화가 가능해진 3G

　4G는 와이브로, LTE, LTE-A, 광대역 LTE, 광대역 LTE-A라고 불리는 지금 시대를 말하며 기존 3G보다 50배 빠른 초고속 통신기술로 인해 음성, HD영상통화, 멀티미디어, 인터넷, 음성메일, 게임 서비스 등 모든 서비스가 단말기 하나로 가능해졌다. 그야말로 손 안의 보물로 인해 모든 것이 연결되고 세상과 소통하는 시대가 열린 것이다.

그림 12　3G에 비해 50배 빠른 속도를 지닌 초고속 통신기술 4G

2) 5G 시대엔 어떤 변화가 생길까?

4G에서 5G 시대로 가면 어떤 변화들이 있을까? 먼저 5G 시대는 '초스피드, 초연결성, 초저지연'이라는 3가지로 표현할 수 있다. 5G 시대가 오면 기존 LTE보다 최소 20배에서 100배 빠른 속도가 가능해지고 반경 1km 이내의 사물인터넷 기기 100만 개를 동시에 연결할 수 있다.

그림 13 현실세계와 가상세계를 연결하고 융합하는 4차 산업혁명의 또 다른 이름 5G

평창올림픽에선 5세대 이동통신 혁명이라고 불리는 5G기술을 이용한 특별한 장면을 볼 수 있다. 시청자가 원하는 장면만 골라 입체적으로 보는 '타임슬라이스' 기술 그리고 시청자가 원하는 시점과 위치를 자유롭게 선택할 수 있는 '옴니포인트뷰'가 주목받는 기술들이다.

그림14 평창동계올림픽 타임슬라이스 기술 (출처 : SBS - TV 〈5G미래와의 대화〉)

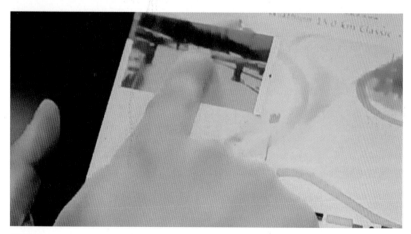

그림15 평창동계올림픽 옴니포인트뷰 기술 (출처 : SBS - TV 〈5G미래와의 대화〉)

군중행사에서 5G의 위력을 살펴본다면 다음과 같다. 2G에선 서로 통화가 잘 안 되고 문자를 보내려 해도 전송이 안 되는 현상이 나타나고, 3G에선 카메라로 찍은 군중집회 현장사진을 전송하고 싶은데 전달이 잘 되지 않는다. 5G에선 모든 사람들이 Full HD급 이상 UHD급의 카메라로 현장 모습을 여러 각도에서 담아 현장에 없는 사람들도 실제로 시청하고 참여할 수 있는 분위기 연출이 가능해진다.

무인자동차의 경우 통신지연이 있으면 사고가 발생할 수 있어 5G는 무인자동차 상용화를 위한 필수조건이다. 5G 통신망 기반의 자율주행 버스가 KT에 의해 운영되는데 4차 산업혁명의 핵심 중 하나인 5G 기술인 평창올림픽에서 첫선을 보이게 된다. 오는 2020년이면 전 세계적으로 상용화할 예정인데 아직까지 국제표준화가 이뤄지지 않아 국가 간 경쟁이 치열하게 전개되고 있는 양상이다.

그림 16 구글(Google)의 무인자동차

5G 기술은 빠른 속도, 끊임없는 연결, 초대용량 데이터 전송으로 요약할 수 있다. 다시 말해 영화 한 편(8G) 다운로드 받는 데 4G에서 1분 정도 걸렸다면 5G에선 불과 몇 초면 가능해진다. 끊임없는 연결이 가능해지고 100배 이상 많은 정보를 1,000배 빠른 속도로 전달할 수 있게 된다. 이것은 기존의 전자반도체에서 빛을 이용한 광반도체, 즉 포

토닉스(Photonics) 기술로 데이터를 전달하기에 가능하다고 한다. 기존의 반도체기술에선 0과 1의 이진법에 의해 정보를 전달하지만 포토닉스 기술에서 입자(알갱이) 하나마다 정보가 담겨 있기에 4차 산업혁명을 '빛의 혁명' 또는 '자기혁명'이라 부르고 있다.

3) 빛의 혁명 포토닉스로 여는 미래

5G 시대엔 인공지능(AI), 사물인터넷(IoT), 빅데이터, 드론(Drone), VR(가상현실) AR(증강현실) MR(혼합현실)에 포토닉스 칩이 사용될 것이다. 또한 무인자동차의 눈 역할을 하는 고성능감지센서 라이더(Lidar)도 기존에 1억에 가까운 비용이 들었는데, 이제 라이더를 100만 원에 만들 수 있는 기술도 개발 중이다. 이 또한 포토닉스가 있기에 가능하다.

그림 17 모든 것을 연결하는 사물인터넷

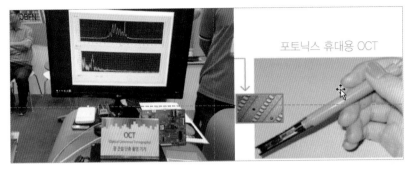

포토닉스로 만든 휴대용 OCT (출처 : 라이오닉스글로벌)

바이오/의료진단기(피부단층촬영기) 등 기존 병원광학기기가 크고 수천만 원이었다면 포토닉스 휴대용 OCT는 수십만 원의 가격으로 공급할 수 있다. 피부 및 안구 5mm 안까지 단층촬영이 가능해지고 크기는 볼펜 정도로 휴대가 가능하다. 이와 같이 가격과 편리함에 있어 소비자 이득이 증대됨에 따라 시장의 폭발적 성장도 예측해볼 수 있다.

앞으로 일어나는 혁명적인 일들은 빛의 혁명, 포토닉스가 있기에 불가능에서 현실화할 수 있다. 이 엄청난 기술은 네덜란드 연구소에서 만들어져 대한민국의 강소기업이 원천기술을 가지고 있는데 그 자랑스러운 대한민국의 기업이 바로 '라이오닉스 글로벌'이다.

빛의 혁명, 포토닉스가 여는 새로운 미래에 여러분은 어떤 준비를 하고 있는가? 다수의 학자나 전문가들이 대한민국은 4차 산업혁명에서 늦었다고 하지만 필자는 단지 시작이 늦었을 뿐 대한민국의 미래는 아주 밝다고 말하고 싶다.

세계적으로 우수한 원천기술을 갖고 있어도 제대로 이해하지 못하고 국가에서 보호를 해주지 못하는 점이 그저 안타까울 따름이라 앞으로 정부 차원의 지원이 필요하다. 국민들의 적극적인 관심 또한 잊지 말았

전자시대에서 빛의 시대로 이동

기존의 전자반도체
Electronics

전기를 이용하는 시대에서
빛을 이용하는 시대로 진입

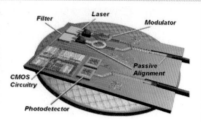

빛을 이용한 광(光)반도체
Photonics
전기가 아닌 빛으로 신호를
전달하는 것으로
기존 전자반도체보다
100배 이상 많은 정보를
1,000배 이상 빠르게 전송

그림19 전자반도체 시대에서 빛을 이용한 광반도체 시대로 이동

으면 한다.

4차 산업혁명 지능정보사회는 공유와 배려로 함께하는 초연결사회다. 융합과 공감으로 인류애를 실현하면서 함께 상생하는 것, Win-Win이야말로 우리가 지향해야 할 정신이 아닌가. 융합으로 하나 되는 사회, 기술과 사람과 자본과 시스템의 융합으로 사회 전반적으로 긍정적인 변화가 일어나 더불어 사는 행복한 세상을 만들어갔으면 한다.

5G를 살아가는 이 시대에 필요한 리더십은 윤리와 도덕이 수반된 선한 영향력을 지닌 '양심(Conscience)의 리더십'이다. 투명사회에서 선한 마음을 갖지 않는다면 나쁘고 위험한 결과를 초래할 것이기 때문이다. 혼자보다는 함께 Win-Win하겠다는 마음이 바로 5G 시대의 정신이다.

예쁜 여자보다는 생각 있는 여자가 매력 있고,

멋진 남자보다는 센스 있는 남자가 매력 있습니다.

이 계절 치명적인 매력에 빠져들게 하는 그 남자, 그 여자 바로 당신
인가요?

다음과 같은 메시지를 전하면서 5G로 여는 미래를 마무리하고자 한다.

"5대양 6대주 세계를 로그인하고, 행복으로 로그아웃하자!"

그림 20 세계를 로그인하고 행복으로 로그아웃하라

변화가 있다는 건 문제의 시작이고, 문제가 있다는 건 기회를 준다. 빠르게 변화하는 시대 대한민국의 4차 산업혁명은 희망이 있다. 단지 시작이 늦었을 뿐 한민족 특유의 손재주와 뛰어난 두뇌, 열정이 바탕이 된다면 4차 산업혁명의 또 다른 이름인 5G혁명시대. 세계적 원천기술을 가진 포토닉스 기술이 있기에 대한민국이 새로운 미래 세상의 주역이 되리라 기대해본다.

　세계 최초로 5G 시범을 보이게 될 평창 동계올림픽은 우리에게 어떤 의미로 다가올까? 필자가 평창 동계올림픽 개막 1년 전, 지난 2월에 쓴 칼럼으로 에필로그를 대신하고자 한다.

아! 2018 평창의 영광, 그리고 한민족 시대

　자연의 법칙에 5일을 1후(候)라 해서 5+5+5=15가 되어 15일을 보름(음)이라 하고, 5+5+5=15가 되어 1달(月) 30일(양)이 된다. 그래서 인간 1세대를 30년(年)으로 본다. 지구촌을 뜨겁게 만들고 세계인들을 하나 되게 할 선의의 무대 평창 동계올림픽은 앞으로 1년 후인 2018년 2월 9일(금) 개막을 해서 2월 25일(일)까지 17일 동안 진행된다. 평창 동계올림픽은 대한민국의 위상을 드높일 절호의 기회이자 한민족이 세계사에 도약할 수 있는 새로운 전기가 될 것이다. 평창 동계올림픽이 단순한 스포츠 행사가 아니라 대한민국의 국운과 세계사의 흐름을 바꿀 중요한 행사로서 다가오고 있음을 받아들이자.

30년 완성으로 천지인(天地人)이 하나 됨

지난 1988년 대한민국은 음(陰)을 상징하는 강남의 잠실에서 열린 올림픽에서 예상을 뛰어넘는 4위라는 성적을 거두었는데 서울 올림픽은 하늘(天)의 기운을 받은 올림픽이다. 그리고 14년 후 양(陽)을 상징하는 서울 강북에서 지난 2002년 한일월드컵을 유치하면서 땅(地)의 기운을 받아 사상 최대의 성적인 4위를 거두게 된다. 서울이라는 지형은 한강을 기점으로 남쪽은 강남, 북쪽은 강북으로 음과 양의 태극모양으로 이뤄진 예사롭지 않은 상서로운 기운을 지닌 세계 속의 도시다.

위대한 선물 세계 챔피언을 꿈꾸다

이제 지난 1988년부터 30년 후인 2018년 음과 양이 합(合)이 되면서 인간(人) 완성의 기운을 지닌 평창 동계올림픽이 열린다. 천지인(天地人)이 하나 되고 온 세계가 하나 되는 평창에서 우리는 과연 어떤 성적을 낼 것인가?

지난 1988년 서울 올림픽에서 4위, 2002 월드컵에서 4위를 했기에 오는 2018년 평창 동계올림픽도 당연히 4위는 기본으로 할 것이다. 다만 1988년에서 2018년 인간 1세대 30년이 되는 완성의 올림픽이라 대한민국이 챔피언(1위)에 올라서는 꿈을 꿔보자. 평창의 영광으로 대한민국과 한민족이 세계사에 족적을 남길 수 있는 위대한 전환점이 되길 우리 모두 하나 돼 힘을 모으면 꿈이 현실이 되지 않을까?

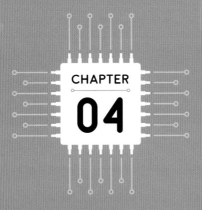

CHAPTER 04

4차 산업혁명으로
나아가는 길

반종규

- 현 사단법인 4차산업혁명연구원 공동대표
- 현 사단법인 한국인성문화원 부설 인성진로아카데미 원장
- 전 한국썬마이크로스시템즈 전무이사(마케팅본부장, 영업본부장)
- 전 한국크레이리서치㈜ 애플리케이션담당 이사
- 연세대학교 전자계산학 석사
- 서울대학교 수학과 졸업
- e-mail : snsmania@naver.com

지난 2016년 3월 전 세계의 이목은 서울의 한 호텔로 쏠렸다. 바둑계의 정상인 인간 이세돌과 구글의 인공지능 알파고의 세기적인 바둑대결이 열렸다. 결과는 알파고의 4대 1 승리. 전 세계는 충격에 휩싸였다. 그나마 이세돌이 1승을 겨우 건질 수 있었던 것은 알파고의 프로그램에 오류가 있었기 때문이라는 설명은 더욱더 인간의 자존심을 긁어 놓았다.

그 이후 알파고는 바둑대결에서 인간에게 단 한 차례도 승부를 내준적이 없었으니 그 설명이 더욱더 설득력 있게 여겨진다. 마침내 이제적수가 없다며 68승 1패의 전적과 함께 알파고는 바둑계에서 은퇴해버렸다. 많은 사람들이 뭔가 기계에게 농락당한 것만 같은 찜찜한 느낌을 지울 수 없었다. 이세돌이 한국인이었기에 한국 사람들에게 준 충격은 더 특별했다.

4차 산업혁명 논의가 한국에서만 유별나다고 비판하는 사람들도 많은데 그 이면에는 한국인 이세돌에 연유하는 바가 클지도 모른다. 우리는 아무리 인공지능이 빠르게 발전하더라도 인간을 이기기에는 아직도

그림 01 알파고가 바둑대결에서 이세돌을 이긴 사건은 우리에게 인공지능의 위력을 실감케 하는 충격적 사건이었다 (출처 : 삼성뉴스룸)

한참 멀었다고 막연히 생각했다. 그러다 이 사건으로 심하게 뒤통수를 얻어맞은 듯한 충격을 받고 망연자실했다. 이를 통해 SF영화 속에나 등장하는 것으로 알았던 인공지능의 존재가 생생한 실체로서 우리에게 다가왔다.

"이세돌이 알파고에게 진 거지 인간이 진 것이라고는 생각하지 않습니다"라는 이세돌의 겸손한 패배 소감(그렇지만 그의 눈에는 이슬이 맺혔다)에도 불구하고 우리나라 사람들은 대부분이 '아…… 인간이 기계에게 졌구나' 하는 좌절감을 느꼈다고 한다. 필자의 친구들 중에도 한동안 심한 무기력증을 느꼈다는 사람도 있다.

그로부터 채 10개월이 지나기도 전에 스위스의 다보스라는 한 작은 마을에서 4차 산업혁명의 시대가 도래했다는 뉴스가 날아들었다. 세계를 쥐락펴락하는 대단한 사람들이 모여서 인류의 미래를 논하는 2016

세계경제포럼(WEF)에서 선언된 4차 산업혁명은 이후 수많은 이슈를 확대 재생산했다. 오늘날 4차 산업혁명과 관련돼 미래에 대한 수많은 전망들이 난무하고 있다. 사람들은 이 다양한 미래 예측 속에서 오히려 더 당황하고 더 불안해한다. 사람들은 좀 더 분명한 미래를 알고 싶어 한다. 과연 4차 산업혁명은 우리의 미래를 어떻게 바꿀 것인가? 기회인가, 위기인가? 축복인가, 재앙인가?

1. 4차 산업혁명이 가져올 미래

미래에 대해서 예측한 사람들 중에 레이 커즈와일(Ray Kurzweil)이라는 좀 특이한 사람이 있다. 현재 구글에서 기술이사를 맡고 있는 그는 저서 《특이점이 온다(The Singularity Is Near)》에서 '특이점(singularity)'이라는 개념을 만들어냈다. 특이점이란 인공지능이 모든 인간의 능력을 뛰어넘는 그 순간을 말하는데 오는 2029년에 인공지능은 개인의 지능을 뛰어넘고 2045년이 되면 인공지능이 인류의 총 지능을 뛰어 넘을 것이라고 그는 예언했다.

또한 오는 2045년이 되면 인간은 무한한 생명을 갖는다고도 했다. 그의 예언을 황당하다고만 치부할 수 없는 것이 그가 지난 1990년대부터 147개의 예언을 했는데 30년 동안 그의 예언 중 86%가 적중했기 때문이다. IQ 165의 천재이며 21세기의 에디슨이라고 부를 정도로 많은 발명품을 개발한 그는 남들이 다 은퇴할 65세에 오히려 월급쟁이로 구글의 기술이사로 입사했다. 그가 구글에 입사한 이유는 단 한 가지였다. 그의 모든 노력을 AI의 개발에 올인하기 위한 것이었다. 그는 이번에 《How to Create a Mind》라는 저서에서 앞으로의 30년을 또 다시 예측했는데 대표적인 것을 추려보면 다음과 같은 것들이 있다.

1) 2030년대에는 나노봇이 우리의 뇌에 이식된다

인간의 뇌가 클라우드에 연결돼 뇌로 이메일과 사진을 바로 보낼 수 있고 우리의 생각과 기억을 백업할 수 있을 것이라고 한다. 우리 뇌의 모세혈관 속을 헤엄쳐다니는 나노봇(DNA 사슬로 만든 작디작은 로봇) 덕택에 이것이 가능해질 것이라고 한다. 그는 우리의 뇌가 생물학적인 사고 능력을 뛰어넘어 비생물학적 사고로 확장될 것이라고 예언한다. 그리고 인간이 도구를 사용하면서 한 단계 진화했듯이 이것이 인간 진화의 다음 단계가 될 것이라고 주장한다.

2) 나노봇이 근본적인 생명 연장을 가져온다

나노봇은 인간이 태어나면서 가지게 되는 면역시스템에 종말을 가져온다. 나노봇은 암을 포함한 인간의 모든 질병을 치유할 것이다. 나노봇 기술은 인간들에게 '근본적인 생명 연장(radical life extension)'을 가능하게 할 것이다. 다시 말해 영원히 사는 불멸의 세상에 한 걸음 더 다가설 수 있을 것이다. 생명이 연장되면 인간들은 '거대한 권태'라는 새로운 문제에 봉착한다. 어떻게 사느냐가 아니라 어떻게 재미있게 살 것인가가 삶의 주 의제가 된다. 이러한 상황에서 가상현실(VR)이 더욱 중요한 의미를 지니게 될 것이다.

3) 인류는 보다 재밌어진다

"우리는 더 재미있고 섹시한 사람들이 될 것이다. 사랑하는 감정을 더 잘 표현하게 될 것이다." 커즈와일이 최근 싱귤래리티 대학교에서 열린 토론에서 한 말이다. 인간이 사이보그화할수록 오히려 우리는 보다 '인간적'이 된다고 주장한다. 그에 의하면 나노봇은 논리적인 지능뿐 아니라 감정적인 지능도 키워준다. 우리는 '감정의 깊은 수준'을 창조할 것이다. 만일 길에서 회사 사장을 만난다면 우리는 사장에게 우리 뇌의 컴퓨팅 능력을 보여줄 필요가 없다. 그보다는 자신의 재치를 디지털적으로 확장시켜 다양한 방식의 표현과 전달방식으로 보여줄 수 있다.

4) 모든 것을 3D프린터로 만든다

3D프린팅 기술은 보다 대량으로 보급되고 오픈 소스화할 것이다. 오는 2020년대가 되면 자신이 필요로 하는 모든 것을 3D프린터로 만들 수 있다. 이미 3D프린터로 건물이나 교량을 만들고 몸속의 갈비뼈를 만드는 게 가능한 세상이다. "2025년이 되면 3D프린터가 아주 낮은 비용으로 옷을 프린트할 것이다. 무료 오픈 소스 디자인이 많을 것이지만 사람들은 그래도 유명 디자이너의 최신 옷 파일을 돈을 주고 다운로드할 것이다. 공짜로 구할 수 있는 것이 많은데도 사람들이 e북, 음악, 영화에 돈을 쓰는 지금과 마찬가지다. 3D프린터는 조작된 줄기 세포로 인체 장기를 프린트할 것이다. 환자 자신의 DNA를 사용하면 장기의 공급은 부족할 일이 없고 거부 반응도 없다. 재프로그램된 줄기세포로 손상을 입은 장기도 치료할 수 있을 것이다. 예를 들어 심장마비로 손상된 심장 같은 것들이다. 3D프린터로 저렴한 모듈들을 프린트해서 레고처럼 뚝딱 맞춰 집이나 사무실을 만들 수 있게 된다.

5) AI로 다시 살아난다

인공지능 기술을 활용해 죽은 아버지를 되살릴 수 있다. 오는 2030년대가 되면 사랑하는 사람의 뇌에 나노봇을 넣어 기억을 추출할 수 있다. 죽은 사람의 기억을 DNA샘플링 기술과 결합해서 죽은 사람의 가상 버전을 만드는 게 가능해진다. 그들이 남기고 간 정보를 토대로 사망한 사람들의 아바타를 만들 수 있게 된다. 이메일 등 그들이 쓴 글들,

이미지, 비디오, 고인을 기억하는 사람들과의 인터뷰 등을 통해서 아바타 제작에 필요한 것을 모을 수 있다.

아바타 이야기는 굉장히 흥미롭겠지만 전적으로 사실적이지는 않을 것이다. 오는 2030년대 중반이 되면 가능해진다고 본다. 어떤 사람들은 이런 '복제인간' 기술에 당황할 것이다. 인간과 굉장히 비슷한 로봇을 볼 때 드는 불안감, 혐오감이 있기 때문이다. 인간생물학을 재프로그램해서 여러 질병과 노화 과정에서 우리는 더 자유로워질 것이다. 예를 들면 암의 진짜 원인인 암 줄기세포를 비활성화한다거나, 심장병의 원인인 아테롤성 동맥경화증의 진행을 더디게 만드는 것이다.

6) 특이점이 온다

오는 2045년 인공지능이 생물학적인 진화를 추월하는 순간이 온다. 특이점이 오면 인공지능의 컴퓨팅 파워는 인간의 지능보다 10억 배 정도 높아질 것이다. 인공지능은 모든 면에서 인간을 추월한다.

커즈와일의 이 예언이 현실이 될 경우 상당한 문제가 발생할 여지가 있다. 인공지능이 인간의 모든 것을 학습해 인간을 추월한다면 어떤 세상이 될까? 엘론 머스크(Elon Musk)가 주장하듯 인간의 종말이 올지도 모른다는 생각이 든다. 도대체 인공지능이 인간의 나쁜 면, 말하자면 증오, 복수, 시기, 질투, 폭력, 살인, 방화, 성폭력 등을 배우는 것이 무슨 의미가 있을까? 아마도 그때가 되면 지금의 유전공학처럼 기술의 한계에 대한 윤리적 지침이 마련돼야 하고 또 당연히 그렇게 될 것이라고 필자는 생각한다.

7) 특이점 이후에는 마음을 업로드할 수 있게 된다

특이점에 도달한 후에는 사람의 마음을 업로드하는 게 가능해진다. 우리의 의식은 뇌 기반에서 컴퓨터 기반으로 바뀐다. 스티븐 호킹(Stephen Hawking)은 사람의 뇌를 컴퓨터에 복사하는 게 가능해질 것이라고 예측한 바 있다. 인생이 권태로우면 마음을 클라우드에 올려놓고 한 10년간 푹 쉬었다가 다시 깨어나서 활동할 수 있다.

8) 누구나 가상 육체를 갖게 된다

마음을 업로드하고 온전한 몰입감을 주는 가상현실이 가능해지면 우리의 몸도 '가상적'으로 바뀔 것이다. 가상의 육체는 실제 육체처럼 구체적이고 확실하다. 비디오 게임에서 캐릭터를 바꾸는 것처럼 가상 육체도 바꿀 수 있다. 아주 멀리 있는 사람들도 서로 찾아가 만날 수 있는 가상현실, 증강현실 속에서 상당한 시간을 보내게 될 것이다. 심지어 서로를 만질 수도 있을 것이다. 이 새로운 현실에서 우리가 만나는 '사람들' 중 일부는 아바타다. 무척 흥미롭겠지만 오는 2025년까지 인간의 수준까지는 올라오지 못할 것이다. 그건 다가오는 2030년대에 일어날 일이다.

이렇듯 한편으로는 공포스럽기도 한 예언을 한 그는 오히려 자신이 그린 미래에 대해서 낙관적이다. 그를 인터뷰했던 〈뉴욕타임즈〉의 기자는 '우리는 세상 물정을 모르는 우디 앨런의 형제를 만난 것 같았다'라고 평했다. 그는 자신이 예견한 미래에 대해 낙관하는 정도가 아니라 그런 미래가 올 것이라고 100% 확신하고 있다.

그는 오는 2029년이 인간이 영생을 만나는 첫 시작이 될 거라고 예언했다. 그때부터 다가올 2040년대까지 매년 1년씩 평균 수명이 길어지기 때문에 사실상 2029년까지 살아 있는 사람들은 죽지 않는다는 가설이 가능하기 때문이다. 오는 2040년이 되면 영원히 죽지 않는 영생의 시대가 도래한다고 말한다. 그래서 그는 영생의 시대를 맞이하기 위해서는 오는 2029년까지 일단 살아 있는 것이 필수라고 생각한다.

지금 그는 그때까지 살아 있기 위해 매년 16억 원의 돈을 들여서 건강관리에 매진하고 있다. 건강에 유익한 온갖 영양식이나 정맥주사 같은 방법으로 70세인 그는 현재 40대 정도의 생체나이를 유지하고 있다고 알려져 있다. 그래도 안심이 안 되는지 오는 2029년 이전에 죽음을 맞는 돌발사에 대비해 플랜 B를 만들었다. 미국의 알코아 재단이 주관하고 있는 냉동인간 프로젝트의 대기자 명단에 등록해놓았다. 오는 2029년 이전에 만약 그가 사망하게 된다면 즉시 냉동인간으로 만들어서 영생의 시대가 되면 해동시켜달라고 하는 것이다. 냉동인간 프로젝트에 현재 2,000명 이상의 대기자가 등록돼 있다. 그의 예언이 과연 실현될 것인가를 알아보는 데는 그렇게 긴 시간이 필요할 것 같지는 않다. 불과 12년 뒤니까.

어떤 한 천재의 황당무계한 상상에 불과하다고 생각하는 사람도 많을 것이다. 그렇다면 많은 학자들이 모여 향후 5년 후부터 10년까지의 4차 산업혁명에 대한 구체적인 로드맵을 제시한 2016 세계경제포럼 (WEF) 보고서를 살펴보기로 하자. 이 예언들은 모두가 현재 진행 중인 기술들이다. 현재의 기술 수준, 개발 속도 등을 분석해 만든 보고서기 때문에 믿어도 좋을 것이다.

- 오는 2023년에는 신체 이식형 단말기가 생활 속으로 들어오게 된
다. 실제로 스웨덴에 있는 에피센터 오피스사는 지난 2015년부터
사원들의 손목에 마이크로 칩을 이식해서 출퇴근 관리나 건강 체
크, 구내식당의 결제 등에 사용하고 있다.
- 오는 2024년에는 유비쿼터스 컴퓨팅이 일상이 되고 3D프린팅이
의료에 쓰이고, IoT(Internet of Things, 사물인터넷)가 가정집의 일
부가 된다. 국내에서도 의료용 3D프린터 시장이 지난 2015년 87
억 원에서 매년 29.1%씩 증가해 오는 2021년에는 403억 원에 이
를 것이라 전망하고 있다. 일부 정형용품 등은 현재도 생산되고 있
다. 통신회사들을 중심으로 IoT가 가정에 접목되기 시작했다. SK
텔레콤의 스마트홈, LG유플러스의 IoT@홈 등이 있다.
- 오는 2025년에는 3D프린팅이 사용된 소비재를 구매하며 인공지
능이 사무직을 대체하고 공유경제가 실현될 전망이다.
- 오는 2026년에는 자율주행자동차와 인공지능에 의한 의사결정,
스마트시티가 실현된다. 대부분의 자동차 회사들은 오는 2020년
까지 자율주행차를 출시할 계획이다. 기술보다도 법과 제도의 정
비가 관건이 될 것이다. 인도의 Altiux라는 회사는 도심 곳곳의 주
차공간을 알려주는 서비스와 시간에 관계없이 어두운 곳을 찾아서
빛을 밝혀주는 스마트시티용 제품을 발표했다.
- 오는 2027년에는 비트코인과 블록체인 기술이 일반화할 것이다.

2. 4차 산업혁명, 축복일까? 재앙일까?

이러한 미래예측들에 대해서 많은 사람들이 불안을 느끼고 있다. 특히 일자리에 대해 가장 많은 걱정들을 하고 있다. 정신의학자들에 의하면 불안, 즉 스트레스를 관리하는 데 세 가지 전략이 있다고 한다.

첫 번째는 스트레스 원인 자체를 제거하는 방법이다. 두 번째는 스트레스에 대응하는 자신의 반응을 바꾸는 방법이다. 세 번째는 앞의 두 방법이 통하지 않을 때 쓰는 최후의 방법으로 치료를 받는 방법이다.

4차 산업혁명이 우리를 불안하게 한다고 해서 첫 번째 방법을 쓸 수는 없다. 불안하다고 해서 4차 산업혁명 시대의 흐름을 막을 방법이 없다. 4차 산업혁명은 피할 수 없는 시대의 흐름이자 거부할 수 없는 시대적 패러다임이기 때문이다. 그렇다고 건강이 망가져서 마냥 치료받기를 기다릴 수도 없다. 4차 산업혁명에 대한 예상들이 실제로 현실이 되고 있다. 이미 일본에서는 음식점에 식기세척 로봇을 도입해 인건비 절감 효과를 보고 있다.

한국은 빠르고 안전한 택배맨들, 예를 들어 쿠팡맨 같은 사람이 아직도 익숙하지만 미국 일부 주에서는 자율주행차에 의한 배달이 시도되고 있다. 단순 반복 작업은 인공지능을 탑재한 로봇이 대체하고, 사람은 로봇을 관리하고 제어하는 방향으로 노동시장 구조가 바뀔 것이란 게 전문가들의 예측이다.

코트라(KOTRA) 관계자는 점차 사람과 로봇이 협력하며 일하는 환경이 일반화할 수밖에 없을 것이라며 4차 산업혁명을 대비한 제도적 인프라를 정비하는 게 일자리 감소에 대한 두려움을 막는 해법이라고 말했다. 따라서 우리가 택할 길은 우리 스스로를 변화시켜 이에 대응하는 방법을 찾는 것이다. 사실 불안의 주원인은 무지에서 오는 것이 대부분이다. 그래서 많은 사람들이 미래를 예측하려 애쓰고 있다. 4차 산업혁명의 흐름과 기술변화에 대한 개념과 방향을 보다 더 이해할수록 미래에 대한 막연한 불안에서도 좀 더 자유로울 수가 있다.

4차 산업혁명에 대해 많은 사람들이 불안하게 여기게 된 것은 특히 일자리와 관련된 부정적 예측이 가장 큰 영향을 끼쳤다. 이미 일찍이 자동화 기계들이 노동자의 일자리를 빼앗아갈 것이라는 우울한 예견이 있었다. 제러미 리프킨(Jeremy Rifkin)은 《노동의 종말》이란 책에서 '기술의 진보에 의해 노동자 계급이 죽을 것이다'라는 우울한 예상을 함으로써 노동자들로 하여금 기술의 진보에 대해 상당한 공포감을 갖게 하는 데 일조했다. 특히 2016 세계경제포럼에서 발표한 〈직업의 미래〉라는 보고서는 이를 분명하게 확인하는 계기가 됐다. 이 보고서를 요약하면 다음과 같다.

- 초등학교에 들어가는 아이들의 65%가 현재는 존재하지 않는 새로운 형태의 직업을 가지게 될 것이다.
- 노동시장에서 710만 개의 일자리가 없어지고, 200만 개의 새로운 일자리가 생겨날 것이다.
- 없어지는 직업 중의 3분의 2는 반복적인 업무를 하는 화이트칼라 사무 관리직 분야가 차지할 것이다.
- 새로운 일자리는 컴퓨터, 수학, 건축, 엔지니어링 분야에서 생겨난다.

최근에 이를 더욱 부추긴 책이 서점가를 장식했다. 바로 이노우에 도모히로라는 일본 작가가 쓴《2030 고용절벽 시대가 온다》다. 일본의 경제학 박사로서 인공지능이 사회에 미치는 영향에 대한 연구를 주도하고 있는 저자는 '소위 2040년이면 범용 인공지능 개발이 완성될 것이고, 2030년대부터는 오늘날 사람이 하는 일을 인공지능이 대거 대체하기 시작할 것'이라고 내다본다. 적어도 정규직원은 거의 사라지는 추세로 전망되고, 인공지능이 대부분 일을 하고 인간은 가끔 관리만 해도 되니 필요에 따라 인간을 고용하고 임금을 지불하는 자유계약 형태가 주를 이룰 전망이다. 그렇지 않아도 최신 트렌드 중 하나인 긱 경제(Gig Economy)가 인공지능의 범용적인 증가에 의해 보편적인 근무 형태가 될 것이란 관측이다.

그림 02 긱 경제는 연주자들이 필요에 따라 모이고 헤어지는 작업형태에서 유래했다.
(출처 : hendrikmeurkens.com(Jorge Chemas))

우리나라에서의 최근 설문조사 결과를 봐도 4차 산업혁명에 대해서 비관적인 전망을 하고 있는 사람들이 많다. 중소기업중앙회가 지난 2017년 7월 전국 300개 제조업종 중소기업의 CEO를 대상으로 한 조사를 보면 전체의 64%가 '4차 산업혁명으로 타격이 걱정된다'라고 답했다. 게다가 97%가 4차 산업혁명에 대한 준비나 대응을 전혀 하지 못하고 있다고 답했다. 대통령직속 청년위원회가 2,000명을 대상으로 한 조사에서도 4차 산업혁명에 대한 질문에 61%가 4차 산업혁명을 잘 모른다고 대답을 했다. 우리 정부의 4차 산업혁명에 대한 대응 역시 다른 나라에 비해 다소 늦게 시작됐다. 산업통상자원부가 지난 2014년부터 독일을 모방한 '제조혁신 3.0'을 시작했지만 우리는 아직도 갈 길이 멀다는 평가다.

부정적 평가가 우세한 또 다른 이유로는 긍정적 예측은 아직 실현되지 않은 모호한 상상과 희망의 산물이어서 실감을 못하는 데 비해 부정적 예측은 상당히 구체적이며 통계적 숫자까지 제공돼 그 느낌이 훨씬 현실적으로 다가오기 때문이다. 또한 현재의 심각한 취업난이 겹쳐 그 공포감이 배가되기 때문이다. 4차 산업혁명에서 인공지능이나 인공지능을 탑재한 로봇의 등장이 가져올 변화에 대해 우리가 불안을 느끼고 있는 구체적 사례들을 들어보면 다음과 같다.

- 앞으로 인공지능이 대부분의 사무직이나 행정직 같은 화이트칼라 직업을 대체할 것이다. 2016 세계경제포럼에서 오는 2025년에 이뤄질 걸로 전망한 부분이다. 많은 부모들이나 젊은이들이 화이트칼라 직업을 선호하고 있는 지금의 상황에서 이러한 예측은 불안감과 좌절을 확대시킨다.
- 자율주행화물차가 상용화하면 화물차 기사들이 더 이상 필요 없을 것이다. 택시 기사 역시 자율주행자동차로 인해 직업을 잃을 것이

다. 공유경제의 꽃으로 칭송받는 우버와 같은 비즈니스모델도 더 이상 존재하지 않을 것이다.

- 드론에 의해 택배 기사들은 소멸될 것이다. 아마존은 지난 12월 영국 케임브리지 근교에 있는 아마존 프라임에서 배송센터 근처에 사는 사람들을 대상으로 드론을 이용한 택배 배달을 성공시켰다.
- 로봇이 육체노동자들을 필요 없게 만들 것이다. 실제로 그런 조짐이 여러 곳에서 나타나고 있다. 독일의 아디다스는 중국에 있는 공장을 독일로 다시 복귀시켰다. 독일의 무인 공장에서 연간 50만 켤레의 운동화를 생산하게 됐지만 기존의 600명의 인원 대신 단지 10명의 인원이 일하고 있다. 기업이 본국으로 돌아오면 고용이 늘 것으로 기대했지만 기대와는 달리 고용은 전혀 늘지 않은 것이다. 아마존은 물류센터에만 5,000대의 키바 로봇을 배치해 연간 9,900억 원의 인건비를 절감하고 있다. 인공지능을 갖춘 이 로봇들은 일사불란하게 창고에 상품들을 적재하는데 서로 간의 통신을 통해 서로 충돌하지 않고 최단 거리로 이동하는 로직이 갖춰져 있어 인간들의 수십 배에 해당하는 생산성을 보여주고 있다. 이로 인해 해고된 노동자들이 TV프로그램에 출연해서 그들의 생활고를 토로하는 일이 벌어졌다. 한편 일본 소프트뱅크가 판매하고 있는 페퍼 휴머노이드 로봇은 여러 가지 서비스를 탑재해 지금은 대화를 해주는 등 친구로서 효용성이 늘어나면서 인간을 돌보는 도우미 역할을 톡톡히 해내고 있다. 그동안 1만여 대가 팔렸고 수많은 구매 예약 대기자들이 줄을 서 있다고 한다.

이렇게 부정적인 이야기만 있는 이면에 긍정적인 소식도 없는 것은 아니다. 4차 산업혁명에 대해서 낙관적인 견해를 표명하는 사람들과 4차 산업혁명의 도래를 기대하고 있는 사람도 의외로 많다. 한국언론진흥재단 미디어연구센터가 지난 2017년 4월 후반에 1,141명을 대상으로 온라인 설문조사를 했다. 그 결과 인류에게 혜택을 줄 것이라고 말한 사람들이 82.6%, '새로운 경제 성장 동력이 될 것이다'라고 답한 사람이 82.4%로 나타났다. 직업에서 소외되는 인간과 그들을 위한 제도의 중요성이 커질 것이라고 하는 대답은 73.6%로 나타나는 등 긍정적인 기대감도 크게 나타났다.

인공지능이 인간을 완전히 대체할 수는 없을 것이라는 견해도 많다. 주요 글로벌 컨설팅 회사들의 분석에 의하면 자동화 또는 인공지능 등 기술 및 기계의 발전으로 노동력이 대체되더라도 창의성 및 혁신성 등과 같은 인간만의 주요 능력 및 영역은 자동화하지 않을 것으로 전망되고 있다.

매킨지(Mckinsey)는 미국 내 800개 직업을 대상으로 업무활동의 자동화 가능성을 분석한 결과 800개 중 5%만이 자동화 기술로 대체되고 2,000개 업무 활동 중 45%만이 자동화될 것으로 분석하고 있다. 그리고 인간이 수행하는 업무 중 창의력을 요구하는 업무(전체 업무의 4%)와 감정을 인지하는 업무(전체업무의 29%)는 자동화되기 어려울 것으로 보고 있다(Mckinsey, 2015).

보다 현실적인 분석을 통해서도 아무리 인공지능이 발달하더라도 완전 인공지능이 인간을 대체하기는 그렇게 쉽게 발생되지 않을 것이라는 결론을 내린 보고서도 있다. 우선 경제원리 측면에서 보면 인공지능의 수요와 공급이 그토록 급하게 인간을 밀어낼 정도로 불균형하게 확산되지는 않을 것 같다. 수많은 전문가가 4차 산업혁명이 본격화되면 다품종 소량생산 등 맞춤형 생산·소비문화가 더욱 파급될 것이라고 예측한다. 인터넷 세상이 되면서 소비자 취향은 날로 다양해질 것이고 생산이나 소비 유형 역시 그걸 충족시키는 방향으로 변해갈 것이라는 것이다.

그런데 인공지능으로 하여금 간단한 노동을 하게 하는 데도 상당한 시간과 비용투자가 요구된다. 게다가 엄청난 투자를 거쳐 특정 노동을 인공지능으로 대체하는 데 성공했다 하더라도 해당 노동이 불필요해지는 상황이 금세 닥쳐올 수 있다. 1차 산업혁명의 기반에서 탄생해 2차 산업혁명의 물살을 탔던 포드형 공장생산 당시와는 상황이 전혀 다르다. 인간이라면 이런 상황에도 탄력적으로 대응하겠지만 인공지능은 거기서부터 인간이 연구하고 노력해서 바꿔주지 않으면 주어진 패턴대로만 일할 것이다. 따라서 인공지능을 원활히 쓰기 위해서는 인간의 창의력과 같은 고도의 기능은 물론 모니터링(관리) 능력처럼 비교적 단순한 기능에 이르기까지 인간의 간섭이 두루 필요해질 거란 얘기다.

사회·문화적 측면에서 살펴보더라도 기술·경제 분야의 변화는 사람들의 일상과 행동, 심지어 사고방식까지 전혀 예측할 수 없는 라이프스타일과 산업유형을 만들어낸다. 그 결과 없어지는 직업은 분명 존재하겠지만 새로 생기는 직업 역시 예측할 수 없을 정도로 그 종류가 다양하고 많을 수도 있다.

예를 들어 18세기 중반에서 19세기 초반까지 전 세계에 영향을 끼쳤던 1차 산업혁명은 석탄을 원료로 하는 증기기관이라는 기술의 개발과 함께 막을 올렸다. 당시 증기기관을 이용한 여러 종류의 기계가 개발됐는데 그중 대표적인 것이 방적기와 기관차였다. 방적기의 도입으로 노동자 한 명이 1파운드의 면화에서 실을 뽑는 데 걸리는 시간은 500시간에서 3시간으로 단축됐다. 기관차가 등장하며 마차로 며칠 걸려 이동해야 했던 여행시간은 단 몇 시간으로 줄었다. 그 과정에서 없어진 직업은 몇 개나 될까? 언뜻 떠올릴 수 있는 것으로는 손으로 실을 뽑는 기술자와 마부 정도다.

그렇다면 같은 기간 새로 생긴 직업은 얼마나 될까? 방적기의 경우는 기계를 설계하고 만드는 사람, 부품을 조달하는 사람, 고장 난 기계를 고치는 사람, 기계를 작동시키는 사람, 생산이 급속히 늘어난 면화를 활용해 의복과 침구를 만드는 사람, 면화 상품을 시장에 내다 파는 사람, 늘어난 세탁량을 처리하기 위한 세탁기를 만드는 사람 등 꼬리에 꼬리를 물고 새로운 직업이 떠오른다. 기관차도 마찬가지다. 단순히 기관차 제조와 보급 관련 종사자뿐 아니라 운전사, 정비사, 역무원 등 무수한 직종을 탄생시켰다.

4차 산업혁명 이후 본격적으로 등장하게 될 것 같은 유망한 미래직업들도 벌써 하나둘 태동하고 있다. 예를 들면 스마트의류 개발자가 있다. 온갖 센서와 첨단 섬유로 구성된 실용적이고 편리하며 아름다운 의류를 디자인하는 직업이다. 아침에 일어나서 거울을 본다. 몸에 착 달라붙는 내복 위로 평균 심장박동과 혈압 수치를 알려주는 표시가 반짝거린다. 오후 미팅을 위해서 은은한 향기가 나는 재킷을 고른다. 식사량이 많을 것 같은 점심 약속에 대비해서 허리 사이즈가 자동 조절되는 바지를 입는다. 귀가가 늦어질 것 같으면 내 위치를 가족에게 알려주는

GPS가 부착된 하이힐을 신는다. 이렇듯 스마트의류의 쓰임새는 무궁무진하게 발전할 것이다.

IT기술의 비약적인 발전으로 스마트의류는 점점 현실로 다가오고 있다. 김태경 섬유IT융합전문가협의회 위원장은 IT와 패션이 결합된 세계 스마트의류 시장은 지난 2015년 기준 2,000억 달러 수준으로 커질 것이라고 말했다. 실제 국내에서도 아웃도어 제품을 중심으로 2세대 스마트의류 개발이 한창 진행 중이다. 코오롱 스포츠가 출시한 '라이프텍 재킷'은 불의의 사고로 조난을 당했을 때 유용한 기능들을 갖추고 있다. 이 제품은 양쪽 소매 윗부분에 광섬유가 삽입돼 있다. 사고를 당했을 때 옷에서 나오는 빛을 보고 구조대가 먼 거리에서도 위치를 파악할 수 있다. 옷 소재인 첨단 섬유 히텍스(HeaTex)는 두께가 0.23mm에 불과해 열을 잘 전달한다. 소형 배터리팩을 장착하면 2분 안에 35~40도까지 온도를 올려준다.

4차 산업혁명 시대는 공유경제가 일반화할 것으로 예상되고 있다. 따라서 많은 비즈니스들이 공유경제 기반에서 움직이게 될 것이다. 공유경제에 적합한 아이템들을 찾고 이를 토대로 비즈니스모델을 개발하고 구축하는 것을 도와주는 공유경제 비즈니스 컨설팅도 뜨는 직업이 될 전망이다.

P2P 대출은 지난 2005년 영국에서 처음 등장한 이후 미국과 유럽을 중심으로 빠르게 성장하고 있으며 최근에는 중국에서도 개인 간 대출을 이용한 대출 거래가 활발하다. 향후 4차 산업혁명 시대에는 중앙금융기관을 통한 대출보다는 개인 간 대출을 연결하는 사업이 보다 활발해질 것으로 전망되고 있다. 개인 간 거래를 안전하게 보장할 수 있는

블록체인 기술의 등장은 P2P 대출 같은 사업 모델의 확산을 더욱 부채질할 것이다.

스마트 팜 구축자는 스마트폰 등으로 작물 상황과 비닐하우스 환경, 온도, 습도 등을 모니터링하고 조절할 수 있도록 스마트 팜을 개발하고 설치를 지원하는 직업을 말하는데 역시 유망한 직업이 될 것이다.

4차 산업혁명 시대를 준비하는 예비창업자에게 창업에 필요한 정보와 지식을 컨설팅해주는 전문가와, 동물이나 애완동물 또는 반려동물을 활용해 주변 사람에게 상처를 입었거나 외상 후 스트레스 장애를 겪고 있는 사람들을 치료하는 동물도우미치유사도 유망직업 후보다.

이 외에도 착용로봇 개발자, 드론 운항관리사, 스마트도로 설계자, 로봇 윤리학자, 사이버 포렌식 전문가, 도그워커 등도 유망한 직업이 될 것이라고 전망한다. 그러나 이러한 것들은 현재의 상황에서 유추해볼 수 있는 몇 개의 직업들에 불과하며 이후 얼마나 많은 직업들이 생겨날지는 아무도 모른다.

만약 당신이 지난 1900년대에 살고 있는 미래학자라고 가정해 보자. 그리고 당시의 사람들을 향해서 이렇게 예언했다고 치자. "지금 당신들은 40% 정도가 농장에서 일하고, 3분의 1은 공장에서 일하고 있다. 아마도 2012년쯤에는 2% 정도가 농장에서 일하고 9%가 공장에서 일하게 될 것이다." 그럼 그들은 어떻게 반응할까? 다들 엄청난 걱정스런 얼굴로 "맙소사, 우린 직업을 잃게 되겠네!"라고 했을 것이다. 그래서 당신이 "걱정 마세요. 앱, 웹 사이트, 칩 디자인을 하고 데이터 분석을 하는 새로운 직업이 생길 것입니다"라고 한다면 아무도 당신이 하는 말을 이해하지 못할 것이다.

사람들은 지금 사라지는 직업을 볼 수 있기 때문에 이는 바로 현실적인 불안이 되고 이를 감내하는 것이 고통스럽다. 사람들의 불안은 정치적으로 매우 곤혹스러운 상황을 만든다. 누군가가 나서서 "하지만 새로운 직업들이 많이 생길 겁니다!"라고 말하면 사람들은 "어떤 직업?"이라고 묻는다. "모릅니다. 왜냐하면 아직 발명되지 않았거든요"라고 한다면 설득력이 약하다.

하지만 사실이다. 분명한 것은 대부분의 일들이 ICT로 융합되고 있다는 점이다. 3D프린터로 제작하게 될 의류, 수직 농업에 의한 식량 재배, 3D프린터에 의한 저렴한 소비재들의 출력 등 모든 것들이 ICT기술과 융합하고 있다. 지금의 기준에서 보는 산업 간의 구분은 무의미해지고, 경계는 차츰 허물어질 것이다. 오는 2020년대에는 3D프린팅 디자인이 무료 오픈 소스가 될 것이고 당신은 필요한 모든 것을 출력해서 편리한 생활을 할 수 있을 것이다. 집도 출력할 수 있다. 이런 얘기를 하면 사람들은 "패션과 건축 같은 모든 산업이 다 망하겠구나" 하고 말한다.

하지만 이미 물리적 제품에서 디지털 상품으로 변화한 산업들을 보라. 음악, 영화, 책 등이다. 무료 상품이 수백만 종이 있는 오픈 소스 시장이 있지만, 사람들은 아직도 해리 포터를 읽고, 최신 블록버스터 영화를 보고, 좋아하는 뮤지션의 음악을 사는 데 돈을 쓴다. 유통과 홍보가 쉬워지니, 무료 오픈 소스 시장과 전매 시장이 공존하게 된다. 우리는 그런 방향으로 나아가고 있다. 어떠한 새 직업들이 등장할지 이 시점에서 그 누구도 정확히 설명할 수는 없지만 더 만족스러운 직업들이 생길 것은 분명하다.

앞으로는 노동의 성격을 재규정해야 할 것이다. 무엇인가를 소유하기 위한 수단으로 내 육체적 힘, 즉 노동을 파는 개념에서 내가 열정을 갖고 신나고 재미있게 해야 할 일에 내 에너지를 쏟는 것으로 노동의 개념이 변할 것이다. 이럴 경우 나는 어떤 회사를 위해서 그 회사에 소속돼 일한다는 기분이 들지 않는다. 내가 열정을 품은 일을 하고 있기 때문이다. 현재는 자기 직업을 좋아하지 않는 사람들이 많다. 그런데 그 좋아하지도 않는 직업이 사라지는 것 때문에 왜 그렇게 언짢아하는 걸까? 우리는 지금까지 직업이 있어야 생계를 유지할 수 있는 사회를 만들었다. 하지만 그것은 다시 규정될 것이다.

우리는 15년에서 20년 사이에 모두에게 쉽게 아주 높은 생활수준을 제공할 수 있는 수단을 갖게 될 것이다. 기술의 발전은 우리의 생활수준을 매슬로우의 욕구위계론에서 제시한 피라미드의 가장 낮은 수준인 생리적 욕구의 만족에서부터 보다 높은 수준으로 점차 이동시켜왔다. 우리는 기술의 발전에 따라 매슬로우의 욕구 단계의 상위 단계에 있는 직업들을 계속해 만들어왔다. 우리에게 만족감을 주는 일을 할 시간을 늘리기 위해서다.

1세기 전의 사람들은 직업을 갖고 가족을 부양할 수 있다면 대부분 행복해했다. 요즘 사람들은 자기가 하는 일에서 만족을 얻는 비율이 점점 늘어나고 있다. 사람들은 자신의 열정에 부합하는 커리어를 찾는다. 자신만의 일을 찾아서 열중하는 기업가적 아이디어를 추구하는 사람들이 많아졌다. 미국의 경우 예를 들면 대학생이 2천만 명 있고 그들을 가르치고 학교 인프라를 유지하는 일에 종사하는 사람들도 그만큼이나 있다. 그들 모두 지식의 조직 방법에 대해 생각한다. 한두 세기 전에는 사람들이 그런 일에 시간을 많이 투자하지 않았다. 우리는 계속 이런 방향으로 나가야 한다. 현재의 직업을 바탕으로 앞으로 계속해서 그 상위에 있는 새로운 직업들을 계속 만들어갈 것이다.

3. 새로운 비즈니스모델의 탄생

돌이켜보면 1차 산업혁명은 한 세기 전 이미 일어난 일이다. 따라서 사람들은 누구나 그 이후에 벌어진 일을 잘 알고 있다. 하지만 그 일이 일어나기 전 혹은 진행초기에 세부 변화를 구체적으로 내다본 사람은 사실상 없었다. 1차 산업혁명 자리에 4차 산업혁명을 끼워 넣어도 마찬가지가 아닐까? 4차 산업혁명 이후의 세상에 대해 확실히 안다고 장담할 수 있는 사람은 극히 드물다. 확실한 것은 4차 산업혁명 역시 앞선 산업혁명 때처럼 세상을 혁신적으로 바꿔갈 것이고 그 변화 속도는 이전보다 훨씬 더 빠를 것이라는 점이다.

또한 그 결과로 탄생한 세상의 모습은 지금보다는 한층 더 다양하고 풍요로운 세상일 것이다. 지금껏 인간이 해온 모든 발전과 진화가 포함된 세상이 될 것이기 때문이다. 그리고 개개인의 인간들은 산업혁명의 대두와 무관하게 각자의 위치에서 흐름을 읽으면서 그 상황에서 필요한 기술을 개발하는 한편 그에 맞춰 가장 잘 살아갈 방법을 찾아낼 것이다. 이러한 인간의 변화에 대한 적응력과 수용력은 인공지능이 결코 넘볼 수 없는 영역이다.

1) 4차 산업혁명의 희망적 기술 - 블록체인

인공지능과 로봇 기술이 미래의 새로운 직업을 만들어내는 데 일정 부분 기여를 하겠지만 아무래도 인간의 노동력을 필요로 하는 기존의 많은 일들을 대체하는 쪽으로 쓰일 것이다. 이에 반해 4차 산업혁명을 선도하는 기술들 중 새로운 직업의 창출 면에서 기대를 가져도 좋을 만한 것으로 '블록체인'을 들 수 있다.

블록체인은 기술적으로 암호학과 분산시스템에 기반을 두고 있다. 블록체인의 기술은 상당히 복잡하지만 추구하는 지향점은 간단명료하다. 특정한 제3자가 거래를 보증하지 않아도 각 거래 당사자끼리 부인할 수 없는 방법으로 데이터를 전달할 수 있는 네트워크 기술이다. 그래서 블록체인은 탈 중앙, 분산, 개방, 신뢰의 특징을 갖는 분산원장시스템으로 정의된다. 분산 네트워크 환경에서 정보가 안전하게 관리되기 때문에 분산형 장부라고 불리는 것이다.

현재까지 사용된 대다수 정보처리 방식은 '중앙 집중적' 관리와 데이터베이스를 갖는 구조였다. 이에 반해 블록체인 기술은 개방된 네트워크 환경에서 빠르고 저렴한 개인 간 정보 거래의 모델을 만들어냈다. 전통적으로 고가인 중앙 집중적인 시스템 구조와 가치사슬을 수평적이고 분산된 환경으로 바꾼 것이다. 탈 중앙이란 이것을 통제하고 관리하는 중앙기관이 없다는 것이다. 중앙기관 대신, 참여하는 구성원 모두가 원본과 같은 복사본을 갖고 협의에 의해서 결정에 참여하는 시스템이라는 뜻이다. 중앙기관이 아닌 참여자 상호 간의 신뢰를 바탕으로 개방되고 평등하며 민주적인 절차를 보장하는 획기적인 기술이다. 많은 사람들이 블록체인 기술은 어쩌면 인터넷 세상에서 이루지 못한 진정한 보편적 인류가치가 실현되고 우리의 세상을 완성할 수 있게 해주는 혁신적인 기술이 될 것으로 기대하고 있다. 어떤 사람은 블록체인 기술이 인터넷 세상의 다양한 문제점을 근본적으로 해결할 수 있는 인류의 보편적 인프라로 제2의 인터넷이라고 역설하기도 한다. 고무적인 것은 이러한 블록체인의 특징에 기반한 새로운 사업들이 계속 생겨나고 있다는 점이다.

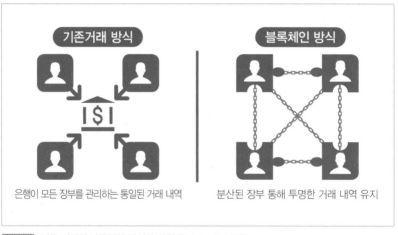

그림 03 기존 거래와 블록체인 방식의 차이 (출처 : SW중심사회)

현재 우리나라에서 투기 광풍을 일으키고 있는 그 유명한 비트코인도 블록체인의 분산원장을 거래기록용으로 활용한 하나의 애플리케이션이다. 이더리움 등을 시작으로 이후에 우후죽순으로 생겨난 가상화폐 시스템들도 모두 블록체인을 기반으로 만들어졌다. 블록체인 기술이 없었다면 이들의 탄생은 불가능했다라고 말할 수 있다. 극단적으로 말해서 비트코인이나 이더리움은 망하거나 없어질지도 모른다. 그러나 블록체인 기술은 살아남을 것이다.

지난 2016년 세계경제포럼에서도 4차 산업혁명 시대를 이끌 핵심기술 중 하나로 블록체인을 선정했으며 오는 2025년까지 전 세계 GDP의 10%가 블록체인 기반 기술에서 발생할 것으로 전망했다. 글로벌 시장조사기관인 가트너와 딜로이트도 각각 2017년 기술 트렌드 중 하나로 블록체인을 선정했다.

이러한 블록체인의 혁신성과 가능성을 간파한 IBM, 골드만삭스, JP Morgan 등의 거대 기업들도 이를 활용할 프로젝트들을 이미 수행하고 있다. 이제는 가상화폐를 넘어서 금융, 보험, 교육, 물류, 유통, 행정, 국방 등 다방면에 걸쳐 블록체인을 활용한 새로운 비즈니스모델들이 생겨나고 있는 중이다. 현재 진행되고 있는 블록체인 기반의 글로벌 프로젝트들을 열거하면 다음과 같은 것들이 있다.

- 미국 : 미 건강 IT 조정국(ONC)은 의료정보 기록 및 보안을 위해 블록체인 기술 도입 예정
- 스웨덴 : 자국 스타트업 기업인 ChromaWay와 협력하여 현재 블록체인 기반 국가 토지 등기 시스템 테스트 중
- 싱가포르 : 무역 금융사기 대비책으로 정부가 글로벌 은행들과 협력하여 블록체인 기술에 기반한 중복 자금청구 알람 시스템을 개발
- 두바이 : 오는 2020년까지 모든 정부 문서를 블록체인으로 관리하는 프로젝트를 진행
- 에스토니아 : 블록체인 기술을 이용하여 개인 건강기록 등을 보관하는 정부 데이터 시스템 X-Road 개발
- 'R3CEV'는 금융산업 내 블록체인 기술 표준화를 위해 2015년 9월

결성된 세계 최대 글로벌 블록체인 컨소시엄

- 리눅스 재단(Linux Foundation)과 IBM의 주도로 2015년 12월부터 모든 산업의 기업이 이용 가능한 블록체인 플랫폼 개발을 위한 Hyperledger 프로젝트 시작
- 도이체 방크(Deutsche Bank), HSBC 등 7개의 대형 은행을 중심으로 'Digital Trade Chain(DTC)' 컨소시엄을 설립
- 인도 마힌드라사는 IBM과 협력해 인도 전체 금융 공급망을 재편하기 위한 블록체인 솔루션을 개발 중
- 월마트는 식음료 운송·판매 과정을 추적하기 위해 블록체인 기술을 이미 도입
- 중국 시장에선 돈육 추적용으로 개발된 블록체인 파일럿 프로그램이 운영되고 있고, 미국 시장에서도 다른 품목에 대한 적용을 확대 중

2) 블록체인과 비트코인

앞서 말했듯이 비트코인은 블록체인을 기반으로 만들어진 암호화폐 시스템이다. 가장 성공한 블록체인 기반의 애플리케이션이자 최초의 블록체인 기반 애플리케이션이다. 블록체인의 탄생과 개념을 짚고 넘어갈 필요가 있겠다.

지난 2008년 전 세계의 금융시스템이 붕괴됐다. 이때 나카모토 사카시라는 익명의 누군가(그룹이라는 설도 있다)가 P2P(Peer-to-peer, 개인 간 거래)식 전제결제시스템을 위한 프로토콜(컴퓨터간 통신방식에 대한 규약)을 구상했다. 이 전자결제시스템의 결제수단으로 사용되는 화폐가 바로 비트코인이라 불리는 암호화폐다.

암호화폐는 국가가 발행하거나 통제하지 않는다는 점에서 기존의 법정화폐와 구별된다. 이 프로토콜은 분산 컴퓨팅 방식을 통해 일련의 규칙을 수립했고 이러한 규칙 덕분에 믿을 만한 제3의 기관의 검증을 거치지 않고도 수십억 개의 디바이스를 통해 교환되는 데이터의 진실성을 보장할 수 있었다. 이 개념은 많은 사람들을 흥분시켰으며 세상의 변화를 꿈꾸는 많은 개혁가들에게 큰 영향을 끼쳤다.

세계 최초의 웹브라우저 넷스케이프의 공동개발자이자 IT 벤처업계의 큰손인 마크 안드레센(Marc Andreessen)은 "오, 세상에 바로 이거야. 이거야말로 파격적인 변화인걸. 바로 우리가 기다려온 그거야. 인터넷이 항상 갈구해왔지만 한 번도 경험한 적이 없었던 분산형 신뢰 네트워크가 우리 앞에 등장했어"라고 했다.

사카시가 고안한 이 프로토콜이 블록체인이라 불리는 분산원장의 근간을 구성하는 기술이다. 이러한 블록체인 가운데 가장 큰 규모를 자랑하는 것이 바로 비트코인이다. 블록체인과 관련된 기술은 복잡하지만 주된 발상은 제3의 중앙기관 없이도 블록체인을 통해 한 사람이 다른 사람에게 돈을 무사히 보낼 수 있다는 점이다. 블록체인의 근간은 누구나 공짜로 내려받아 실행할 수 있는 개방형 소스다. 누구나 이를 활용해 온라인 거래를 관장하는 새로운 도구를 개발할 수 있다. 이 과정에서 무수히 많은 새로운 애플리케이션이 등장하는 동시에 많은 것을 변화시킬 수 있다. 영리하고 영향력 있는 사람들은 앞 다퉈 이를 새로운 사업으로 연결시키는 일에 열중하고 있다.

뉴욕 주 금융감독관을 그만두고 컨설팅 회사를 창업한 사람, JP 모건의 CFO에서 블록체인에 특화된 스타트업을 창업한 사람 등의 이야기들이 경제지를 도배하고 있다. 호주의 소액결제 서비스인 엠히트 (mHIT)는 비트모비라는 새로운 서비스를 시작했다. 이 서비스는 100 개국 이상에서 제공되고 있으며 엠히트사에 비트코인을 전송해 휴대전화 요금을 선결제할 수 있다. 〈이코노미스트〉는 '비트코인 이면의 기술이 경제를 작동하는 방식을 바꿀 수 있다'며 블록체인기술은 사물을 신뢰하게 만드는 대단한 기술이라고 평가했다(2015년 10월). 지난 2014년과 2015년에는 벤처캐피털에서 10억 달러 이상의 자금이 블록체인 생태계로 유입됐으며 투자 규모는 매년 두 배씩 증가하고 있다.

3) 스마트 계약을 구동하는 플랫폼 '이더리움'

블록체인을 기반으로 하는 프로젝트 중 가장 유명한 것으로는 러시아계 캐나다인인 비탈릭 부테린이 창설한 이더리움이 있다. 1994년생인 그는 세상의 패러다임이 블록체인을 중심으로 P2P 세계로 전환할 것이라는 것을 간파했다. 그는 17세 때인 지난 2013년부터 이더리움을 구상했다. 이에 앞서 부테린은 비트코인 개발자들에게 비트코인을 보다 더 범용성 있는 플랫폼으로 발전시키기 위해서는 보다 강력한 애플리케이션 개발 도구가 필요하다고 역설했다.

아무도 관심을 갖지 않자 그는 자신만의 고유한 플랫폼을 개발하기 시작했다. 부테린과 동료들은 사업을 위해 금융의 중심가인 월스트리트를 어슬렁거리며 기웃거리는 대신 자신들의 거리를 직접 창조해낸 것이다. 이더리움은 단순히 가상화폐를 목적으로 하는 시스템이 아니다. 이더리움은 전 세계를 통합하는 하나의 거대한 컴퓨터로 기능하는 플랫폼을 목표로 한다. 이러한 이더리움이 추구하는 높은 가치는 지난

2014년 이더리움(ETH) 재단을 설립한 이후 단번에 가상화폐 시장의 핵심으로 떠오르게 한 원동력이다. 부테린과 그의 동료들이 설립한 이더리움 재단은 같은 해 클라우드 펀딩으로 165억 원을 확보했다. 클라우드 펀딩 역사상 두 번째로 많은 금액이다.

그림 04 이더리움 창시자 부테린과 이더리움 로고 (출처 : Google.com)

지난 2015년 7월 30일은 이더리움을 숭배하거나 지지하는 전 세계의 암호학자, 투자자, 기업인, 기업전략가들에게 특별한 날로 기억될 것이다. 이들에게 이날은 단순한 비즈니스 차원의 기념일이 아니라 인류 문명 차원에서의 의미를 가지는 기념일인 것이다. 클라우드 펀딩의 종잣돈으로 18개월간 개발 중이던 이더리움이라는 블록체인 플랫폼이 이날 처음으로 가동을 시작했다. 가상화폐 시가 총액 2위인 이더리움이 탄생하는 순간이었다. 이더리움은 IT분야의 노벨상이라고 하는 '월드테크놀로지(The WTN) IT S/W' 부문에서 경쟁작인 마크 저커버그(Mark Elliot Zuckerberg)의 페이스북을 제치고 수상을 하게 된다. 또한 웹 3.0과 사물인터넷 시대에 주요하게 사용되고 응용될 기술로 주목받고 있다.

이더리움은 분권화한 애플리케이션, 즉 스마트 계약을 구동하는 플랫폼이다. 스마트 계약은 고장, 검열, 사기, 제3자의 개입 등이 전혀 끼어들 틈이 없이 프로그래밍된 그대로 구동한다. 스마트 계약이란 계약의 내용이 컴퓨터의 언어로 프로그램된 것을 말한다. 계약의 조건은 컴퓨터에 의해 자동 체크되며 계약 조건이 일치하면 그 누구의 개입도 없이 자동으로 거래가 이뤄진다.

이더리움을 이해하기 쉽게 한 문장으로 정의하자면 '블록체인을 활용한 모든 것을 프로그래밍할 수 있는 플랫폼'이라고 할 수 있다. 이더리움에 포함돼 있는 강력한 도구들은 개발자들로 하여금 분산된 권력의 기반에서 가상화폐뿐만 아니라 게임에서부터 주식 거래에 이르기까지 다양한 소프트웨어 서비스를 만들 수 있도록 도와준다. 누구든지 비즈니스 아이디어만 있다면 이더리움에 올리기만 하면 된다. 창업비용도 제로, 작업센터도 불필요하다. 이미 수천 개의 프로젝트가 등록돼 있다. 이더리움이 제공하는 플랫폼을 이용해서 실현할 수 있을 것으로 보이는 몇 가지 작업들을 예상해 볼 수 있다.

- 금융 DApps : 상상 가능한 모든 자산을 블록체인 위에 올리고 스마트 컨트랙트의 대상으로 사용한다. 돈, 채권, 주식, 파생상품, 보험, 헷지컨트랙트, 유언장, 복권, 도박 등이다.
- 준금융/비금융 DApps : 직접적인 금융은 아니지만, 스마트 컨트랙트를 통해 활용될 수 있는 것들이다. 토큰, 쿠폰, 자신의 이름으로 발행된 코인, 투표 등이다.

- 탈중앙화 조직/회사(Decentralized Organization/Corporation) : 회사나 조 직을 블록체인 상에 올리고 운영한다. 월급지급, 금전거래, 회계장 부기록, 이사회녹음문서 기록, 지분표시, 투표 등을 투명하게 운영 할 수 있다.
- 탈중앙화 자율 조직/회사(Decentralized Autonomous Organization/ Corporation) : 고도의 인공지능 알고리즘을 통해 자율적, 자동적으로 구동하는 조직이나 회사가 탄생할 수 있다. 인공지능을 통해 운영 주체 개입을 최소화하고 블록체인 상의 알고리즘이 자체적으로 의 사를 결정해 영업, 회계, 구매, 판매 및 수익분배 등을 할 수 있다.

이더리움 프로토콜은 온전한 P2P방식으로 온라인 세상에 참여할 수 있게 해주며 중앙주체 없이도 또는 심지어 인간의 적극적 개입 없이도, 충분히 '인터넷'과 '그 위의 경제'가 실현되고 구동될 수 있음을 가능성 의 수준에서 보여준다. 비트코인은 이미 성공적으로 중앙의 통제기관 이 없는 화폐가 안정적으로 작동할 수 있다는 것을 입증했으며 현재도 그 세는 매일 증가하고 있다. 이를 통해 중앙주체의 존재로 인한 여러 가지 폐단을 제거할 수 있으며 또한 중앙주체가 없을 때의 단점을 해결 하는 다양한 방법을 제시해주고 있다.

4) 스타트업의 새로운 트렌드 - ICO(Initial Coin Offering)

블록체인에 기반한 새로운 스타트업들이 생겨나고 있다. 이러한 블 록체인 기반의 프로젝트들은 거의가 ICO(Initial Coin Offer)라고 하는 클라우드 펀딩을 통해 초기 사업자금을 조달하고 있다. 주식 대신 자신의 고유한 가상화폐를 발행하는 방식이다. 사무실도 필요하지 않으며, 창업자금 제로, 간편한 절차로 아이디어만 있으면 누구라도 쉽게 창업할 수 있다. 그러나 안타깝게도 우리나라의 금융위원회에서는 이더리움과 같은 가상화폐 발행을 통한 ICO를 불법으로 간주하기로 결정했다. 투자자를 보호하기 위한 조치라고는 하나 기존의 IPO(Initial Public Offering)를 통한 주식거래소의 기능 약화를 더 우려한 것이 아닌가 생각된다.

필자는 가상화폐에 투자를 하든 투기를 하든 그것은 개인의 선택권에 해당하며 궁극적으로 투자자가 사기를 당하든 큰 손해를 보든 그 책임은 그 개인에게 있다는 생각이다. 정부는 사기를 친 사업자만을 엄벌하는 것에만 신경 쓰면 된다. 새로운 비즈니스모델의 실험의 장을 처음부터 막아버리는 것은 국가 경쟁력의 싹을 자르는 것이다. 왜 우리나라는 매번 기술의 효용보다는 규제를 먼저 들이대는 것일까? 정책입안자들이 보다 전향적인 자세를 보여줬으면 좋겠다.

탈중앙화를 지향하는 블록체인의 특성은 확실히 중국 같이 중앙통제가 심한 나라, 아니면 작은 사이즈의 국가들이 가장 두려워하는 시스템이다. 따라서 중국은 ICO를 이미 불법으로 결정했다. 미국은 ICO를 증권거래에 어떻게 수용할지 모색 중에 있다. 물론 블록체인 기술은 완성된 기술이 아니고 해결해야 할 과제도 많다. 그러나 그것이 블록체인을 거부해야 할 명분은 되지 못한다.

확실한 것은 기술적 문제는 언젠가 해결될 것이고 이 플랫폼이 추구하는 개방, 신뢰, 기회의 평등이 올바른 방향이라는 것이다. 중요한 것은 그동안 인류가 기다려왔던 것을 가능하게 해줄 플랫폼이 현재 우리

눈앞에 놓여 있다는 것이다. 이쯤에서 우리는 기술 일변도의 관점에서 눈을 돌려 인류의 융성과 행복을 위한, 즉 인류의 미래를 위한 바람직한 미래세계를 그려봐야 한다. 핵심은 우리가 어떤 식으로 이러한 시스템을 이용할까 하는 방향이 될 것이다. 이 기술이 지금의 세상에 어떤 영향을 끼칠지가 아니라 이 기술을 이용해서 앞으로 우리가 어떤 방향의 세계를 만들어야 할까를 고민해야 할 시기인 것이다.

4. 4차 산업혁명 어떻게 대응할 것인가?

1) 4차 산업혁명 시대의 인재상

한국언론진흥재단 미디어연구센터가 지난 2017년 4월 18부터 24일까지 1,140명을 대상으로 온라인 설문조사를 해본 결과 4차 산업혁명 시대의 가장 필요한 교육 영역은 첫 번째가 창의력 교육(31.3%), 두 번째가 컴퓨터공학(26.1%), 세 번째가 공학(18.2%), 그리고 네 번째가 인문학(11.0%) 순이었다. 4차 산업혁명 시대에 대비해서 정부의 정책에 대해서 질문한 결과 가장 필요한 1순위가 초중고교육 혁신(23.6%), 실업대책 및 복지정책(21.6%), 신기술 개발지원(19.7%) 순으로 나타났다.

한편 2016년 세계경제포럼에서는 다음과 같은 역량을 가장 필요한 것으로 제시했다. 먼저 각 개인에게는 복합문제 해결능력에 대한 요구사항이 가장 높을 것으로 예상되며 직무역량 중에는 인지역량에 대한 요구수준이 가장 높을 것으로 예상된다고 했다. 인지역량이란 사고의 유연성과 창의성, 논리·수학적 사고 등을 의미한다. 그리고 향후에는 설득, 감성지능 등 사회관계 기술이 프로그래밍이나 장비운용 등 좁은 범위의 기술보다 수요가 오히려 더 높아질 것이므로 사회관계·협업기술의 보완이 필요할 것으로 전망했다.

다수의 전망 보고서에서도 '컴퓨터/IT' 및 'STEM(Science, Technology, Engineering, Mathematics)' 분야의 지식이 효율적인 업무 수행을 위해 필요함을 강조한다(Oxford Univ., 2016). 특히 미국 제조업계에서는 오는 2018년까지 전체 일자리의 63%가 STEM 분야의 교육이수를 요구하고 첨단제조분야의 15% 이상이 STEM 관련 고급학위(석사 이상)를 필요로 할 것으로 전망하고 있다(GE, 2016). 또한 미래사회의 고용 인력은 새로운 역할과 환경에 적응할 수 있는 유연성과 더불어 지속적인 학제 간 학습이 필요하고 다양한 하드스킬(Hard Skills)을 활용할 수 있어야 한다고 말하고 있다.

로봇이나 기계를 다루는 전문적인 직업 노하우를 정보통신기술(ICT)과 접목할 수 있는 역량과 더불어 다양한 지식의 활용을 기반으로 소프트스킬(Soft Skills)이 미래사회에서 더욱 중요한 역량이 될 것으로 보고 있다(Boston Consulting Group, 2015). 소프트스킬과 관련해서 많은 사람들의 견해를 종합할 때 가장 많이 거론하는 것 중의 하나가 '인간의 공감능력'이다. 4차 산업혁명 시대에는 인공지능이 모든 것을 지배한다고 하지만 인공지능에 대해서 가장 차별화된 인간의 능력은 공감능력이 될 것이라고 꼽는 데는 별 이의가 없다.

인공지능을 인간을 위한 유용한 도구로서 효율적으로 활용하려면 공감에 기반을 둔 인간 네트워크가 더 탄탄히 구축돼야 한다. 앞에서 거론된 필요 역량인 문제해결력, 인지능력, 의사소통능력, 협력, 인문적 소양 등의 가장 기본이 되는 능력이다. 합리적, 논리적, 융합적 사고 역시 공감능력이 바탕이 돼야 한다. 따라서 4차 산업혁명을 대비하기 위해 우리에게 필요한 것은 공감능력의 확대고 우리의 정치, 경제, 사회, 문화, 교육의 전반에 걸쳐 공감능력을 확대하는 방향으로 역량을 모아야 한다.

그러나 공감능력이라는 것은 단기간의 교육이나 특정분야에 국한된 지식으로 길러지는 능력이 아니라 인간의 본성이라는 것이다. 리프킨은 그의 역작 《공감의 시대》에서 공감은 생명체가 갖고 있는 기본적 조건이라고 주장하면서 특히 인간에 있어서는 인류문명을 견인한 핵심 요인이라고 했다. 4차 산업혁명 시대는 모든 것이 연결되는 초연결사회가 될 것이라고 한다. 이에 따라 세계경제포럼이 제시한 필수 역량인 의사소통과 협업 역시 그 기반은 공감능력이다.

우리는 소통과 협업을 기반으로 한 성공적인 모델을 이미 갖고 있다. 위키피디아(Wikipedia), 리눅스(Linux), 갤럭시 주(Galaxy Zoo)와 같은 대규모 협업 방식의 비즈니스가 그 예다. 아웃소싱과 네트워크식 비즈니스모델은 개발도상국의 국민들에게 글로벌 경제에 참여할 수 있는 기회를 넓혀줬다. 오늘날에는 전 세계적으로 20억 명이 넘는 사람들이 사회적인 피어(peer, 동료) 그룹을 이뤄 서로 협력한다. 우리는 모두 전례 없던 방식으로 정보에 접근할 수 있게 된 것이다. 이를 가능하게 한 것이 바로 인터넷이다.

인터넷은 많은 사람들에게 보다 개방되고, 신뢰성이 있고, 평등한 세상을 만들어줄 기술로 기대를 모았었다. 그러나 비즈니스업계와 정부기관 내에 권력의 집중이 일어나면서 인터넷의 민주적인 구조는 그들의 입맛에 맞도록 변질돼버렸다. 거대 기관들은 새로운 생산수단과 사회적

교류수단을 소유하고 통제한다. 새롭게 만들어지는 기술들을 살펴보라. 우리 주변의 각종 기반 시설, 계속 쌓여가고 있는 엄청난 데이터들, 비즈니스와 일상생활을 하루가 다르게 지배하는 각종 법령과 규제, 거래 방식들, 수많은 애플리케이션뿐만 아니라 머신 러닝, 자율주행차와 같은 새로이 등장한 특별한 기술들이 다 거대 조직의 수중에 들어 있다.

이러한 거대 기관들에 대한 권력 집중은 디지털 세상의 도래와 함께 초기 선구자들이 이미 우려했던 사항들이다. 대부분의 선진국들은 GDP가 증가하면서도 고용률은 정체되고 있다. 부가 창출되지만 한쪽으로 몰려 불평등은 오히려 심화되고 있다. 과연 4차 산업혁명은 이러한 불평등을 개선할 수 있을 것인가? 앞에서 기술한 대로 새로운 가능성의 세상을 보여주는 블록체인 기술의 등장으로 인해 우리는 한 가닥 희망을 갖게 되었다. 바야흐로 세상의 모든 트렌드가 뒤집히는 중이다. 이러한 플랫폼 덕분에 다양하고 흥미로운 것들이 가능해진다. 우리나라의 젊은이들도 이러한 가능성에 관심을 돌려야 한다. 비트코인의 가격 등락보다는 블록체인의 방향성에 눈을 뜨고 멀리 내다볼 줄 알아야 한다.

4차 산업혁명의 성공은 기술이 아니라 바로 이러한 기술이 함유하고 있는 거대 담론에 우리 각자가 얼마나 공감하느냐에 달려 있다. 이전의 기술들은 개개인의 힘이 모일 수 있는 토양이 충분하지 못했기 때문에 개인은 세상의 변혁에 참여할 시도조차 못했다. 그러나 4차 산업혁명을 선도하는 기술들 중에는 개인 간 협업을 통해 세상의 변화에 참여할 수 있는 새로운 길을 열어줄 것으로 기대되는 블록체인과 같은 혁신적인 기술들이 있다. 우리가 4차 산업혁명의 본질을 보다 더 깊이 이해하고 소통과 협업의 역량을 높이는 데 힘써야 할 이유가 바로 여기에 있다.

'문제는 속도가 아니라 방향이다.'

스몰토크라는 프로그래밍언어와 객체지향프로그래밍 아이디어를 창시한 것으로 유명한 앨런 케이(Alan Kay)는 "미래를 예측하는 가장 좋은 방법은 미래를 발명하는 것이다(The best way to predict the future is to invent it)"라고 했다. 미래를 예측하는 것은 무척 힘들다. 차라리 미래를 창조하는 것이 더 쉽다는 것이다. 사실 새로운 신기술과 사상, 학문을 만들어내는 실험정신에 가득 찬 선각자들이 세상을 바꿔왔다. 그들은 미래를 예측한 것이 아니고 세상을 창조했다고 할 수 있다. 그렇다면 우리와 같은 보통 사람들은 세상을 창조하는 것이 불가능할까? 우리는 앞에서 예를 든 몇몇 예언자들의 말씀에 의지해서 4차 산업혁명의 변화를 계속 뒤에서 쫓아가야만 하는 걸까? 새로운 기술들에 의해 1차, 2차, 3차 산업혁명들이 이뤄졌지만 기실 혁명적 변화를 일으킨 그 자체는 기술이 아니었다. 기술을 받아들이는 사람들의 인식, 집단 지성에 의해 세상이 바뀌어왔다. 많은 기술들이 나타났지만 그 모든 기술들이 사람들에게 받아들여지지는 않았다.

4차 산업혁명의 기반이 되는 인공지능, 사물인터넷, 클라우드, 빅데이터, 로봇, 블록체인 등 일반 사람들이 이해하기 힘든 수많은 기술들을 우리가 속속들이 알 필요는 없다. 우리가 할 일은 이 기술들을 우리가 어떻게 활용할 것인가 고민하는 것이다. 이제까지는 인류의 지능이 속도를 개선하는 것에 집중됐다면 앞으로는 속도를 인공지능과 로봇에게 맡기고 인류는 방향에 총력을 기울여야 할 것이다. 이제는 새로운 기술을 바탕으로 인류를 어떤 방향으로 발전하게 할 것인지를 숙고해야 한다.

인공지능에게 일자리를 뺏길 것이라고 걱정하기보다는 인공지능과 인간은 어떻게 서로 보완하고 협력하면서 적절한 역할분담을 통해 공존할 것인지, 사물인터넷을 통한 초연결사회에서 어떻게 보다 안전하고 편리하며 자연과 환경을 최대한 보존하는 스마트시티를 구현할 것인지, 탈 중앙, 개방, 신뢰의 기반기술이라고 부르는 블록체인을 기반으로 모두에게 기회가 보장되는 투명하고, 공평하고, 믿을 수 있는 기업 모델과 사회, 거버넌스를 어떻게 구축해야 할지와 같은 방향 설정에 모두가 능동적으로 동참해야 할 것이다. 그것이 바로 미래 예측에 신경을 곤두세우면서 허겁지겁 변화를 뒤따라가는 것에서 벗어나 미래를 창조하는 대열에 합류하는 길이다. 그렇게 된다면 우리는 새로운 기술이 가져다줄 변화의 불확실성에서 기인하는 막연한 불안의 그늘에서 벗어나 오히려 희망적인 미래를 그려보는 낙관적 입장으로 선회가 가능할 것이다.

4차 산업혁명의 변화를 기꺼이 수용하면서 이를 어떻게 활용할 것인지에 관심을 갖게 될 때 우리는 변화에 휩쓸려 떠내려가는 수동적 입장에서 스스로 나의 미래를 창조하는 능동적 입장에 서게 될 것이다. 이런 태도를 가지게 될 때 우리는 자라나는 우리 자녀들에게 솔선수범의 교사가 돼 그들에게 자신감과 희망을 길러주는 훌륭한 길잡이가 돼 줄 수 있을 것이다.

지난 2013년 '고용의 미래보고서'를 쓴 옥스퍼드 대학교 칼 프레이(Carl Frey) 교수는 최근의 〈한겨레〉와의 인터뷰(2017년 9월)에서 "인공지능과 자동화 등 급속한 기술진전이 만들고 있는 경제적 불평등, 양극화는 정치적, 경제적 개입이 없다면 되돌리기 힘들 것이다. 미래는 우리의 선택에 의해 결정된다"라고 했다. 경제학자 존 메이너드 케인스(John Maynard Keynes)는 지난 1930년 '우리 손자세대의 새로운 가능성'에서 장래에는 노동자 한 사람당 주당 15시간 일하게 될 것이라고 예측했다. 그러나 케인스가 꿈꿨던 것과는 달리 기술진보시대인 오늘날 전 세계의 하루 노동시간은 오히려 더 증가하고 있다. 이유는 기술의 진보가 높은 생산성을 지닌 고임금 노동자와 저숙련 저임금 노동자 간 소득 불평등의 골을 갈수록 키우면서 더 많은 노동시간을 통해 저임금을 벌충해야 하기 때문이다. 프레이 교수는 "지금과 같은 기술의 발전 추세를 볼 때 향후 10여 년간 과도기적 병목현상을 보일 가능성이 크다"라며 이러한 격동기에 우리는 기술변화의 방향과 속도를 우리 스스로 선택해야 된다고 주장했다.

앞에서 언급한 것처럼 많은 사람들이 블록체인 기술에 열광하는 것은 기술 그 자체가 아니라 그것이 제시한 새로운 세상에 대한 가능성 때문이다. 독자 여러분은 부디 4차 산업혁명을 천재들이나 컴퓨터 기술자들의 영역으로 치부하면서 관심 밖으로 던져버리지 말기를 바란다. 비단 블록체인 기술뿐만 아니라 모든 기술에 대해서 그 내부 기술을 이해하지 못한다 하더라도 우리는 그 기술을 사용하는 방향에는 관심을 기울여야만 한다. 기술을 개발한 사람이 주인공이 아니라 그것을 사용하는 우리가 주인공이다. 우리가 미래를 창조해야 하기 때문이다.

우리가 꿈꿨던 세상으로 이끌어줄 훌륭한 도구를 우리는 제대로 사용해야만 한다. 앞으로 이러한 기술을 두고 기존의 권력이나 탐욕스런 거대 집단들은 인터넷 시대에 그랬던 것처럼 자신들에게 유리하도록 독점하려고 끊임없이 시도할 것이다. 그러나 이러한 기술의 개발에 헌신적으로 참여했던 초기 개발자들의 꿈을 우리는 기억해야 할 것이다. 모두에게 개방되고, 서로 신뢰할 수 있고, 기회가 평등하게 보장되며, 우리가 행한 기록이 삭제되거나 수정되지 않고 영구히 보관되는, 따라서 진실이 은폐될 수 없는 세상을 구현하려고 했던 그들의 꿈 말이다. 이러한 그들의 꿈을 많은 사람들이 공유하고, 참여하고, 지지한다면 4차 산업혁명은 새로운 인류의 생존방식을 재구성해줄 수 있는 기회가 될 것이다. 4차 산업혁명이 부디 우리 인류에게 축복의 기회가 되기를 기대해본다.

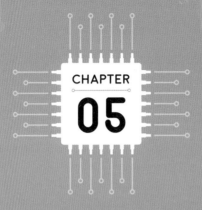

CHAPTER
05

4차 산업혁명 시대에
필요한 자녀교육

방명숙

- 사단법인 4차산업혁명연구원 공동대표
- 사단법인 한국교류분석상담연구원 이사
- 사단법인 한국진로상담협회 이사
- 주식회사 한국진로학습코칭아카데미 이사
- 서울특별시교육청교육연수원 우수강사
- 황조근정훈장 수훈
- 전 서울고척초등학교 / 잠동초등학교 교장
- 카카오톡 : EduTech114
- e-mail : bms4008@naver.com

현재 우리나라 정부에 '100대 국정 과제'가 있다. 이 중에서 과학기술정보통신부의 5대 국정과제 첫 번째는 '소프트웨어 강국, ICT(Information and Communications Technologies) 르네상스로 4차 산업혁명 선도 기반 구축'이다. 4차 산업혁명 시대는 눈앞에 와 있고 앞으로 더 급속하게 변해 우리 자녀가 성장할 무렵에는 예상치 못할 미래가 펼쳐질 것이다. 부모와 자녀가 4차 산업혁명 시대를 공유하는 시대가 도래할 것이다. 미래에 생겨날 일이라 해서 구세대 부모로 남아서는 안 된다. 부모들이 앞서서 4차 산업혁명 시대의 변화에 관심을 갖고 참여하고 체험하면서 우리 자녀교육을 어떻게 준비해야 할 것인지 고민할 필요가 있다.

우리는 미래라는 것을 한 번도 경험하지 못한 시점에 있다. 겪어보지도 못한 미래는 모두 가상이요, 예측에 불과할 뿐이다. 그러나 미래라는 것은 결코 과거 없이 어느 날 불쑥 나타날 수 없다. 그래서 다가올 4차 산업혁명 시대의 근간도 현재와 과거 속에서 추적해야 하지 않을까 생각한다.

필자는 교육의 일선에서 42년 가까이 생활했다. 4차 산업혁명 시대 자녀교육도 평생 교육현장에서 부딪치며 경험했던 체험들의 연장선상에서 이어지리라 본다. 이에 부모로서 4차 산업혁명 시대에 필요한 자녀교육에 대해 생각해보고 무엇을 준비하면 우리 아이들이 미래의 삶을 주춤거림 없이, 실패 없이 잘 준비할 수 있을지 도움을 주고자 현장 경험자로서 펜을 들게 됐다. 따라서 이 책을 통해 4차 산업혁명 시대에 살아갈 자녀들에게 필요한 역량은 무엇이고 이 역량을 기르기 위해 어떻게 해야 하는지, 또 우리 아이들을 가르치기 위해 부모가 먼저 무엇을 알고 자녀를 리드해야 하는지 함께 고민해보기 바란다.

1. 4차 산업혁명 시대 변화 읽기

1) 4차 산업혁명이란?

사단법인 4차산업혁명연구원에 따르면 4차 산업혁명 시대에서는 인간의 모든 생각과 행위가 사물인터넷(Internet of Things : IoT)과 소셜미디어 등으로 컴퓨터 클라우드에 빅데이터 형태로 저장되고, 인공지능(Artificial Intelligence : AI)이 빅데이터를 분석해 맞춤형 예측서비스를 제공한다고 한다.

필자는 4차 산업혁명을 기존의 산업생산 플랫폼이 바뀌는 것으로 가상이 현실과 접목해 새로운 생산을 이끌고 모든 것들이 보다 효율적이고 유기적인 결합을 이루는 초연결(Hyperconnectivity)과 초지능(Superintelligence) 사회로 기술이 변화하는 시대라고 생각한다. 가상과 현실이 만난다는 것의 예로, 기존에 창구에서 하던 은행 업무를 요즘은 인터넷뱅킹으로 하게 된 것을 들 수 있다. 인터넷뱅킹에서 데이터가 오고 가는 것은 가상이고, 은행 창구에서 적금을 들거나 ATM(현금자동입출금기)에서 입금하는 것은 현실이다. 초연결은 기계와 기계의 연결, 기계와 사람의 연결, 사람과 사이버 세상과의 연결로 사람과 기계와 사이버 세상이 합체된 것이다.

2) 4차 산업혁명 시대 변화 예측

4차 산업혁명 시대 교육 분야의 변화를 예측해보기로 하자. 우리나라 미래학자 박영숙 교수는 BTN(불교 TV) 〈미래예측 교육의 변화〉에서 오는 2019년이나 2020년, 늦어도 2025년 사이에 글로벌 브레인과 다양한 인공지능 등장으로 교육혁명의 시기가 온다고 예측했다. 구글에서는 인공지능전문가들이 모여 알파고의 수십억, 수천억 배의 인공지능 글로벌 브레인을 만들고 있다. 글로벌 브레인은 음성인식기로 물어보면 무엇이든지 대답을 하고 논문의 기초도 써준다고 한다. 이런 시대가 오면 교사, 교수는 어떻게 될 것인가? 가르치는 일에서 퍼실리테이터(Facilitator : 促進者), 멘토(Mentor)로 그 역할이 바뀌지 않을까 생각된다.

4차 산업혁명 기술변화 시대에는 글로벌 브레인과 다양한 인공지능 로봇을 통해 바로 몇 초 전에 나온 신지식을 활용해 궁금한 점에 대해 알아볼 수 있게 된다. 또한 수많은 기계들 혹은 칩을 장착하거나, 인공지능의 도움을 받아서 교육을 받게 될 것이다. IBM 왓슨(Watson)은 수학, 과학, 인문학 등 많은 양의 정보를 저장한 인공지능 슈퍼컴퓨터다. 지난 2016년에는 암 진단 정확도가 96%였는데 이는 전문의보다 높은 수치다. 이처럼 무엇이든 물어보면 답을 할 수 있는 IBM 왓슨 슈퍼컴퓨터가 상용화하면 우리는 '지식을 다운로드' 받는 시대가 된다. 따라서 교육은 이제 보고 외워서 배우는 것이 아닌 업로드, 다운로드를 통한 정보습득으로 변화할 것이다. 이처럼 머지않은 미래에 다양한 방법으로 많은 정보를 얻을 수 있는 시대가 올 것이다.

구글에서 선정한 최고의 미래학자 토마스 프레이(Thomas Frey)가 운영하는 다빈치 연구소에서는 마이크로 칼리지(Micro Colleges)라는 교육모델을 내놓았다. 마이크로 칼리지에서 교육을 마치면 수료증이 수여된다. 1,000시간 교육으로 두 과목을 더 수료하면 마이크로 학위를 받게 된다. 또 마이크로 학위를 여러 개 갖고 있으면 마이크로 박사 학위도 받을 수 있다. 나노 학위(Nano degree)는 단기 온라인코스 학위로 매주 과제와 시험을 치른 후 프로젝트를 제출하면 다음 과정으로 진행하게 된다. 16주 과정을 마치면 개인에게 나노 학위가 주어진다. 고급 프로그램 언어 파이썬 학위도 있다. 하버드대학교 클레이튼 크리스텐슨 교수는 오는 2019년에는 미국에서 수업의 절반이 온라인으로 이뤄질 것이라고 전망했다. 또한 오는 2030년에는 정보의 대부분은 온라인에서 무료가 된다. 교육도 MOOC(Massive Open Online Course) 플랫폼인 코세라(Coursera), 칸 아카데미(Khan Academy) 등 고품질 온라인 강의로 무료가 된다. 인공지능이 교수의 역할을 하며 억만장자의 자녀나 극빈층의 자녀 모두 인공지능을 통해 무료 교육을 받게 될 것이다.

MOOC는 수강 제한이 없는 대규모 온라인 공개강좌라는 뜻으로 지난 2012년 미국에서 시작돼 유럽, 아시아로 확산됐다. 최대 MOOC 사이트인 코세라는 지난 2012년 개설한 세계 최대의 온라인 공개수업 플랫폼이다. MIT, 하버드, 스탠퍼드, 예일, 프린스턴, KAIST 등 세계 명문대가 참여해 강의를 개설했다. 2017년 초 코세라 가입자는 2,400만 명에 달했다. 코세라와 제휴한 대학은 149곳이며 여기서 제작한 강의는 2,000개가 넘는다. 실제로 몽골 소년 바투사 비안간바야는 15살에 몽골에서 인터넷으로 미국 MIT의 공학 강좌를 수강해서 만점을 받고 MIT에 입학했다. 칸 아카데미는 미국의 살만 칸(Salman Khan)이 지난 2006년에 설립한 비영리단체다. 초·중·고교 수준의 수학, 물리학, 화학, 컴퓨터공학, 금융, 역사, 예술까지 동영상 강의를 제공하고 있다. 난이도를 고려한 수준별 교육과 교사와 학생이 소통할 수 있는 완전 학습을 추구하고 있다. 칸 아카데미의 미션은 세계적인 수준의 교육을 전세계 누구에게나 무료로 제공하는 것이다. 현재 65개 언어로 된 5,000개의 무료 교육용 영상을 제공하고, 매일 400만 강좌가 진행되어 현재까지 3억 개가 수강됐다. 지난 2016년 한국어 버전을 오픈했고 이를 통해 세계적 수준의 교육을 한국어로 지원하고 있다.

미래교육 트렌드 2020에서는 위키피디아가 사전과 교과서를 대체하고, MOOC와 K-MOOC 온라인 무료 대학 강좌가 확산될 것이라고 했다. 구글과 IBM에서 인공지능(AI)을 이용한 교육프로그램이 나올 예정이다. 애플의 iThink는 컴퓨터의 지식을 뇌 신경망에 연결시킴으로써 지식정보는 업로드, 다운로드를 통해 습득하게 될 것이다. 오는 2025년 구글의 글로벌 브레인이 완성되면 모든 정보는 글로벌 브레인에서 검색하고 모든 분석도 가능해지며 완벽한 통역과 번역이 가능해질 것이다.

그림 01 THE GLOBAL BRAIN
(출처 : BTN, 박영숙, 〈미래예측 교육의 변화〉)

그림 02 THE GLOBAL AWAKENS
(출처 : BTN, 박영숙, 〈미래예측 교육의 변화〉)

미래교육 트렌드 2020에서 프레이는 교사 없는 학교와 교실(Teacherless schools)에 대해 언급했다. 세계 최대 비영리 벤처재단인

X프라이즈(XPRIZE)가 주최하는 국제대회인 'The Global Learning XPRIZE(X프라이즈 소프트웨어상)'의 목표는 교사, 학교가 부족한 지역 아이들이 태블릿 PC 등으로 스스로 읽기, 쓰기, 셈을 익힐 수 있는 소프트웨어 개발이다. 1,500만 달러(한화 170억 원)의 상금을 걸었고, 총 198개 팀 중 11개 팀이 준결승에 올랐다. 한국인 창업가가 이끄는 스타트업 에누마(Enuma)가 준결승에 진출했고 우승까지 바라보고 있다. 최종 결승진출 팀(5개)의 소프트웨어는 공익을 위해 오픈 소스로 공개될 예정이고 최종 우승자는 오는 2019년 4월에 지정할 계획이다.

이번엔 4차 산업혁명 시대 산업분야와 일자리 변화에 대해 살펴보기로 하자. 지난 2016년 12월 21일에 롯데와 한국 IBM이 왓슨 도입 계약을 체결했다. IBM 왓슨에는 '지능형 쇼핑 어드바이저'와 '지능형 의사결정 지원 플랫폼'이 있다. '지능형 쇼핑 어드바이저' 챗봇(Chatbot)은 인공지능으로 사람과 자동으로 대화를 나누는 소프트웨어 기반의 애플리케이션이다.

제54차 광주고용포럼은 지난 2017년 8월 25일 오후 2시 김대중 컨벤션센터 214호에서 개최됐다. 한국고용정보원 박가열 연구위원은 제4차 산업혁명으로 오는 2020년까지 사무직, 제조업분야 등 일자리 700만 개가 감소하는 반면 컴퓨터, 수학, 건축 관련 일자리는 200만 개 이상 증가할 것으로 예상했다. 미래 일자리 동향은 기존 직업의 고부가가치화, 직업 세분화, 전문화, 융합형 직업 증가, 과학기술 기반 새로운 직업 탄생으로 변화할 것이라고 전망했다. 박가열 위원은 미래의 직무역량으로 '획일적이지 않은 문제 인식과 기계와의 협력적 소통'

을 꼽고 빅데이터 전문가, 수술용 나노 로봇 조종사, 스마트 교통시스템 엔지니어, 기후변화 전문가, 스마트 팜 구축가, 동물매개 치료사 등 대표적 신직업도 소개했다.

지난 2017년 9월 14일 프레이가 '4차 산업혁명 시대 미래 일자리 대예측'이란 주제로 초청특강을 했는데 오는 2030년에는 현재의 일자리 중에서 20억 개가 사라진다고 예언했다. 그러나 4차 산업혁명 기술 변화의 시대에 일자리는 없어도 로봇세 등의 재원으로, 사람들은 기본 소득금을 받고 여유시간도 생겨 일거리를 만들어서 산다고 한다.

그림 03 구글이 선정한 최고 미래학자 토마스 프레이(좌), 필재(우) 기념촬영

그림 04 4차 산업혁명 시대 미래 일자리 대예측 (2017.09.14. 유엔미래포럼 한국대표 박영숙)

미래에 에너지 혁명으로 무인(전기)자동차가 보편화하면 어떤 변화가 오는지, 또 기존 일자리 중 없어지는 일자리와 새로 생겨나는 일자리는 무엇인지 구체적인 예로 알아보자. 구글의 무인자동차 프리우스는 전면에 레이더 센서, 주변 지역을 관찰하는 비디오카메라, 각종 센서와 자동차를 조종할 수 있는 인공지능 소프트웨어를 포함한 다양한 기술 조합기기, 무인항법장치가 탑재돼 있다. 구글은 네바다 주에서 프리우스의 도로 주행 실험을 성공함으로써 면허를 획득했다. 구글의 공동 설

립자 세르게이 브린(Sergey Brin)은 캘리포니아 주 구글 본사에서 자동주행자동차 운행 허용법안인 SB1298 법안을 작성했고, 지난 2012년 10월 30일 캘리포니아 주지사 제리 브라운(Jerry Brown)이 SB1298을 통과시켰다. 무인자동차의 도로주행에 따라 기존 일자리에서 변화하거나 소멸되는 일은 다음과 같다. 교통 혼잡, 교통순경, 교통카메라, 교통신호, 과속단속경찰, 과속위반티켓, 급정거로 인한 도로손실. 또 교통체계 솔루션, 교통방송, 교통 혼잡을 설명하는 방송인, 안전띠, 에어백, 각종 안전의자, 주차장, 주차장 공회전, 주차장 코인 주입기, 주차권, 주차관련 산업, 중앙선가드레일, 주행선 표시 페인트, 도로 확장공사, 고속도로 직원, 톨게이트, 주유소, 자동차 세일즈맨, 자동차 대리점, 음주운전, 음주운전 대리운전사, 스마트도로로 변함에 따라 눈 치우는 염화칼슘, 도로 인프라, 자동차 제조업체, 자동차 면허증, 자동차 면허시험장 등이다. 그 외에 자동차 디자인이 완전 변화하고, 현금도 소멸할 것이다.

반면 새로 생기는 일자리는 다음과 같다. 무인자동차 관리인, 무인자동차 렌탈 서비스산업, 무인자동차 수리공, 무인자동차용 청정에너지산업, 무인택배서비스, 무인자동차용 기기 및 장비산업, 무인자동차 콜센터, 무인자동차를 부를 때 개인 정보를 처리하는 솔루션, 무인자동차 교통체계 운행 솔루션 프로그램, 무인자동차와 사람을 연결해주는 네트워크 시스템 모바일 애플리케이션, 무인자동차 사용 지불시스템 등이다. (출처 : 박영숙, 2017년 2학기 서울특별시교육청 학교장 역량강화 연수 자료, p.39)

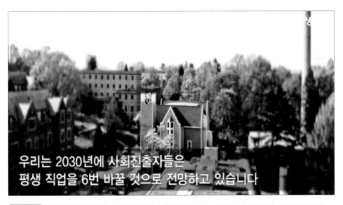

그림 05 2030 평생 직업 6번 바꿀 전망 (출처 : BTN, 박영숙, 〈미래예측 교육의 변화〉)

3) 4차 산업혁명 시대에 어떤 자녀교육이 필요한가?

앞에서 4차 산업혁명 시대에 가능한 변화에 대해 예측해봤다. 우리 자녀가 4차 산업혁명 기술의 변화 시대를 기회로 이용해, 글로벌 인재가 되기 위해 필요한 교육은 무엇일까? 42년 가까이 교육에 종사한 경험자로서 경험을 바탕으로 판단할 때, 4차 산업혁명 시대 자녀에게 가장 필요한 교육은 어떤 일이든 해낼 수 있는 '역량(力量) 교육'이라 생각한다. 자녀에게 필요한 역량이 무엇인지 초등학교에서 교사로 시작, 교감, 교장에 이르기까지 평생 교육현장에서 느꼈던 경험과 여러 서적, 전문가들의 강연, 필자의 강의 내용을 바탕으로 많은 고민을 했다. 그 결과 우리 자녀에게 필요한 역량은 개인으로서 필요한 역량과 여럿이 함께할 때 필요한 역량으로 나눠 생각할 수 있다. 개인에게 필요한 역량은 나를 바로 알기, 호기심과 창의성, 자아 존중감, 감성, 도전정신, 자기주도력이다. 여럿이 함께할 때 특히 필요한 역량은 의사소통, 협업, 나눔과 공유, 융합적 사고다.

2. 지금까지 우리 자녀를 어떻게 키워왔나?

지금까지 우리 자녀를 어떻게 키워왔는지, 자녀교육에 대해 고민하면서 어떻게 자녀교육을 해야 하는지 깨닫고 있는 학부모 A(필자의 지인)가 겪은 이야기를 읽으면서 생각해보기로 하자.

신정동에 살고 있는 학부모 A(42) 씨는 첫 아이 B(14)가 중학교에 입학하고 내심 걱정이 많았다. 첫 아이여서 중학교 생활에 대해서도 잘 몰랐고, 그동안 자녀 B는 평범한 동네에서 평범한 초등학교 생활을 했는데 진학한 중학교가 이름만 대면 알 만한 학구열이 높은 동네에 있었기에 내심 두려움이 있었던 것이다. B가 처음 중학교에 입학하자 A씨는 제일 먼저 중학교에서 나눠준 입학 책자를 살펴보고 어떻게 준비를 시켜야 하나 고민에 빠졌다. 하지만 첫 아이다 보니 중학교 생활에 대한 어떤 그림도 잘 그려지지 않아 걱정만 한가득 하고 있었다. 정작 당사자인 B는 막연한 학교생활의 두려움도 없이 초등학교에서 하지 못한 자전거 통학이 신났고, 체육과 스포츠 등 여러 활동이 하나하나 신기하고 즐거웠다.

학부모 상담 기간에 찾아뵌 담임선생님께서는 다른 곳에서 초등학교를 졸업하고, 친구 하나 없는 새로운 동네에서 중학교를 시작하는 것을 눈치채지 못하셨다. 이렇게 B가 잘 적응하고 있으니 학교생활의 첫 시작은 순조롭기까지 했다. 그러나 자유학기제임에도 수행 기간에 과제가 밀려드는 시기를 맞아 각 과목별 숙제를 만나면서부터 B의 짜증이 시작됐다. 과목별로 챙겨야 하는 어려움은 둘째치고 혼자서 하기에는 벅찬 과제들이 쌓이다 보니 B는 숙제는 어떻게 돼가냐는 엄마의 재촉에 짜증과 한숨을 반복하기에 이르렀다.

그 중 가장 곤혹스러웠던 숙제는 약 한 달간의 시간을 주고 내준 국어 과제인 개인문집 만들기였다. A는 아이의 숙제를 보다 못해 도움을 주고자 했으나 B는 과제 제출일이 다가올 때까지 별 진전이 없는 상태였다. 결국 제출일 전 마지막 주말을 맞아 B는 울기에 이르렀다. 어떻게 해결하면 좋을지 고민하고, 적극적으로 부딪쳐보고, 하다 모를 때는 어른의 도움을 받으면 될 텐데 B는 울고 짜증 내기를 반복하다 결국은 자포자기에 이르렀다.

A는 이대로는 안 될 것 같아 방법적인 부분에 대해 설명해주고, 함께할 수 있도록 격려했다. 우여곡절 끝에 가장 난관이었던 국어 과제를 마쳤다. 이후 쏟아지는 다른 숙제를 하면서도 B는 제출일이 임박할 때까지 짜증을 내고 멍하게 집중을 하지 못하다 겨우겨우 제출하곤 했다. 그때마다 엄마인 A는 같이 잠을 자지 못하고 숙제에 대해 걱정하며 재촉을 하게 됐다. 어느 날은 잠시 눈을 붙인다고 하고는 새벽 3시에 일어나서, 못한 과제와 잠을 자버린 자신에 대한 속상함에 엉엉 울기까지 했다.

역경을 스스로 이겨내지 못한 요즘의 아이들처럼 B 역시 초등학생 시절 특별한 어려움 없이 엄마가 하라는 대로 하며 그저 성실하게만 지내왔다. 그러나 남들이 보기엔 참 별스럽지 않은 일 하나도 조금만 어려우면 생각을 멈추고 하지 않으려 하고 방법을 알아볼 생각조차 하지 않았다. 어려움이 생겼을 때 적극적으로 그 어려움을 해결해보려고 하기에는 그간 어려움이 생겼을 때 걱정하고 좌절할 시간조차 주지 않은 엄마의 케어가 달콤했던 것이다.

이후 A 부부는 작은 어려움조차 스스로 해결하려 하지 않고, 뜻대로 되지 않는 원인을 외부에서 찾아 짜증을 내는 모습의 B를 이대로 교육해서는 안 됨을 깨닫게 됐다. 당장의 평가와 점수에 연연하기보다는 스스로 자기 일을 계획하고 스스로 해결책을 찾아갈 수 있도록 조용히 놓아두는 일부터 시작했다. 간혹 혼자 어려움을 극복하다 생기는 곤란한 점도 아이가 부모에게 조언을 구하기 전까지는 일절 간섭하지 않았다. 이후에도 B의 일상은 예전과 비슷했으나 이제는 결과물이 조금 미진할지라도 스스로 고민해보고 또 이런저런 자료를 찾아가며 스스로 과제를 처리하게 됐다. 역경을 딛고 일어서본 적이 없는 요즘의 자녀들에게 부모는 역경이라는 극복할 무언가를 스스로 할 수 있도록 해주는 것이, 어쩌면 미래를 위한 값진 부모의 선물이란 것을 A씨는 서서히 깨닫고 있었다.

위 이야기는 우리 주변에서 부모가 자녀교육으로 인하여 흔히 겪을 수 있는 고민이다.

3. 4차 산업혁명 시대에 필요한 자녀교육

앞의 이야기에서 자녀 B의 행동을 변화시키기 위해 필요한 역량이 무엇인지 살펴보자.

[표1] 자녀 B가 변화하기 위해 필요한 역량

자녀 B의 행동	변화하기 위해 필요한 역량
밀려드는 과제에 짜증을 내고 한숨을 쉰다.	동기부여, 자신감, 자아 존중감
과제 제출일이 가까워지자 운다.	긍정성, 자기조절
울다 짜증내다 결국은 자포자기한다.	자기조절, 도전정신
멍하고 집중을 하지 못한다.	집중력
엄마가 하라는 대로 하며 그저 성실하다.	자기주도력, 자신감, 자아 존중감
작은 어려움조차 도전해보지 않는다.	도전정신
뜻대로 되지 않는 원인을 외부에서 찾는다.	자기선택, 자기책임

부모 A의 고민을 해결하는 방법을 위의 이야기에서 찾아보자.

[표2] 부모 A가 고민을 해결하는 방법

부모 A의 행동	고민을 해결하는 방법
• 숙제가 어떻게 돼가는지 재촉한다.	• 자료를 찾아가며 스스로 과제를 처리하도록 한다. • 자녀가 부모에게 조언을 구하기 전까지는 일절 간섭하지 않는다.
• 자녀와 같이 잠을 자지 못하고 숙제에 대해 걱정하며 재촉한다.	• 당장의 평가와 점수에 연연하지 않는다. 결과물이 조금 미진할지라도 자녀 스스로 고민하게 한다. • 과제 해결의 방법적인 부분에 대해 설명해주고, 함께 할 수 있도록 격려해준다.
• 자녀에게 걱정하고, 좌절할 시간조차 주지 않은 달콤한 엄마의 케어	• 스스로 자기 일을 계획하고, 스스로 해결점을 찾아갈 수 있도록 자녀를 조용히 놓아둔다.

"역경을 딛고 일어서본 적이 없는 요즘의 자녀들에게 부모로서, 자녀가 스스로 역경을 극복할 수 있는 기회를 주는 것이 자녀의 미래를 위한 값진 부모의 선물이란 것을 서서히 깨달았다"라는 A씨의 말을 우리 부모들은 되새겨볼 필요가 있지 않은가?

자녀들이 4차 산업혁명 시대 커다란 물결의 흐름을 잘 탈 수 있도록, 부모에 의해서 자녀가 '무엇을 배울까?'가 아니라 자녀 스스로 '무엇을 해야 할까?' 하고 선택할 수 있도록 부모의 생각부터 전환해야 한다. 또 자녀가 스스로 자기 일을 계획하고 해결점을 찾아갈 수 있도록 자녀를 놓아두고 기다려야 한다.

2015 개정 교육과정 6가지 핵심역량과 앞의 글에서 필자가 피력(披瀝)한 역량, 그리고 위 학부모 A의 이야기로 살펴본 자녀 B가 변화하는 데 필요한 역량을 바탕으로 4차 산업혁명 시대에 필요한 자녀교육에 대해 살펴보고자 한다. 2015 개정 교육과정의 6가지 핵심역량은 자기관리 역량, 지식정보처리 역량, 창의적 사고 역량, 심미적 감성 역량, 의사소통 역량, 공동체 역량이다. 필자가 언급한 개인에게 필요한 역량은 나를 바로 알기, 호기심과 창의성, 자아 존중감, 감성, 도전정신, 자기주도력이다. 여럿이 함께할 때 특히 필요한 역량은 의사소통, 협업, 나눔과 공유, 융합적 사고라고 했다. 자녀 B가 변하기 위해 필요한 역량은 동기부여, 자신감, 자아 존중감, 긍정성, 자기조절, 도전정신, 집중력, 자기주도력, 자기선택, 자기책임이다.

위에서 언급한 역량 중에서 이 책에서는 나를 바로 알기, 자아 존중감, 창의성, 도전정신, 의사소통, 융합적 사고 역량에 대하여 중점적으로 살펴보고자 한다.

1) 나를 바로 알기 역량

소크라테스의 명언 '너 자신을 알라'처럼 나의 성격유형이 무엇인지, 나의 흥미와 적성과 가치관은 어떠한지, 나의 적성에 맞는 진로와 직업은 무엇인지를 정확하게 아는 것은 4차 산업혁명 시대를 살아가는 데 필요한 역량이다.

(1) 이고그램(자아상태 검사) 성격유형

성격유형 검사에는 이고그램, 에니어그램(Enneagram), MBTI 등이 있다. 이 중에서 이고그램의 기능 분석(CP, NP, A, FC, AC) 방법으로 성격유형을 알아보자.

이고그램 체크리스트

언제나 그렇다 (매우 긍정) ⑤ 자주 그렇다 (약간 긍정) ④ 그저 그렇다 (보통) ③
좀처럼 그렇지 않다 (약간 부정) ② 거의 그렇지 않다 (매우 부정) ①

1. 지나가다 불쌍한 사람을 보면 지나치기 힘들다.
2. 나는 자신감과 카리스마가 있다.
3. 부모님이나 선생님의 말을 잘 듣는다.
48. "와! 멋있다! 아하!" 등 감탄사를 자주 쓰며 농담을 잘 한다.
49. 반드시, 결단코 라는 등의 말투를 잘 쓴다.
50. 시간이나 금전에 대해 흐지부지한 것이 싫다.

합 계 :

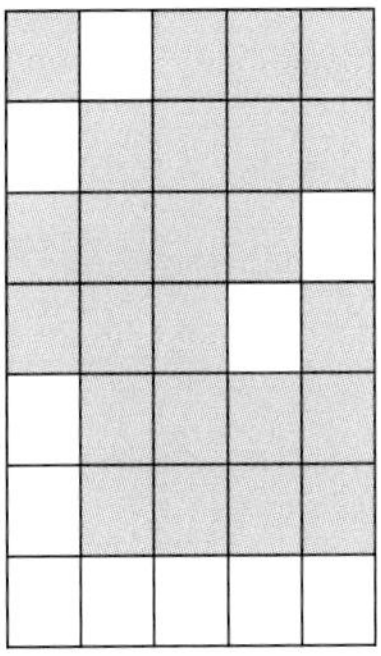

그림 06 이고그램 체크리스트 (출처 : 한국교류분석상담연구원 www.koreata.or.kr)

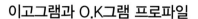

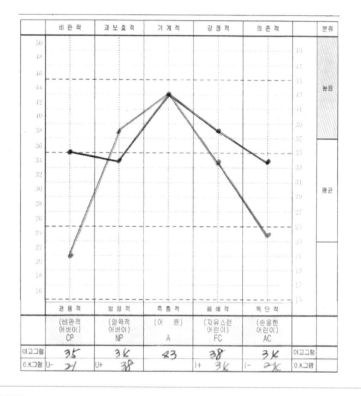

그림 07 이고그램 OK그램 프로파일(이고그램 : 검은색, OK그램 : 빨간색)

　이고그램 검사를 하는 목적은 낮은 성격유형을 활성화해 균형 잡힌 인격으로 변화하는 데 있다. 바람직한 이고그램은 [그림10] 그래프와 같이 자아상태 에너지의 균형을 이룬 것이다. 이고그램 성격유형은 한국교류분석상담연구원(https://www.koreata.or.kr)과 같은 전문기관이나 TA 전문 상담가를 통해 알아볼 수 있다.

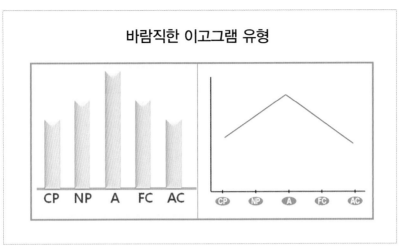

그림 08 바람직한 이고그램 유형

(2) 홀랜드 적성검사

미국 동부지역의 하버드, 예일, 펜실베니아, 프린스턴, 컬럼비아, 브라운, 다트머스, 코넬 대학교 8개 명문대학인 '아이비리그' 졸업생 1,500명을 20년간 추적한 결과 백만장자는 101명이었다. 이 중에서 100명은 자신이 좋아하는 일을 했고, 1명만 돈을 많이 버는 직업을 택했다.

백만장자 100명의 공통점은 자기가 어떤 사람인지 정확히 알고, 좋아하는 일을 하고 있다는 사실이다. 자녀가 어떤 사람이고 좋아하는 일이 무엇인지 '홀랜드 적성검사'로 흥미, 적성, 가치관을 알아보자.

홀랜드 적성검사는 한국진로상담연구원 (https://www.kcci.ne.kr)과 같은 전문기관이나 진로 전문 상담가를 통해 할 수 있다.

홀랜드 6가지 성격유형 : RIASEC

① 실재형(현실형) : Realistic
② 탐 구 형 : Investigative
③ 예 술 형 : Artistic
④ 사 회 형 : Social
⑤ 기업형(진취형) : Enterprising
⑥ 관 습 형 : Conventional

그림09 홀랜드 6가지 성격유형
(출처 : 한국진로상담연구원)

홀랜드 적성검사

1. 검사 직전 단계

○ 성격적성 6가지 유형 순위 적기

순위	1	2	3	4	5	6
유형						

○ 희망직업 순위 적기

순위	1		2		3	
직업명						

○ 부모 희망 직업 순위 적기(생략가능)

순위	1		2		3	
직업명						

그림10 홀랜드 검사 직전 단계

그림11 홀랜드 6각형 모형

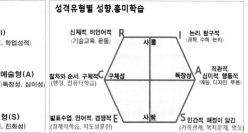

그림12 성격유형별 성향 및 흥미학습

홀랜드 적성검사 결과지 분석사례(수기용)

중3 여학생 초중고용 「진로적성검사」 ※기본코드 : SAC
※검사실시직전코드 : SCA

영역		R	I	A	S	E	C	진로코드
성격적성(20)		8	9	19	15	13	8	AS
능력적성(20)		9	10	11	16	11	12	SC
직업적성(16)		11	7	12	14	13	16	CS
소계(56)		28	26	42	45	37	36	SA
적성분야	A(4)	3	2	3	2	2	3	RA
	B(4)	3	3	2	2	2	3	RI
	C(4)	2	2	2	3	2	2	SR
	소계(12)	8	7	7	7	6	8	RCI
합계점수(68)		36	33	49	52	43	44	SAC

희망직업 : 유치원 교사(SAE), 미용사(ARE)

그림13 홀랜드 적성검사 결과지 분석사례 (출처 : 한국진로상담연구원)

[그림13] 홀랜드 적성검사 결과지 분석에서 하위영역으로 성격적성, 능력적성, 직업적성과 적성분야 A, B, C는 각각 6가지 성격유형에서

점수가 높게 나온 것 2가지 유형을 선택해서 진로코드에 적는다. 이때 높게 나온 것이 2가지 이상이면 동점 중에 RIASEC 순서대로 2코드를 선택한다. 합계점수의 진로코드는 6가지 유형 중에서 점수가 높은 순서대로 3가지 유형을 적는다. 진로코드를 기록할 때 높게 나온 것이 3가지 이상이 나오면 동점 중에 RIASEC 순서대로 3코드를 선택한다.

알버트 아인슈타인(Albert Einstein)이 '모든 사람들은 천재다. 그러나 물고기에게 나무에 올라가는 방법을 가르친다면 그 물고기는 평생 스스로 바보라고 생각하며 살 것이다'는 말을 되새겨 직업과 진로를 선택할 때에는 흥미와 적성과 가치관을 고려하도록 한다.

2) 자아 존중감 역량

자아 존중감(自我 尊重感)은 자신이 유능한 사람으로 어떤 성과를 낼 수 있다고 믿고 자기를 아끼며 존중하는 마음이다. 또 자기 자신을 긍정적이고 가치 있는 존재로 평가한다. 인정과 칭찬하기, 스스로 선택하고 책임지기를 통해 자아 존중감 역량을 길러보자.

(1) 인정과 칭찬하기

자아 존중감은 '나 참 잘하고 있어, 잘하네 멋져, 난 뭐든 할 수 있어, 나란 존재는 참 괜찮아, 꼭 잘 될 거야, 엄지 척, 사랑해, 나는 내 자신이 너무 좋아' 등 인정과 칭찬에 의해 길러진다. 잘하는 것을 찾아 칭찬해주면 자아 존중감이 올라가고 부족한 부분도 향상될 수 있다. 잘하는 것을 더 잘하게 하는 데는 부모의 인정과 칭찬이 필요하다.

그러면 인정과 칭찬하는 방법에 대하여 알아보자. 인정과 칭찬을 하는 방법에는 단계가 있다. [그림14]에서 Outcome은 결과에 대한 칭찬이고 Effort는 결과를 위한 노력과 과정에 대한 인정칭찬이다. Being은 내면의 자질에 대한 존재칭찬이고 Believing은 변함없는 지지를 나타내는 믿음 칭찬이다. 이때 유의할 점은 결과칭찬, 인정칭찬, 존재칭찬, 믿음칭찬의 단계를 밟아야 한다는 것이다. 그렇게 되면 상대방은 무엇 때문에 인정이나 칭찬을 받는지 이해하고 공감하게 된다.

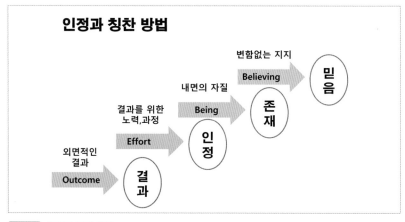

인정과 칭찬 방법

변함없는 지지
Believing
믿음

내면의 자질
Being
존재

결과를 위한
노력,과정
Effort
인정

외면적인
결과
Outcome
결과

그림 14 인정과 칭찬 방법

결과 – 인정 – 존재 – 믿음칭찬의 예시

결과칭찬 : 진로전문상담사 자격증을 따셨군요.

인정칭찬 : 목요일마다 저녁에 3시간씩 12회기 자격증과정
　　　　　수업을 들으셨다니 노력이 대단하세요.

존재칭찬 : 배움에 대한 열정이 있으신 선배 선생님이 계시
　　　　　는 것이 자랑스러워요.

믿음칭찬 : 앞으로도 진로전문상담사 슈퍼바이져 자격증까
　　　　　지 따시고, 잘 하실 거라 믿습니다.

그림 15 결과 – 인정 – 존재 – 믿음 칭찬 예시 (출처 : 국제코치훈련원, TRAIN 교육프로그램)

(2) 스스로 선택하고 책임지기

지난 2006년 한국을 방문한 미래학자 앨빈 토플러(Alvin Toffler)는 "한국 학생들은 하루 15시간 동안 학교와 학원에서 미래에 필요하지 않을 지식과 존재하지 않을 직업을 위해 시간을 낭비하고 있다. 그런데 10년이 지난 2016년에도 한국 학생들의 상황은 다르지 않다. 모두가 문제라는 것을 알고 있음에도 불구하고 학생들의 상황은 좀처럼 나아지지 않고 있다"라고 말했다. 가장 앞사람이 일어서게 되면 그 뒤에 사람도 그 뒷사람도 일어나다가 결국 모두 일어서서 영화를 봐야 하는 영화관 효과처럼, 사교육을 남들이 시킨다고 나도 그대로 따라가야 하는지 생각해볼 시점이다.

토플러의 말을 우리는 어떻게 생각해야 되는지, 자녀들의 상황이 나아지려면 어떻게 해야 되는지, 유명 학습지업체 김○희 대표의 사교육 없이 4남매를 명문대에 보낸 비결을 통해 살펴보자. 그 비결은 "알아서 하도록 지켜보는 것"이라고 말한다. 김 대표의 교육 철학은 자녀들에게 스스로 선택하게 하고 그 선택에 대한 책임을 지도록 한다. 이럴 때 부모는 간섭하고 싶지만 힘들어도 참고 믿어주며 기다려주는 것이라고 한다.

현재 서울 S초등학교에서 10년차 교사생활을 하고 있는 필자의 큰딸(35세)이 성장하는 과정에서 스스로 선택하고 책임지며 지내온 이야기에 대해 직접 쓴 글을 공유해본다.

중학교 3학년에 올라가면서 고등학교 진학에 대한 고민이 본격적으로 시작됐다. 나는 '이해찬 1세대'로 중학교 3학년인 당시에 대학

입시에서 내신의 비중을 높이겠다는 발표가 있었기 때문에 특목고 진학에 우려를 하는 사람들이 많았다. 나 역시 외고 입학시험을 봐야 할지, 아니면 동네의 인문계 고등학교에 진학해야 할지 선택의 기로에서 쉽게 결정을 하기 어려웠다. 부모님과 선생님들께 여쭤도 특목고 진학과 일반고 진학은 각기 다른 장단점이 있고 3년 후 대학 입시 제도의 세부적인 사항을 미리 알 수가 없으니 스스로 생각해보고 소신껏 결정하라는 말씀을 해주셨다. 고민 끝에 이화여자외국어고등학교에 진학하고 싶다는 결정을 했고 그리 길지 않은 기간이었지만 내가 할 수 있는 한 정말 열심히 공부해서 입학시험에 합격을 했다. 고등학교 시절 3년을 보내면서 좋은 선생님과 친구들을 만나서 열심히 공부할 수 있었던 것을 가장 큰 장점으로 꼽을 수 있다. 영어, 프랑스어, 중국어를 집중적으로 공부하며 자신의 꿈을 이루기 위해 고등학교 교과 공부에도 최선을 다했던 그 시절을 떠올리면 지금도 뿌듯한 생각이 든다. 친구들과 선의의 경쟁을 하면서 서로 격려하며 함께 공부할 수 있어서 더 큰 힘이 됐다.

모든 일에는 장점과 단점이 있듯이 고등학교 시절 모두 좋은 점만 있었던 건 아니다. 우선 집에서 학교까지의 거리가 꽤 멀어서 통학이 오래 걸린다는 어려움이 있었다. 두 번째 어려움은 고등학교 1학년 중반쯤에 의대에 가고 싶다는 결심을 했는데 학교의 교육과정을 모두 공부하면서 별도로 이과생들이 하는 공부까지 해야 돼서 공부할 양이 너무 많아졌다는 점이다. 하지만 내가 고민 끝에 이화 외고에 진학하기로 결정했기 때문에 학교를 다니며 겪게 되는 어려움을 스스로 극복하고자 노력했다. 첫 번째로 통학 시간이 오래 걸리는 문제는 스쿨버스에서 잠깐 잠을 자거나 지하철에서 틈틈이 공부를 하면서 시간을 효율적으로 사용하며 해결했다. 두 번째로 이과 공부를 따로 해야 했던 문제는 자연계로 진학하고자 하는 몇몇 친구들과 스터디 그룹을 만들어서 함께 공부하며 어려움을 풀어나갔다. 고등학교 정규 교육과정을 기본적으로 이수하면서 학교에서 주력하는 영어, 프랑스어, 중국어와 함께 이과생들이 하는 수학과 과학 심화 과목까지 모두 공부하려면 양이 너무 많아서 힘들기도 했지만, 외국어에 능통한 의사가 돼서 내 능력을 펼치기 위한 과정이라고 생각하니 공부할 힘을 얻을 수 있었다.

만약 깊은 고민 없이 부모님이나 선생님의 권유 때문에 외고에 진학했다면 내 결정에 대한 책임을 지기 위해 부단히 노력하지 않았을지도 모른다. 중학교 3학년 때 고교 진학에 대한 고민의 과정에서 통학 시간이나 이과 공부에 대한 생각을 미리 해봤고, 중학교 선배 중 이화외고에 진학한 선배들에게 그에 대해 자문을 구하고 어느 정도 해결책을 생각했던 일이라 상황에 맞게 대처할 수 있었다. 고교 진학에 관한 문제를 포함해서 나는 모든 일을 여러 번 생각해보고 스스로 선택해 결정하며 살아왔다. 어린 시절 무엇을 배우고 싶을지 결정할 때도, 대학에 진학할 때 전공을 결정할 때도, 결혼을 할 때도 내가 스스로 선택하고, 선택한 것에 대해 책임을 다하기 위해 하루하루 열심히 살아가고 있다. 어릴 때부터 부모님께서 스스로 생각해볼 기회를 주시고 나의 선택을 존중해주셨기 때문에 내 삶을 자율적으로 선택하고 그에 대해 책임을 지면서 나답게 살 수 있었다.

얼마 전 〈SBS스페셜〉에서 사교육을 주제로 삼아 다큐멘터리를 방영해 화제가 됐다. 그 다큐멘터리에서 사교육에 지나치게 의존하지 않고 네 자녀를 모두 훌륭히 키운 아버지가 나와서 한 말씀이 기억에 남는다. 그분도 어릴 때부터 자녀에게 자율적으로 선택하고 결정할 수 있는 기회를 주고 그 결과에 대해서는 스스로 책임지도록 자녀를 키워왔다고 한다. 그런데 그분에게도 자녀를 믿고 기다리는 것이 결코 쉽지 않은 일이었다고 한다. 자녀에게 믿고 기다리는 기회를 주는 것은 간섭해서 억지로 시키는 일보다 더 어려운 일일 수도 있지만, 자녀들은 스스로 선택한 일에 책임을 다하며 사는 과정에서 성장하고 스스로의 삶을 책임질 수 있다고 생각한다.

서울대 소아정신과 김붕년 교수는 "목표했던 것을 스스로 선택하고 해냈을 때 자존감은 높아진다"라고 말한다. 따라서 부모의 역할은 자녀가 스스로 선택하게 하고 선택한 일은 책임을 지도록 하는 것이다. 자녀의 선택에 개입하고자 하는 마음을 참기 힘들어도, 기다리고 믿어주면서 자녀를 인정하고 지지하는 태도를 보이는 것이 중요하다. 이 과정에서 생성된 자아 존중감은 4차 산업혁명 시대에 자녀가 주인공으로 살아가는 데 엔진 역할을 할 것이다.

3) 창의성 역량

창의성(創意性)은 새로운 개념이나 생각을 찾아내거나 기존의 개념이나 생각을 새롭게 조합해내는 것이다. 4차 산업혁명 시대는 창의성이 필요한 사회다. 창의성은 다양성과 끊임없는 도전정신을 필요로 한다. 다른 사람의 특이한 점을 배척하는 것이 아니라 나와 다름을 인정하는 데서 나온다. 창의성을 키우기 위해 필요한 생각하는 시간 갖기, 역발상, 융합적 사고에 대하여 살펴보자.

(1) 생각하는 시간 갖기

필자는 학교 경영을 할 때 어떻게 하면 최선의 방법일까? 여러 면으로 고민할 때 걷거나 자연을 보면서 휴식 시간을 가지면 어느 순간 '아하! 이렇게 하면 좋겠네' 하고 아이디어가 번뜩 떠오르는 경험을 여러 번 했다. 또 강의를 위해 강의안을 만들거나 지금처럼 책을 쓸 때 어떻게 펼쳐나갈지 막힐 때가 종종 있다. 이럴 때도 하던 일을 멈추고 쉬거나 그 자리를 떠나 머리를 식힌다. 그러나 머릿속으로는 막혔던 것이나 고민했던 일을 어떻게 하면 좋을까 계속 생각하고 있다. 그러다 번뜩 '아! 저렇게 하면 되겠네' 하고 떠오르는 생각으로 막힌 것을 해결한 적이 여러 차례 있었다. 이처럼 생각하는 시간을 갖게 되면 최선의 방법을 찾을 수 있고, 새로운 발상으로 문제를 해결할 수 있다. 우리 자녀들의 창의력을 키우는 방법은 좋아하는 일에 몰입할 수 있는 시간과 여유 있게 생각할 시간, 때로는 자연을 관찰하고 즐길 수 있는 시간, 또 친구들과 함께 어울리면서 생각을 꺼내고 다르게 생각해볼 수 있는 기회를 주는 것이라 생각한다.

(2) 역발상

역발상(逆發想)은 일반적인 생각과 반대가 되는 새로운 패러다임으로 거꾸로 생각해본다는 뜻이다. 당연함을 당연하지 않음으로, 당연하지 않음을 당연함으로 뒤집어서 생각하는 역발상은 창의성을 길러준다. 역발상으로 공해(公海) 위에 인공 도시 건설 프로젝트를 추진하는 일과 무료로 서비스부터 제공해서 폭발적인 가치를 창출한 경우를 알아보자. 공해(公海) 위에 인공 도시를 건설한 프로젝트는 지난 2008년 실리콘밸리의 억만장자들이 아이디어를 내며 시작됐다. 최근 바다 위를 떠다니는 해상 독립국가를 만들겠다는 생각으로 설립된 미국 시스테딩 연구소가 인공 도시 설계안을 공개했다. 해상 인공 도시 설계도는 거대한 원형 방파제 안에 다양한 건물이 기하학적인 구도로 배치돼 있다. 시스테딩 연구소의 랜돌프 헨켄(Randolph Hencken) 이사는 "거주 시설과 병원, 발전소 등을 모두 갖춘 친환경 도시"라면서 "바다 위의 유토피아가 될 것"이라고 밝혔다. 연구소 측은 오는 2019년부터 건설을 시작해 2050년쯤 수백만 명의 시민이 살 수 있는 도시를 만들겠다고 밝혔다.

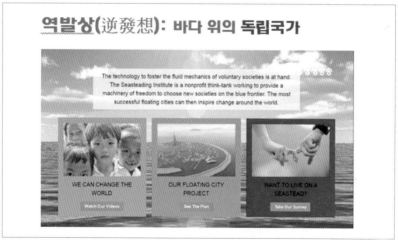

그림 16 바다 위의 독립국가(해상도시) (출처 : BTN, 박영숙, 《미래예측 교육의 변화》)

일반적으로 서비스는 돈을 받고 팔아야 한다는 당연한 생각을 무료로 서비스부터 제공한 역발상의 예를 들어보자. 구글, 페이스북, 카카오톡은 무료로 서비스부터 제공했다. 많은 사람들이 서비스 이용을 일상화하도록 만들었다. 구글은 인공지능을 클라우드 플랫폼에 연결해 고객에 대한 방대한 데이터를 장악했다. 이처럼 무료 서비스 제공 결과로 수많은 이용자를 확보해 폭발적인 가치를 만들어냈다.

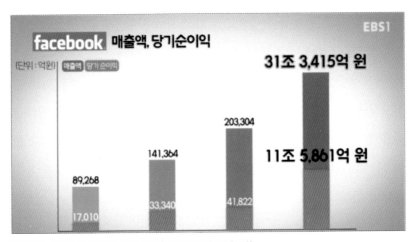

그림 17 페이스북 매출액, 당기순이익 (출처 : EBS 〈미래강연Q〉)

그림 18 구글 클라우드 플랫폼의 빅데이터 (출처 : EBS 〈미래강연Q〉)

(3) 플립 러닝

플립 러닝(flipped learning)은 미국 우드랜드 파크 고등학교 과학교사인 존 버그만과 아론 샘이 만들었다. '학생과 일대일 수업을 진행할 때 가장 좋은 방법은 무엇일까?'라는 핵심 질문을 탐구하는 과정에서 플립 러닝이 탄생했다. 기존의 수업방식을 뒤집은 역진행 수업(逆進行 修業)인 플립 러닝은 먼저 온라인으로 동영상 자료를 활용해 혼자 스스로 학습을 한다. 그 다음 오프라인 수업으로 토론, 팀 프로젝트 등 실습 위주의 협력 학습으로 진행한다. 일방적인 지식 전달을 최소화하고 팀원 간 상호작용을 극대화해 학습효율을 높이는 쌍방향 교육이다. 생각하는 힘을 길러주고 창의력과 사고력을 발달시킨다. 플립 러닝은 지식을 많이 아는 것보다 스스로 생각할 수 있는 방법을 찾아주는 창의성을 길러주는 수업이다.

4) 도전정신 역량

도전정신(挑戰精神)은 어려움을 극복하고 자신의 능력범위를 한 단계 이상 뛰어넘는 목표를 향해 정면으로 맞서 싸우는 힘이다. 시어도어 루빈(Theodore Isaac Rubin)의 명언 '도전에 성공하는 비결은 단 하나, 결단코 포기하지 않는 일이다'라는 것처럼 포기하지 않고 역경을 이겨내는 것이다. 4차 산업혁명 기술변화시대의 커다란 물결을 타고 위기를 기회로 이용하려면 도전정신이 필요하다. 도전정신 역량을 코딩을 배우는 일에 도전하는 것과 52번째 '앵그리버드' 게임 출시에 성공한 이야기를 통해 길러보자.

(1) 코딩 배우는 일에 도전하기

코딩(coding)은 컴퓨터에 작업명령을 내리면 컴퓨터가 알아들을 수 있는 기계어로 번역해주는 프로그램을 만드는 것이다. 즉 코딩은 프로그래밍을 통해 컴퓨터가 움직이는 방법을 설계하는 중요한 작업으로 컴퓨터와 소통하는 법을 배우는 과정이다. 오는 2018년부터 코딩교육은 연간 초등학교 17시간, 중학교 34시간 의무로 가르쳐야 한다. 영국의 6학년 학생들의 코딩 수업은 "① 시장에는 어떤 앱이 있는가? ② 나는 어떤 앱을 만들어야 하는가? ③ 이 앱을 어떻게 설계해야 하는가? ④ 설계에 따라 프로그래밍 해보자 ⑤ 이 앱을 어떻게 알리고 전달하는가? ⑥ 지금까지 해온 일이 성공일까?"와 같은 6단계로 진행된다. 이처럼 스마트폰 앱 하나를 실제 창업처럼 시장 조사부터 상품기획과 제작, 홍보와 평가까지 포함하여 1년 내내 만든다고 한다.

이런 코딩을 무엇 때문에 배워야 하는지 빌 게이츠(Bill Gates)의 말을 통해 알아보자. 그는 "컴퓨터 프로그래밍은 사고의 범위를 넓혀주고 더 나은 생각을 할 수 있게 만들며, 분야에 상관없이 모든 문제에 대해 새로운 해결책을 생각할 수 있는 힘을 길러준다"라고 말했다. 코딩교육은 코딩 자체를 배우는 것 외에 원하는 목적에 어떻게 접근해야 하는지 생각하는 절차를 가르쳐준다. 이런 과정을 통해 문제해결능력, 논리력, 창의력을 키울 수 있다. 이처럼 새로운 디지털 혁명 시대에는 프로그래밍 교육이 중요하다. 미래 유망 직업인 사물인터넷, 3D프린팅, 빅데이터 분석, 클라우드 기술 등은 코딩을 필수로 한다. 전 세계 2억 명이 공유하는 숙박공유 에어비앤비(airbnb)도 코딩과 연결해 전 세계 숙박업을 장악하고 있다. 코드닷오알지(Code.org), 코드카데미(Codecademy), 플레이엔트리(playentry.org) 등 무료 사이트에서 코딩을 배울 수 있다. 오는 2018년부터 의무화하는 코딩교육 정복에 정면으로 맞서 도전해보자.

그림19 코드닷오알지 (출처 : Code.org) 　 그림20 플레이엔트리 (출처 : playentry.org)

(2) 도전! 52번째 '앵그리버드' 게임 출시 성공

　파산 직전까지 갔던 로비오 엔터테인먼트 게임 개발사는 '앵그리버드' 게임 출시 이전까지 무려 51개의 게임을 만들었다. 이 게임들은 큰 성공을 이루지 못했지만 이때의 경험은 앵그리버드의 탄생에 지대한 공헌을 했다. 앵그리버드 게임이 노력, 창의성, 영감, 공감 특히 52번째 도전에 의해 탄생된 배경을 살펴보고 도전정신을 키워보자.

　'앵그리버드'는 새총으로 새를 날려 알을 훔쳐간 돼지들을 물리치는 퍼즐게임이다. 텍스트 없이 그림으로만 설명한 스토리, 귀여운 캐릭터, 간단한 조작, 클리어는 쉽지만 정복은 어려운 절묘한 레벨 디자인에서 오는 엄청난 중독성으로 처음 등장 당시부터 쟁쟁한 스마트폰 게임들이 나오고 있는 현재까지도 끊임없는 인기를 이어나가고 있다. 스마트폰 게임으로는 전례 없는 큰 흥행을 이뤄내며 성공한 스마트폰 게임의 교과서로 여겨지는 '앵그리버드'를 로비오 엔터테인먼트가 어떻게 탄생시켰는지 살펴보자.

다시 시작한 로비오 엔터테인먼트는 하청업무를 계속하는 한편, 독자적인 콘텐츠를 만들기 위한 다각적인 노력을 진행한다. 많은 사람에게 쉽게 다가가고 오래 살아남을 수 있는 게임을 개발하기로 한 그들은 먼저 당시 터치스크린 기반의 스마트폰 선두주자였던 '아이폰' 사용자들을 조사했다. 그 결과 '클래식하지만 터치 기술을 효과적으로 활용하며 별다른 설명 없이 조작법을 빠르게 습득할 수 있으며 잠깐의 시간이라도 만족스럽게 즐길 수 있는 게임'을 만들기로 결정하고 캐릭터를 물색하기 시작했다. 그들이 원하는 캐릭터는 게임의 마스코트로만 쓰일 일회용 캐릭터가 아니었다. 게임뿐만 아니라 이후 여러 사업에도 진출할 수 있는 힘 있는 캐릭터를 원했다. 그러던 중 로비오의 디자이너 야코 이살로(Jaakko lisalo)가 그린 날개 없는 새가 눈에 들어왔다. 강렬한 빨간색에 어딘지 매우 화가 난 표정의 날개 없는 새는 로비오의 개발진에게 영감을 줬고 그들은 이 새가 화가 난 이유를 어떻게 설명해야 모두가 공감할 수 있을지를 생각해냈다. 새가 화난 이유에서 게임이 시작된 것이다. 이후 개발은 순조롭게 진행됐고 9개월 후인 2009년 12월 11일, 핀란드의 앱스토어를 통해 '앵그리버드'를 출시했다. 게임뿐만 아니라 '앵그리버드'를 주제로 한 캐릭터 상품들도 불티나게 팔려 나갔다. 주인공 새들은 물론 적으로 등장하는 돼지들을 소재로 한 '달걀 요리법' 책이 등장하기도 했다. 지난 2012년 4월 8일에는 세계 최초의 '앵그리버드' 테마파크가 개장했고 2013년 3월부터 전 세계에 애니메이션 '앵그리버드 툰즈'의 방영을 시작했다. 전 세계적으로 인기를 끌고 있는 것은 물론이고, 뽀로로가 지배한 국내의 캐릭터 시장에서도 당당

하게 어깨를 나란히 하고 있을 정도로 인지도를 자랑하고 있다. (출처: NAVER 지식백과)

5) 의사소통 역량

의사소통(意思疏通)은 사람들 간 감정이나 생각을 교환하는 총체적인 행위로 언어적인 요소와 비언어적인 요소로 이루어진다. 비언어적인 요소에는 제스처, 자세, 얼굴표정, 눈 맞춤, 억양, 목소리 등이 있다. 여기서는 의사소통 역량을 적극적 경청, 강력한 질문을 통해 길러보자.

(1) 적극적 경청

적극적 경청(傾聽)은 상대의 말을 들을 뿐만 아니라 상대방이 전하고자 하는 말의 내용과 그 내면의 동기나 정서에 귀를 기울여 듣는 것이다. 듣고 난 후에 이해한 것을 상대방에게 피드백한다. 조신영은 "경청은 이청득심(以聽得心)으로 귀 기울여 들어주는 것으로 사람의 마음을 얻을 수 있다"라고 말한다. 경청(傾聽)은 기울어질 경(傾)과 들을 청(聽)으로 상대방을 향해 앞으로 몸을 살짝 기울여서 몸으로 듣고, 눈으로 듣고, 마음으로 듣는 것이다. 몸으로 하는 경청은 눈을 맞추고 고개를 끄덕이는 것이다. 말로 하는 경청은 '그랬구나, 그랬군요'처럼 맞장구를 치거나 상대방이 한 말을 반복해준다. 마음으로 하는 경청은 상대방의 감정, 욕구, 의도, 사실을 경청한다. 감정을 경청하는 것은 상대방이 느꼈을 법한 감정을 헤아려서 말로 표현해주거나 상대방이 스스로 감정을 표현하도록 질문을 한다. 욕구를 경청하는 것은 상대방이 말하는 이면의 욕구를 헤아려 말로 표현해주는 것이다. 의도를 경청하는 것은 상대방의 말 이면의 순수한 의도가 무엇인지 헤아려 말로 표현해주는 것이다. 사실을 경청하는 것은 판단하지 않고 있는 그대로 사실을 말하거나 상대방으로 하여금 사실을 이야기할 기회를 주는 것이다.

(2) 강력한 질문

강력한 질문은 질문 후에 상대방에게 새로운 변화가 일어나게 하는 질문이다. 질문하는 능력은 내용을 이해하는 것을 넘어 자신만의 생각을 하게 되고 창의력을 키우게 돕는다. 4차 산업혁명을 이끌 글로벌 리더는 끊임없이 질문을 던지면서 새로운 지식을 만들어내야 한다.

앤서니 로빈스(Anthony Robbins)는 질문의 힘에 대해 "성공한 사람들은 더 나은 질문을 하고 그 결과로 더 나은 답을 얻는다"라고 언급했다. 도로시 리즈(Dorothy Leeds)는 《질문의 7가지 힘》에서 "① 질문을 하면 답이 나온다 ② 질문은 생각을 자극한다 ③ 질문을 하면 정보를 얻는다 ④ 질문을 하면 통제가 된다 ⑤ 질문은 마음을 열게 한다 ⑥ 질문은 귀를 기울이게 한다 ⑦ 질문에 답하면 스스로 설득이 된다"라고 말했다.

강력하고 좋은 질문은 하나 이상의 주제가 연결된 열린 질문으로 상상력과 호기심을 자극한다. 질문에 대한 탐구 단계에서 퍼실리테이터(Facilitator : 促進者)의 역할은 적절한 질문과 칭찬으로 격려하고 의사소통을 촉진하는 것이다. 학교에 다녀온 자녀에게 "선생님 말씀 잘 들었어?"와 "선생님께 무슨 질문 했어?" 둘 중에 어떤 질문이 바람직할까? 수동적으로 선생님 말씀 잘 듣는 자녀로 키울 것인지, 능동적으로 모르는 것이나 궁금한 것을 질문하는 자녀로 키울 것인지, 부모로서 질문을 어떻게 하면 능동적인 자녀로 키울 수 있는지 고민해보기 바란다.

6) 융합적 사고 역량

우리나라는 지난 2011년부터 교육과학기술부 중심으로 융합 인재 교육(STEAM)을 추진하고 있다. 융합 인재 교육(STEAM)은 과학기술에 인문학과 예술을 더해 창의적인 융합 인재를 육성하는 것을 목표로 한다. 인문학과 예술은 창의성 시대에 통찰을 통해 참신한 아이디어를 떠올릴 수 있는 근간이 된다. 따라서 미래에 다양한 분야에 전문성을 갖는 것은 주요한 장점이다. 전공 분야를 다양화하면 다른 시각을 통해 융합적이고 창조적인 결과를 가질 수 있다.

융합적 사고(融合的 思考)를 키우기 위해 메디치 효과와 메디치 효과 사례를 알아보자. 메디치 효과는 서로 관련이 없는 이질적인 분야의 결합으로 창조적이고 혁신적인 생각과 새로운 제품과 서비스를 창출해내는 것을 말한다. 기존의 틀을 깨고 장벽을 허물어 독창적인 아이디어와 다양한 분야의 융합적인 사고로 메디치 효과를 만들어낼 수 있다. '이스트게스트 쇼핑센터'를 건설할 때 있었던 일을 예로 들어보자. 짐바브웨 출신의 건축가 믹 피어스(Mick Pearce)는 자국 수도인 '하라레'에 에어컨이 없는 쇼핑센터를 설계해달라는 요청을 받았다. 섭씨 40도를 오르내리는 아프리카에 에어컨 시설이 없는 쇼핑센터라니 황당한 요구였다. 처음에는 막막해보였지만 피어스는 흰개미의 환기시스템을 모방해 최초의 대규모 자연 냉방 건물인 이스트게이트 쇼핑센터를 건설했다. 구조는 간단했다. 건물의 가장 아래층을 완전히 비워버리고 꼭대기에 더운 공기를 빼내는 수직 굴뚝을 여러 개 설치한 후 두 개의 건물 사이에 저용량 선풍기를 설치했을 뿐이다. 단순한 구조였지만 효과는 놀라웠다. 건물 내에서 더워진 공기가 꼭대기의 굴뚝을 통해 빠져나가고 아래쪽에서는 신선한 공기가 지속적으로 유입돼 에어컨 없이도 실내온도가 섭씨 24도 정도로 유지됐다. 전력이 소모되는 곳은 공기 순환을 거드는 선풍기뿐이었다. 건축과 흰개미 개미탑의 자연 냉방 원리를 결합한 것이다. 이런 메디치 효과로 이스트게이트 쇼핑센터는 기능적인 건축으로 동일한 규모 건물의 10%에 불과한 전력만을 사용하게 됐다.

그림 21 흰개미 집의 냉방원리

융합적 사고와 하버드 대학 칠판 앞에서 소통하고 협력하며 토론하는 문화를 바탕으로 세계 최초 '타임 크리스털(time crystal)'을 관측하는 데 성공한 이야기를 살펴보자.

그림 22 융합적 사고로 소통·협력하는 모습. 최순원(좌), 최준희(우)

그림 23 하버드대 칠판 앞에서 소통·협력하며 토론하는 모습 (출처 : EBS 다큐프라임, 〈4차 산업혁명 시대 교육대혁명〉)

국제 학술지 〈네이처(Nature)〉에 따르면 하버드 대학교 물리학과 박사과정을 밟고 있는 최순원과 최준희는 4차원 시공간 물질의 특징인 타임 크리스털을 세계 최초로 관측하는 데 성공했다. 타임 크리스털은 원자들이 공간이 아닌 시간상에서도 대칭성이 깨지는 현상을 말하는 것인데, 이들은 다이아몬드 속에 존재하는 인공 원자 100만 개를 사용하는 방법을 이용했다. 이론 전공인 최순원은 실험을 어떻게 수행해야 하는지 예측할 수 있는 컴퓨터적 사고력을 갖고 있다. 그리고 실험이 성공하도록 시스템에 변수를 설계하는 방법에 대해 잘 알고 있었다. 반면에 실험 전공인 최준희는 이 실험을 실행할 수 있는 모든 도구를 갖고 있었다. 두 사람은 서로에게 자기들이 아는 것을 정확히 말할 수 있었고 무엇을 생각해야 하는지 그리고 어떻게 생각해야 하는지에 대해 서로에게 알려줄 수 있었다. 여기서 가장 중요한 것은 이론학자와 실험 연구자 간의 과학적인 협력 관계와 융합적인 사고였다. 두 과학자의 성과에는 융합적인 사고를 바탕으로 서로 소통하고 협력하며 토론하는 하버드 대학교의 교육 환경이 배경이 됐다.

4차 산업혁명 기술 변화 시대에는 현실과 가상 세계가 융합되면서 인공지능과 사물인터넷 기반의 초연결, 초지능 사회로 변모되고 있다. 전세계 2억 명이 공유하는 숙박공유 에어비앤비(airbnb)는 호텔이나 여관을 단 한 채도 소유하지 않았지만 숙박업을 대표하는 브랜드가 됐다. 택시를 소유하지 않은 우버(Uber)가 전 세계 택시업계를 장악하고 있다.

또 메신저 무료 서비스로 시작한 카카오는 카카오택시, 카카오미용실, 카카오뱅크 등 IT 산업을 넘어 다양한 분야로 빠르게 확장하고 있다. 이처럼 4차 산업혁명 시대는 빅데이터, 사물인터넷, 모바일, 연결 사회, 로봇 기술, 인공 지능, 3D프린팅, 드론 등 새롭게 등장하는 기술이 산업 전체를 무너뜨리거나 변화시키는 파괴적 혁신이 일반화되는 시대라고 말할 수 있다. 이러한 4차 산업혁명 기술 변화 시대의 커다란 물결을 타고 이 변화를 기회로 맞이할 수 있는 자녀를 키우기 위해 필요한 것이 '역량'이라고 필자는 말했다. 이 책에서 나를 바로 알기 역량, 자아 존중감 역량, 창의성 역량, 도전정신 역량, 의사소통 역량, 융합적 사고 역량이 무엇이고 또 어떻게 키울 수 있는지 살펴보았다.

나를 바로 알기 역량을 위해서는 다양한 검사를 활용할 수 있다. 이고그램 성격유형 검사 결과 낮은 자아 상태를 활성화해 균형 잡힌 자아 상태로 끌어올릴 수 있다. 홀랜드 적성검사로 흥미, 적성, 가치관을 알면 자녀에게 맞는 진로와 직업을 선택할 수 있다. '잘하네 멋져, 뭐든 할 수 있어, 꼭 잘 될 거야, 엄지 척, 사랑해' 등 인정과 칭찬으로 자아 존중감과 자신감을 길러준다. 부모의 인정과 지지는 자녀가 잘하는 것은 더 잘하게 해주고 부족한 부분도 향상시킨다. 창의성은 여유 있게 생각할 수 있는 시간, 좋아하는 일에 몰입할 수 있는 기회를 가지고, 친구들과 함께 다양한 생각을 나누고 협력하면서 기를 수 있다. 또 역발상으로 일반적인 생각과 다르게 거꾸로 뒤집어서 생각하는 방법도 도움이 된다. 플립 러닝은 먼저 온라인으로 동영상 자료를 활용해 스스로 학습을 한 후, 교실 수업이나 스터디 그룹에서 토론과 팀 프로젝트 등 실습 위주 쌍방향 협력 학습을 하는 것이다. 이런 플립 러닝은 지식을 많이 아는 것보다 스스로 생각할 수 있는 방법을 찾아주면서 창의성을 길러준다.

4차 산업혁명 기술 변화 시대를 기회로 이용하려면 도전정신이 필요하다. 도전정신은 결단코 포기하지 않고 역경을 이겨내는 것이다. 어려움을 극복하고 자신의 능력을 한 단계 이상 뛰어넘을 수 있는 목표와 맞서 이겨냄으로써 기를 수 있다. 상대방의 말에 귀 기울이는 적극적인 경청은 그 사람의 마음을 얻을 수 있고 의사소통의 근간이 된다. 강력한 질문은 상대방에게 새로운 변화가 일어나게 하는 것으로 스스로 생각하는 힘과 창의력을 키워준다. 메디치 효과는 이스트게스트 쇼핑센터 건설 방법처럼 기존의 틀을 깨고 장벽을 허물어 독창적인 아이디어와 다양한 분야의 융합적인 사고를 해서 만들어낼 수 있다. 또 하버드 대 물리학과 박사과정을 밟는 최순원과 최준희는 4차원 시공간 물질의 특징인 타임 크리스털을 세계 최초로 관측하는 데 성공했다. 타임 크리스털 관측에 성공한 가장 중요한 이유는 이론 전공인 최순원과 실험 전공인 최준희의 과학적인 협력 관계와 융합적인 사고였다. 이것의 배경은 소통하고 협력하며 토론하는 하버드 대학교의 교육 환경이다.

4차 산업혁명 시대에 인터넷, 스마트폰, 인공지능이 발전하면서 사회가 급변하고 교육시스템의 변화도 요구되고 있다. 미래는 암기한 지식으로 살아가는 시대가 아니다. 필요한 지식이나 정보는 네이버, 다음, 구글, SNS를 활용하거나 인공지능에게 물어보는 것으로 대체할 수 있다. 이런 시대를 맞이해 우리 자녀가 해야 할 일은 무엇인가? 찾은 정보를 바탕으로 새로운 것을 생각하고 만들어내기 위해 협력 관계, 의사소통 및 융합적 사고를 길러야 한다. 또한 언제 어디서나 인터넷을 할 수 있는 환경이 만들어져 MOOC와 같은 온라인 무료공개 강좌를 들을 수 있다.

앞으로 자녀들은 온라인을 활용해 스스로 학습하거나 스터디 그룹을 만들어 협력학습을 할 수도 있다. 4차 산업혁명 기술 변화의 시대에는 물고기를 잡는 단 하나의 방법이 아니라 물고기를 각자의 방식으로 잡을 수 있도록 다름과 다양성을 존중해주자. 초연결과 초지능 시대에는 네이버, 카카오, 우버, 에어비앤비, 구글, 페이스북처럼 새로운 직업이나 산업을 만들어낼 수 있다. 4차 산업혁명은 쓰나미처럼 몰려오고 빠른 물고기가 느린 물고기를 잡아먹는 세상이 된다. 이런 세상에 우리 자녀가 4차 산업혁명 시대 빠른 변화의 흐름을 읽고 필요한 역량을 길

러서 미래의 주인공으로 살아가야 한다. 이때 부모의 믿음과 인정, 칭
찬은 자녀가 4차 산업혁명 시대를 주인공으로 살아가는 데 커다란 엔
진 역할을 할 것이다.

참고자료

- 교육부, 2015 개정 교육과정의 6가지 핵심역량, 2015.09.23.
- 국제코치훈련원, 황현호, TRAIN 교육프로그램.
- 박가열, 제54차 광주고용포럼, 한국고용정보원, 2017.08.25.
- 박영숙, 2017년 2학기 서울특별시교육청 학교장 역량강화 연수 자료, p. 39.
- 사단법인 4차 산업혁명연구원 www.4char.modoo.at
- 워크넷 https://www.work.go.kr
- 위키피디아 https://ko.wikipedia.org
- 칸아카데미 한국사이트 https://ko.khanaacademy.org
- 한국고용정보원 https://m.keis.or.kr
- 한국교류분석상담연구원 https://www.koreata.or.kr
- 한국진로상담연구원 https://www.kcci.ne.kr
- Blog 서울교육나침반
- BTN(불교 TV), 박영숙, 〈미래예측 교육의 변화〉
- EBS 〈다큐프라임-4차 산업혁명 시대 교육대혁명〉
- EBS 〈미래강연Q-4차 산업혁명 시대 어떻게 살 것인가?〉
- KBS1, 토마스 프레이, 〈오늘 미래를 만나다〉
- m.blog.naver.com
- NAVER 지식백과
- SBS 〈SBS 스페셜-사교육 딜레마 2부, 사교육을 넘어선 그들만의 시크릿〉
- SBS 스페셜, 아이비리그대학생 졸업생(1,500명) 직업선택 동기조사
- STB 상생방송
- 조신영, 《마음을 얻는 지혜 경청》, 위즈덤하우스, 2007
- 이유남, 《엄마 반성문》, Denstory, 2017
- 최재용 외 6명, 《이것이 4차 산업혁명이다》, 매일경제신문사, 2017
- 박영숙, 제롬 글렌, 《세계미래보고서 2055》, 비즈니스북스, 2017
- 홍정민, 《4차 산업혁명 시대의 미래교육 에듀테크》, 책밥, 2017

CHAPTER
06

비트코인 입문하기

안병미(금잔디)

- 사단법인 4차산업혁명연구원 공동대표
- 한국소셜미디어진흥원 이사
- 한국소셜미디어대학 교수
- 스마트폰,SNS 전문강사
- 웰-다잉 전문강사
- e-mail : jennyabm@naver.com

그림01 비트코인

'비트코인'이 뭐길래?

요즈음 하루가 멀다 하고 다뤄지는 뉴스가 비트코인 뉴스다. 아직은 대중적이지 않은 언어다 보니 청취자나 시청자의 입장에서는 '도대체 비트코인이란 것이 뭐길래 이렇게도 자주 접하게 되지?' 하는 궁금증과 의문이 들게 되고 또 한편으로는 새로운 도전에 대한 무감각이나 두려움으로, 혹은 새로운 문화에 대한 저항의식에 오히려 관심을 끊게 되기도 한다.

그러나 우리는 1·2차 산업혁명의 시대에 대해 잘 알고 있다. 1차 산업혁명이란 증기기관의 발명으로 시작됐다. 영국에서 시작된 기술의 혁신으로 전 세계로 확산되면서 세계의 사회, 경제 등을 크게 바꿔놓았다. 1차 산업혁명의 핵심은 와트 증기기관이라고 할 수 있다. 이 증기기관이 영국과 세계의 산업혁명을 촉진했다. 1차 산업혁명의 시기는 18세기 중반부터 19세기 초반까지로 보고 있다. 산업혁명은 석탄이 숯을 대신하면서 시작된 산업구조의 변화다. 이러한 변화는 경제 구조에

혁명적 변화를 초래하면서 왕족과 귀족의 지배체제가 무너지게 되었다. 그러면서 정치구조도 바꿔놓는 결과를 초래하면서 사회전반의 정치·경제구조의 혁명적인 변화가 초래됐다.

그림02 와트 증기기관

2차 산업혁명은 영국에서 시작된 산업혁명과 완전히 구분되는 것은 아니지만 산업혁명의 두 번째 단계로 정의되고 있다. 사학자들에 의해 지난 1865년부터 1900년까지로 정의되며 전기, 화학, 철강, 섬유산업의 발달이 이뤄진 시대라고 할 수 있다.

그림03 발명왕 에디슨

2차 산업혁명은 대량생산의 시대라고 할 수 있다. 1차 산업혁명이 증기의 시대였다면 2차 산업혁명은 전기, 화학, 철강, 섬유의 대량생산시대였다. 제조·가공·운송·오락분야(영화, 라디오, 축음기) 등의 기술발전을 크게 가져온 시대다.

전기는 발명왕 에디슨이 지난 1879년에 백열등을 개발하는 것에서 시작됐다. 전기는 전등과 가전제품에 활용되는 것은 물론 공장의 동력원과 운송 수단으로도 각광을 받았다. 전기는 교통수단에도 활용돼 지난 1879년에 전차가 등장한 후 1890년대부터는 세계 각국의 대도시에서 전차선이 구축됐다. 전기는 가격이 저렴하고 전달이 쉬우며 깨끗하고 응용 범위가 넓다는 점에서 증기 동력 체계를 급격히 대체해 나가면서 공장의 동력원으로 사용되기 시작했다(출처: [네이버 지식백과] 전기의 시대(송성수, 《기술의 역사》, ㈜살림출판사, 2009))

지금은 차세대 산업혁명 시대로의 진입 시기다. 이것은 정보통신기술의 혁신적인 변화이기 때문이다. 또 다른 세상으로의 진입이었던 지난 1950년대 컴퓨터의 개발로 시작된 인터넷·스마트폰·인공지능·사물인터넷·핀테크의 출현 등은 우리 모두의 삶을 지식·정보·공유화 시대로 접어들게 하고 있다. 이제 다시 컴퓨터와 인터넷과 스마트폰과 인공지능, 핀테크 등의 발전은 우리 인류의 시대에 큰 변화를 가져오고 있다. 이러한 것들은 초연결과 초지능을 갖고 있으므로 더 빠르게 더 넓게 우리 사회에 작동하게 된다. 이러한 변화는 우리 사회의 전반적인 시스템에 변화를 초래하고 있다. 또한 현재까지 우리 사회가 통용하고 있는 불합리적인 화폐제도에도 변화를 가져오게 된 이유가 되기도 한다.

기존 화폐제도의 제한적이고 불합리적인 부분에 대한 새로운 발상으로 새로운 도전으로서 새로운 화폐인 비트코인이 당연히 시작된 것이라고 볼 수가 있다. 이것은 컴퓨터와 인터넷의 발달로 인해 생기게 된 새로운 화폐의 종류라고 할 수 있다. 그래서 비트코인은 그동안 당연하게 받아들이고 있었던 우리들의 종이화폐와 동전화폐에 대해 우리는 다시금 생각해봐야 한다.

그림 04 4차 산업혁명으로의 발전상 (출처 : 과학기술정보통신부)

비트코인의 출현은 지금 오늘을 사는 우리 모두에게 어떤 의미로 다가오고 있는가? 필자는 요즘 우리 시대의 화두가 되고 있는 우리 눈에 보이지 않는 가상화폐인 비트코인을 어떻게 이해하고 우리의 일상에 어떻게 받아들여야 하는가에 대해 간단히 접근해보려 한다.

1. 비트코인이란?

비트코인이란 쉽게 풀이한다면 인터넷 상의 가상화폐라고 할 수 있다. 비트코인의 출현은 지난 2008년 글로벌 금융위기 이후다. 글로벌 금융위기가 가져온 금융기관의 문제점과 비판의식에서 시작됐다. 우리 사회의 전반적인 시스템이 디지털화하는 기술현상에서 금융의 디지털화가 시작된 것이 비트코인이라고 할 수 있다.

가치의 저장수단이고 전달수단으로 디지털화한 화폐가 만들어지게 된 것이다. 기술이라는 문화들이 한번 진보하게 되면 되돌아가지는 않는다. 현재까지 깔려있는 비트코인은 대략 15조라고 보고 있다.

여기에서 비트(BIT)란 컴퓨터의 2진 데이터의 양을 나타내는 단위라고 할 수 있다. 코인(COIN)은 지폐나 동전으로 일컫는 돈이라고 할 수 있다. 그래서 비트코인은 컴퓨터 네트워크를 기반으로 하는 데이터로만 존재하는 가상화폐라고 할 수 있다.

인터넷상의 가상화폐에는 많은 종류들이 있다. 예를 들면 네이버캐쉬, 싸이월드의 도토리, 카카오의 초코, 페이스북의 크레딧 등이 있다. 위의 가상화폐들은 손에 쥘 수 있는 돈은 아니지만 필요한 서비스 같은 것들을 구입할 수 있다. 인터넷상에서 주고받는 화폐이기 때문에 가상화폐라고 한다. 이것은 인터넷상에서 이뤄지는 코드로 거래가 이뤄지는 것이다. 그러나 비트코인은 가상화폐이지만 위의 가상화폐와는 다른 방식의 화폐작동방식으로 운영되고 있다.

2. 비트코인의 속성

비트코인이란 개인 간에 전송되는 거래를 기록하는 공공장부를 사용하는 전 세계적인 통화다. 이는 중간 저장소 또는 중앙은행 없이 일어나며 어떠한 정부, 조직체, 개별 회사 또는 개인에 의해 통제되지 않는다. 모든 거래는 완전 투명하고 수천 개의 장부의 사본이 컴퓨터의 분산 네트워크를 통해 유지된다. 즉, 비트코인은 아무도 제어할 수 없는 분산된 통화로 이것이 바로 모두가 비트코인에 대해 매우 흥분하는 이유다.

비트코인은 현금과 비슷하게 작동한다. 현금처럼 보내는 즉시 수신할 수 있고 한번 수신하면 아무도 손댈 수 없다. 비트코인을 역청구하거나 환불받을 수 없다. 반드시 비트코인을 수신한 사람이 직접 반환해야 한다. 반드시 직접 비트코인을 '전송'해야 하기 때문에 아무도 자신의 비트코인에 손댈 수 없다. 현재의 경제 시스템에서 개인은 은행 및 기타 기관에게 자신의 계좌에서 돈을 '인출' 할 수 있는 권한을 부여한다. 이러한 기관들은 청구를 위한 모든 정보를 보유하기 때문에 개인의 계좌를 완전히 제어할 수 있으며 계좌를 동결시키거나 예금을 인출하는 등 어떤 일도 할 수 있다. 이러한 기관의 고객으로서 그들이 자신의 돈을 맡기고 신뢰할 수 있는 기관이길 희망해야 한다.

하지만 비트코인은 본인만이 자신의 계좌에 액세스할 수 있기 때문에 이러한 신뢰에 의존할 필요가 없다. 비트코인은 아무도 조작할 수 없는 매우 복잡한 검증 시스템에 의존하기 때문에 '신뢰'가 필요하지 않으며 항상 공정하다. 이는 비트코인을 더 많은 사람들이 사용함에 따라 더 좋아지도록 설계된 진정으로 혁명적인 P2P(피어-투-피어)시스템으로 만들었기 때문이다.

3. 비트코인은 누가 만들었을까?

비트코인은 사실 누가 만들었는지에 대한 정확한 정보는 없다고 본다. 지난 2009년에 사토시 나카모토(Satoshi Nakamoto)가 만들었다고 나와 있지만 실존인물인지에 대한 어떠한 단서가 발견되지는 않고 있다. 그래서 사토시 나카모토(Satoshi Nakamoto)가 꼭 만들었다고 할 수도 없다는 것이다. 암호화 화폐를 개발한다는 것은 혼자서 완성하는 것은 무리이기 때문에 개발자 그룹을 익명으로 사토시 나가모토(Satoshi Nakamoto)라고 말하고 있다는 설이 유력하다. 어떤 단서도 없지만 http://bitcointalk.org라는 간단한 홈페이지를 하나 만든 것이 시작이라고 할 수 있다. 요즘처럼 비트코인의 가치가 올랐을 때 실존인물이 존재한다면 신변의 위협도 있을 수 있기 때문이라고 생각한다.

1) 비트코인의 주인(발행주체)은 누구인가?

비트코인은 주인이 없다. 어느 국가나 정부 또는 기관, 회사, 중앙은행이 비트코인의 발행에 관여할 수 없다.

2) 비트코인 생성하기

개개의 PC들이 네트워크에 참여할 때 생성된다. P2P 방식이다.

3) 비트코인 채굴하기

비트코인을 얻기 위해서는 미리 계획된 프로그램에 따른다. PC에서 경쟁을 통해 10분마다 하나의 블록이 생성되면 그 보상으로 25BTC가 획득된다. 이것을 채굴이라고 한다. 즉 블록의 생성에 참여하는 행위를 채굴(mining)이라고 한다.

4) 비트코인의 거래장부

블록은 시간 순서에 따라 사슬(Chain)처럼 한 줄에 꿰어져 있다. 이렇게 아귀가 맞게 체인으로 연결된 블록을 '블록체인'이라고 한다. 이 블록은 10분 동안 전 세계의 거래내역을 기록한 장부다. 이 장부는 10분마다 갱신돼 모든 채굴자들에게 배포된다. 이 장부는 전 세계를 오가는 거래장부다. 컴퓨터들은 채굴을 위해 서로 경쟁하지만 누군가가 블록을 생성하면 그 블록을 함께 검열해 무결성을 보장한다. 그러므로 각각의 컴퓨터는 경쟁자이면서 협력자가 된다.

5) 블록체인은 10분마다 하나씩

블록체인은 10분마다 하나씩 계속 만들어지고 있다. 언제 누가 누구에게 얼마의 비트코인을 보냈는지 모두 기록하고 있다.

4. 비트코인은 해킹에 취약한가?

비트코인은 해킹이 사실상 불가능하다. 채굴에 참여한 컴퓨터들을

'노드(Node)'라 한다. 각 노드는 똑같은 블록체인을 복사해 나눠 가진다. 만약 어떠한 블록을 누군가가 해킹하려 한다면 가장 마지막에 생성된 블록부터 역순으로 목표로 삼은 블록까지 차례차례 모든 블록을 해킹해야 한다. 과반수의 노드들을 해킹해야 하는데 새로운 블록이 생성되기 전에 이 작업을 모두 끝내야 하므로 주어진 시간은 최대 10분뿐이다.

비트코인의 블록체인을 해킹하려면 전 세계 노드들의 연산 능력의 절반을 넘어서는 막대한 연산 능력을 갖춰야만 한다. 이것은 대략 현재의 세계 1위부터 500위까지의 슈퍼컴퓨터의 연산 능력을 모두 합한 것의 수백 배에 달한다. 그래서 사실상 해킹은 불가능하다.

세계경제포럼(WEF)은 올해 안으로 전 세계 은행의 80% 이상이 블록체인 기술을 이용해 고객들의 금융정보를 보호할 것으로 전망하고 있다.

5. 비트코인의 익명성과 가격

1) 비트코인 주소

비트코인 주소에는 사용자에 대한 정보가 없다. 이 주소는 내 PC에서 자동으로 생성해서 사용하는 것이다. 내가 이 주소를 사용하는지 누구도 알 수가 없다.

2) 비트코인의 가격

각국의 거래소에서 매도, 매수가 이뤄질 때 결정된다. 그리고 비트코인은 돈을 찍어내는 기구가 없다.

6. 비트코인 지갑이란?

비트코인 주소는 비트코인 지갑을 PC나 스마트폰에서 실행하는 순간 무작위로 지갑 주소가 만들어진다. 지갑마다 고유번호가 주어진다. 대략 알파벳 대소문자와 숫자로 된 30자 정도의 지갑 주소가 주어진다. 이것은 은행의 계좌번호와 같은 것이다. 이런 지갑주소를 다른 사람에게 알려주고 비트코인을 받으려면 대단히 기억력이 좋아야 할 것이다. 그래서 대체적으로 간단한 QR코드를 이용한다. QR코드를 촬영해 상대방에게 보내면 계좌번호를 알려준 것과 같다. 내 지갑에도 QR코드를

그림 05 QR코드

인식해 상대방의 주소를 알아내는 기능이 포함돼 있다.

비트코인은 한 사람이 여러 개의 지갑을 가질 수 있다. 지갑이 있으면 돈을 받을 수 있다. 비트코인은 자신이 원한다면 무제한의 지갑 주소를 만들어 사용할 수 있다. 자신이 어떤 지갑 주소를 사용하는지 완전한 비밀이 된다.

7. 비트코인은 누가 만들 수 있나?

비트코인은 누구나 만들 수 있다. 또한 채굴하거나 비트코인 거래소에서 사거나 누군가에게서 얻거나 이 3가지 방법으로 비트코인을 가질수가 있다.

그림 06　채굴　　　　　그림 07　거래소

예: 16vV8JJ6rHFmo7gcNxDqyUb5wdpJVQkU7W

그림 08　비트코인 지갑 주소

8. 비트코인 지갑 만들기

비트코인(http://bitcoin.org/ko/)에 접속해 [그림09]처럼 '비트코인 시작하기' 버튼을 클릭한다. 비트코인 지갑을 만드는 별도의 프로그램에서 회원가입하고 시작한다.

비트코인 시작하기

그림 09 비트코인 시작하기

그림 10 비트코인 시작화면

비트코인 사용하는 방법에서 '지갑 선택하기' 버튼을 클릭하면 자신에게 적합한 형태의 지갑을 선택해 다운받을 수 있다. 단, 비트코인 지갑을 만들 때에는 만들 수 있는 별도 프로그램이나 웹사이트를 써야 한다.

9. 비트코인 사용 시 숙지 사항들

비트코인을 사용하는 것에 대해서는 은행도 국가도 아무런 관계가 없으므로 하소연할 곳이 없다. 그것은 만일의 상황에 대비해두지 않으면 귀중한 자산을 잃어버릴 위험이 있을 수도 있다.

1) 돈으로 교환 가능

비트코인은 일반 은행과 다른 방법으로 돈을 교환할 수 있도록 해준다. 잘 알아둬야 한다. 비트코인은 좀 더 신중히 다뤄야 한다.

2) 지갑 안전하게 지키기

비트코인의 가격은 변동된다. 이것은 비트코인이 아직은 새롭고 그 경제가 어리며 때로는 비유동적이기 때문이다. 비트코인은 위험이 아주 높은 자산으로 이해해야 한다. 비트코인으로 지불된 모든 거래는 철회할 수 없다.

3) 완벽한 익명성을 보장하지 않는다

비트코인은 완벽한 익명성을 보장하지 않는다. 모든 비트코인 거래는 공개적으로 또 영구적으로 네트워크에 기록된다. 지갑 주소의 소유자에 대한 여타 상황들이나 구매 중에 정보가 드러나지 않는 한 정보는 공개되지 않는다. 하나의 거래에 단 하나의 주소가 사용되기 때문이다. 1000USD 이상의 거래는 6개 이상의 승인을 기다리는 것이 좋다. 매 승인마다 거래 철회의 위험이 크게 줄어든다.

4) 아직 실험적인 새 화폐

비트코인은 아직 실험적인 새 화폐다. 새 발명품이라는 사실이다. 비트코인의 미래는 아무도 예상할 수 없기 때문이다.

5) 공식적인 화폐가 아니다

비트코인은 공식적인 화폐가 아니다. 또한 정부나 자치 당국에서 규정한 납세 및 기타 법률과 규제 사항을 준수해야 한다는 것이다(출처 : http://bitcoin.org/ko/).

10. 6단계 인증 거쳐야

비트코인은 전체 통화량(발행량)이 정해져 있다. 오는 2140년까지 2,100만으로 비트코인의 채굴량이 정해져 있다. 지난 2013년 8월까지 1,200만 비트코인이 채굴됐다. 비트코인은 수학문제를 풀고 돈을 채굴하는 것이다. 비트코인은 채굴하지 않는 사람은 비트코인 거래소에서 돈을 주고 사야 한다.

비트코인은 P2P(개인 간 거래) 방식으로 이뤄진다. 비트코인 거래는 6단계의 인증을 거친다. 관리하는 사람이 없으므로 거래가 제대로 이뤄지는지 확인하기 위해서 비트코인 거래는 6단계 인증을 거친다. 인증은 비트코인 이용자가 한다. 비트코인이 P2P 방식으로 작동하기 때문에 거래 인증도 중앙의 기구가 아닌 여러 이용자의 컴퓨터가 한다. 이때 거래 인증은 해당 비트코인이 나온 지 오래됐고, 거래 금액이 크고, 거래 데이터가 크지 않을수록 빠르게 이뤄진다(참조 : [네이버 지식백과] 비트코인 – 미국, 독일 등 세계 각국 정부와 언론에 주목 받는 가상화폐(용어로 보는 IT)).

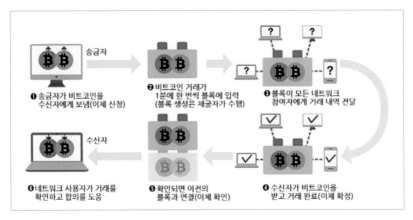

그림 11 거래 6단계 인증 (출처 : KB금융지주)

11. 비트코인은 블록체인이다

비트코인은 10분마다 한 번씩 블록이 생성되고 있는데 이것을 블록체인이라고 한다. 요즘은 시간이 더 단축돼서 2분 30초마다 블록이 한 번씩 생성되고 있다. 8,200만 LTC(라이트코인단위 : http://litecoin.org)가 발행되도록 설계됐다.

비트코인은 블록체인이라는 공개적인 장부를 갖고 있고 블록체인에는 모든 거래내역의 주소가 들어 있다. 비트코인의 기본단위는 BTC이며 비트코인의 최소단위는 소수점 8자리(0.00000001BTC=1satoshi)를 사용한다. 왜냐하면 이것은 소수점마다 이름을 미리 정해뒀기 때문이다. 가격이 올라갈 때를 대비해 확장성을 준비해준 것이다. 현재는 대략 1BTC가 1,000달러가 넘었다.

비트코인은 암호화된 화폐다. 블록체인 시스템을 이용한 각종 인증

절차를 블록체인에 넣을 수가 있다. 예를 들면 키프로스의 한 대학에서 과목 수료증을 비트코인 블록체인에 포함시키는 것에 성공했다. 이처럼 블록체인이라는 거대한 장부를 이용해서 강력한 공증장부로서의 역할을 수행할 수도 있기 때문이다.

비트코인은 블록체인이라는 강력한 가상화폐 시스템이다. 기존의 화폐시스템을 비트코인으로 부르는 가상화폐 시스템으로 점차 대체해 나갈 것이다. 현재 미국의 실리콘밸리와 캘리포니아 주가 어마어마한 투자와 비즈니스를 진행하고 있다.

블록체인 시스템이 앞으로 가져올 변화가 어떤 것인지 모른다. 그러나 이것은 1·2차 산업혁명처럼 엄청나게 변화된 세상을 반드시 가져다줄 것이다. 왜냐하면 기술과 문화의 발달은 후퇴가 없기 때문이다. 블록체인 기술이란 일종의 네트워크 형태다. 블록체인 시스템에는 관리자가 없고 거래 데이터를 유저끼리 관리를 한다 (출처 : 모바일경제연구소, 〈블록체인 기술 구조로 혁신 가능한 업계 15〉).

12. 비트코인 외의 가상화폐

1) 알트코인

알트코인이란 비트코인 이외의 가상화폐를 칭하는 말로서 어원은 Alternative coin으로 대체 가능한 코인 정도로 해석할 수 있다. 비트코인에는 없는 메시지 첨부, 전송시간을 1분 안에 완료되도록 하는 기능, 완전한 익명성 전송 등의 기능이 있다 (출처 : 구글).

2) 라이트코인

알트코인의 대표적인 예로 라이트코인이 있다. 비트코인의 짧은 블록 생성시간과 적은 발행량을 보완한 비트코인이다. 라이트코인은 비트코인과 유사한 방식으로 운영되는 암호화폐다. 지난 2011년 10월 메사추세츠 공과대학을 졸업한 구글, 코인베이스 출신의 찰 리가 개발했다. 비트코인이 최대 채굴량이 약 2,100만 개인 것에 비해 라이트코인은 약 8,400만 개로 4배가 많다. 라이트코인은 간편한 채굴이 가장 큰 장점이다. 라이트코인은 PC용 GPU로도 채굴이 가능하다(출처 : 위키백과).

3) 다크코인

다크코인은 완전히 암호화한 거래와 익명 블록 거래와 최초의 개인 중심의 암호화 통화가 되는 것을 목표로 하고 있다. 작업 증명에 대한 많은 새로운 과학 해싱 알고리즘, 새로운 체인 해시 알고리즘 접근 방식을 사용한다(출처 : 구글).

4) 도기코인

도기코인은 IBM 출신 엔지니어인 빌리 마커스와 잭슨 팔머에 의해 탄생했다. 지난 2013년 12월 6일 처음 채굴에 성공해 외국 커뮤니티 레딧(reddit)에 화제가 되며 인기를 타게 됐다. 친근한 이미지를 나타내기 위해 일본의 시바견의 이미지를 로고에 넣었다. 도기코인은 지난 2014년 소치 동계올림픽에 출전하려 했으나 경제적 이유로 참여여부가 확실치 못하던 자메이카 봅슬레이 팀을 후원했다. 케냐에 우물을 건설하기 위한 모금행사 등 좋은 일을 하기 위해 앞으로도 더 할 예정으로 알고 있다(출처 : 구글).

5) 독도코인

독도의 이름과 태극기를 거창하게 내건 한국 최초의 암호화폐다. 독도코인은 사기를 목적으로 나온 코인은 아니라는 것이 중론이다. 하지만 개발자의 의도와 달리 투자사기에 이용됐다는 얘기도 있고 결정적으로 개발자가 아무런 얘기가 없이 잠적해버리는 바람에 독도를 알리는 코인은커녕 독도코인은 개발자의 의도와는 달리 최초의 한국형 '망코인'의 상징이 돼버렸다(출처 : 구글).

13. 비트코인의 매력 포인트

1) 적은 이체 수수료

비트코인의 거래는 환율이 필요 없으며 외국에 보낼 수 있고 무시해도 될 만큼 적은 이체 수수료를 지불한다. 예를 들면 100만 원을 외국으로 보낸다면 전 세계 어디든 0.0002BTC, 한화로 100원 정도의 수수료가 발생한다고 보면 된다. 0.0001BTC를 전송할 때 현재의 시세로 바다 건너 외국으로 보내는 돈의 수수료가 40원 정도다.

2) 거래 가능

비트코인은 사고팔 수 있다. 비트코인은 개인 간 직거래와 비트코인

환전소와 거래소를 이용해 사고팔 수 있다. 개인 간 직거래는 익명성의 특징으로 위험부담이 있으므로 권장하지 않는다.

환전소에서는 환전소와 개인의 거래라 정해진 가격으로만 매수, 매도를 한다. 거래소는 수많은 개인들끼리의 거래를 위한 거래시스템만 중간에서 제공한다. 세계 각국의 비트코인 거래를 세계 각 지역의 거래소가 중개를 해주고 있고 제일 많이 이용하고 있다.

한국의 거래소에서 거래를 하려면 본인 확인 절차를 반드시 거친다. 한국에는 야피존(http://yapizon.com), 코빗(http://korbit.co.kr) 빗섬(http://bithumb.com) 코인원(http://coinone.co.kr 등이 있다. 해외는 비트스탬프(BitStamp, BTC-E), 중국의 후오비(Huobi)가 있다. 필자의 경우에는 코빗(http://korbit.co.kr)을 이용하고 있다.

3) 각각의 PC들이 모두 은행

비트코인은 기존의 금융시스템이 필요 없다. 각각의 PC가 블록체인을 이용해서 서로 검증하며 각자가 비트코인의 전송을 중개한다. 비트코인을 이용한 자신의 지갑을 누구든지 생성하고 새로운 지갑 주소를 생성할 수 있기 때문이다. 은행이 없는 지역이나 나라에서는 대부분 편리한 비트코인을 거래 수단으로 실현하려고 하고 있다.

4) 해외에서 더 인기

비트코인은 국내보다 해외에서 더 인기가 많다. 현금과 비트코인 모두 인출 가능한 ATM 기계를 사용해서 비트코인을 현지 통화로 환전하는 것이다. 환전하는 방법은 한국에서 종이 지갑(고유번호 또는 QR코드)

을 프린트해서 미리 준비한다. 한국에서 미리 비트코인을 가져가서 해당주소를 ATM 기기에 보내면 환율에 맞춰 현지통화로 출금할 수 있다.

5) 물건 구매 가능

코인맵(coin-map.org)에는 국내 70여 곳에서 비트코인으로 물건을 사거나 서비스를 받을 수 있다고 등재돼 있다.

그림12 전 세계의 비트코인 사용처 분포　　　그림13 늘어나고 있는 비트코인 가맹점

14. 비트코인 사용하기

우리나라의 편의점 중 GS25와 세븐일레븐에 있는 효성 노틸러스 현금지급기(ATM)에는 비트코인으로 현금을 출금할 수 있는 기능이 있다. 거리에서 혹시 '비트코인 받습니다'라고 적힌 매장을 본 적이 있을 지도 모르겠다. 비트코인 취급 업체는 점차 늘어나고 있으며 비트코인의 확산속도가 빨라지고 있으므로 취급 업체 수는 2017~2018년에 늘어날 가능성이 크다.

비트코인 가맹점-SUBWAY 　　　 비트코인 가맹점-SPAR

15. 전 세계 비트코인 취급점

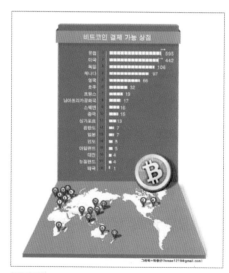

그림16 전 세계 비트코인 결제 가능 상점 현황
(Copyights © ChosunBiz.com)

비트코인 취급점은 전 세계 1,370여 곳이 있다. 현재는 10만여 곳 정도의 가맹점이 있으며 앞으로 더 많은 가맹점이 생길 수 있음을 나타내고 있다. 세계적인 기업인 페이팔, 아마존, 오버스톡, 라쿠텐, 익스피디아, 델사, 일본의 저가 항공사 Peach Aviation 등에서 비트코인으로 결제할 수 있다(출처 : [네이버 지식백과] 비트코인 – 미국, 독일 등 세계 각국 정부와 언론에 주목 받는 가상화폐 (용어로 보는 IT)).

16. 비트코인의 장점

1) 개인

비트코인의 장점이라면 단연 위험하게 현금을 갖고 다닐 필요가 없다는 점이다. 빠른 시간 안에 현금화해 사용할 수도 있다. 그리고 비밀번호가 있으므로 도용이 어렵다. 영업주의 입장에서는 영업일 3~4일만에 입금되며 비싼 카드 수수료를 물지 않아도 된다. 카드에 비해 비트코인은 길어야 1~2시간 안에 입금되므로 현금 회전이 빠르다. 비트코인을 받고 지갑에 그대로 두면 며칠 후에 시세가 올라 차익이 생길 수도 있다.

그림 17 현금화 기능

2) 국가

국가는 화폐발행을 하지 않아도 되기 때문에 화폐를 발행과 화폐 시스템을 유지하기 위해 비용을 지출하지 않아도 된다. 따라서 지폐 발행, 동전 발행의 경비와 화폐 시스템 유지를 위해 신경 쓰지 않아도 된다. 이 모든 것들이 비트코인 앞에서는 전혀 쓸데없는 것이다.

17. 유저끼리 관리

블록체인 기술이란 데이터 관리 즉 네트워크로 하는 시스템이다. 기존의 데이터 관리 시스템은 중앙집권형 시스템으로 유저의 거래 데이터 전부를 관리자인 서버가 관리했다. 그러나 블록체인 시스템에는 관리자가 없고 거래 데이터를 유저끼리 관리한다(출처 : 모바일경제연구소, 〈블록체인 기술 구조로 혁신 가능한 업계 15〉).

18. 블록체인 기술의 다양한 활용분야

1) 은행업계

돈을 관리하는 은행은 블록체인 기술을 활용해 업무의 신속화, 효율화, 안전화를 기대할 수 있다. 은행 자체에 문제를 안고 있는 나라에서는 가능성이 더욱 크다. 이미 스위스의 UBS 은행이나 영국의 바클레이는 백오피스의 기능과 결제를 신속화하는 방법으로 블록체인 기술을 도입해 실험 중이며 이를 통해 비용 절감이 기대되고 있다. 블록체인 기술의 활용은 일부 은행에 국한되지 않고 IBM에 따르면 오는 2017년 말까지 은행의 15%가 블록체인 기술을 사용할 것으로 예측된다.

2) 결제와 송금분야

결제와 송금 플로우는 은행 등의 중앙기관에 의존한다. 그러나 블록체인 기술을 활용하면 중앙기관의 중개를 필요로 하지 않고 낮은 수수료로 시간에 제한 없이 국내 또는 국경을 넘어 지불인과 수취인을 연결해 보다 직접적인 지불 플로우가 가능해졌다. 실제로 블록체인 기술을 사용한 금융계 스타트업의 성장도 두드러지고 있다. 코인베이스(CoinBase)는 가상화폐의 디지털 플랫폼인데 지갑, 환전, 결제대행 서비스 등 900만 명 이상의 고객에게 서비스를 제공하고 있다.

3) 기부분야

자선단체와 관련된 해결과제로는 자선활동의 비효율성이나 기부금 행방의 불투명성 등이 있다. 그러나 블록체인 기술을 사용해 기부를 추적하고 기부금 용도를 투명화하고 효율화할 수 있다. 실제로 비트코인을 기반으로 한 자선단체인 비트기브(BitGive) 재단은 블록체인 기술을 활용해 기부금 행방을 지원자에게 보여준다. 이를 통해 기부금의 부정이용이 없다는 것을 증명해 지원자로부터 신뢰도를 높인다. 또 가상화폐에 의한 기부는 송금 수수료가 없으므로 지원하고 싶은 금액을 전액 보낼 수 있다는 점에서도 주목받고 있다.

4) 보험업계

보험시장은 신탁관리에 기초한다. 블록체인 기술은 신뢰를 관리하는데 적합하고 지금까지 종이 기반이었던 작업을 대폭 감소시켜준다. 또 피보험자의 신원 확인, 투명성 및 정확성, 작업 속도의 향상 등도 기대할 수 있다. 이미 국내외에서 많은 보험회사가 블록체인 기술을 활용하고 있는데, AIG가 블록체인 기술을 사용한 세계 최초의 보험증권을 영국 스탠다드차타드 은행에 교부했다고 한다. AIG에 따르면 이를 통해 몇 개월이나 걸렸던 업무를 며칠로 단축할 수 있었다고 한다.

5) 의료업계

의료업계에서는 의료기관이 가진 각 플랫폼 간 데이터를 안전하게 공유할 수 없다는 문제가 있다. 그것을 블록체인 기술을 사용함으로써 나라, 병원, 의료관계자가 데이터의 보안과 정합성을 손상시키지 않고 네트워크에 액세스할 수 있게 된다. 의료기관의 데이터 연계의 개선은 정확한 진단과 효과적인 치료법 제안, 비용대비 효과 높은 의료를 제공하는 등 의료 시스템 전체로 연결된다.

6) 자동차 공유 및 배차분야

자동차 공유 시스템은 자동차업계에서는 새로운 것이 아니다. 하지만 블록체인 기술을 활용하면 차량의 소유권이나 사용을 기록해 보험료나 기타 비용을 배분하는 데 도움이 된다. 또 스마트폰 앱을 사용해 고층 빌딩 입주자가 필요에 따라 같은 건물 내에 주차된 차량을 간단히 공유할 수 있게 되면 빠른 속도로 자동차 공유가 보급될 가능성이 있다.

우버와 같은 배차 앱에서도 블록체인 기술의 활용이 기대된다. 현재는 기본적으로 이용 유저에게 드라이버를 할당하고 알고리즘을 사용해 드라이버의 차량을 제어하고 과금하므로 서비스의 가격관리가 중앙집권으로 이뤄지는 상태다. 하지만 블록체인 시스템을 통해 거래하면 드라이버와 유저를 직접 연결할 수 있으므로 유저와 드라이버 간에 과금 설정을 하는 것이 가능해지고 드라이버는 독립적인 서비스 제공자가 되므로 개개인의 판단으로 보다 좋은 서비스를 제공할 수도 있다.

7) IoT분야

IoT와 블록체인 기술은 친화성이 높다. 블록체인 기술을 이용해 디바이스끼리 서로 식별이 가능하므로 중앙제어 시스템을 가지지 않아도 된다. 디바이스는 자율적으로 통신해 소프트웨어 갱신, 버그, 에너지 소비상황 등을 관리하는 것이 가능해진다. 또 자율적으로 됨으로써 개개인에 의해 디바이스를 사용하고 있는 유저를 특정할 수 있으므로 공공의 콘셉트를 허가된 특정 유저만이 사용할 수 있게 하는 등 개인에게 맞춘 대응도 가능해진다. 일부 스타트업은 블록체인 기술을 IoT 플랫폼에 넣는 것도 검토하고 있다. 예를 들어 필라멘트(Filament)는 IoT 센서가 서로 통신하기 위한 분산형 네트워크를 제공하고 있는데 이를 통해 모든 디바이스의 접속, 통신을 가능하게 하고 있다.

8) 이커머스업계

온라인 쇼핑 사이트에서 무엇보다 중요한 것은 소비자에게 신뢰감이나 안정감을 주는 것이다. 예를 들어 아마존에 제품을 올리는 이유는 아마존의 높은 신뢰도를 통해 소비자가 안심하고 상품을 구입하도록 할 수 있기 때문이다. 그러나 블록체인 기술은 구입 기록을 분산해 기록하는 것이 가능하므로 쇼핑 사이트 자체보다도 신용을 높일 수 있다. 실제로 오픈바자(OpenBazaar)와 같은 스타트업은 블록체인 기술을 활용해 중개업자나 관련 비용 없이 바이어와 판매자를 연결하는 것을 실현하고 있다. 즉 아마존 등의 마켓플레이스나 플랫폼의 신뢰도에 의존하지 않고 개인이나 기업이 수수료 없이 안전하게 개인에게 판매할 수 있게 된다.

9) 서플라이체인 관리분야

블록체인 기술을 활용하면 제품의 제조에서 판매까지 서플라이체인 전체를 투명하게 할 수 있으므로 시간 지연이나 쓸데없는 비용, 실수를 대폭 삭감할 수 있다. 나아가 폐기물이나 배출량을 감시하기 위해서도 사용할 수 있으므로 환경에 대한 영향을 가시화할 수 있다. 예를 들어 영국 런던에 거점을 둔 프로비넌스(PROVENANCE)는 블록체인 기술을 활용해 원재료부터 소비자에게 도달하기까지의 신뢰성 높은 실시간 데이터를 제공해 소비자로부터 신뢰를 얻는 데 성공했다.

10) 부동산업계

부동산 거래는 아직 종이를 기반으로 이뤄지므로 거래 도중 및 거래 후의 투명성 결여, 대량의 서류 작성, 사기 가능성, 공적 기록 작성 시의 실수 가능성 등 문제가 많이 발생한다. 블록체인 기술을 사용해 거래 데이터를 전자적으로 관리함으로써 그런 문제를 개선하고 이해관계자가 효율성을 향상시켜 거래의 모든 면에서 비용을 절감할 수 있다.

11) 정부와 공적기록분야

정부의 시스템은 종이 기반으로 시간이 걸리고 불투명한 경향이 있으며 때로는 부패로 연결될 수도 있다. 블록체인 기술을 도입함으로써 종이 기반의 프로세스를 절감하고 부정행위를 최소한으로 억제해 효율성과 투명성을 높일 수 있다.

두바이 정부는 오는 2020년까지 모든 문서를 블록체인으로 대체하는 걸 목표로 하고 있다. 또 에스토니아는 이미 블록체인 기술을 도입

했고 행정 서비스의 99%가 온라인에서 완결된다. 이에 의해 전자상의 거주자가 됨으로써 사업 측면에서 장소에 제한이 없어져 국외에서 온라인으로 에스토니아의 은행 계좌를 열거나 창업하는 게 가능해진다.

12) 선거나 투표분야

선거에서는 투표자의 신원 확인, 표를 추적하기 위한 기록 등 당선자를 결정하기 위해 신뢰할 수 있는 집계 방법이 필요하다. 블록체인 기술을 이용하면 유권자의 등록, 신원확인, 정당한 투표만이 카운트되고 투표가 변경되거나 삭제되거나 하지 않도록 할 수 있다. Democracy Earth와 Follow My Vote의 2개 스타트업은 정부를 위해 블록체인 기반의 온라인 투표 시스템을 구축함으로써 투표의 투명화를 목표로 하고 있다.

13) 교육과 학술분야

교육 분야도 마찬가지로 종이 낭비가 많은 편이다. 블록체인 기술을 활용하면 성적증명서 등의 등록과 참조를 쉽게 할 수 있고 조작 리스크도 낮출 수 있다. 또 권한을 부여한 제3자에게 신뢰성 높은 정보를 안전하게 곧바로 개시할 수 있게 된다.

소니와 소니 글로벌 에듀케이션은 복수 교육기관의 데이터를 일원적으로 관리하고 신뢰성 있는 학습 데이터나 디지털 성적증명서 등의 등록 및 참조를 가능하게 하는 시스템을 개발하고 있다. 이들 데이터를 활용해 교육 기관의 수업 계획이나 운영의 개선이 이뤄지면 교육 수준의 향상도 가능해진다.

14) 음악저작권분야

음악이나 영화 등의 콘텐츠는 불법이 많아 그 콘텐츠를 만들어내는 크리에이터에게 원래의 수익이 환원되지 않는 경우가 많다. 크리에이터에게 있어 이득이 되고, 콘텐츠를 보다 공평하게 공유하기 위해 블록체인에 눈을 돌릴 필요가 있다.

15) 크라우드펀딩업계

기존의 크라우드 펀딩에서는 독자적 플랫폼에서 자금조달이 이뤄지므로 수수료가 비쌌다. 그러나 블록체인 기반의 크라우드 펀딩에서는 블록체인의 토큰을 발행하고 상장기업이 주식을 파는 것과 같은 방법으로 자금조달을 함으로써 중개업자에게 수수료가 필요 없어지는 구조를 실현한다. 많은 블록체인 신흥기업은 이러한 토큰의 판매를 통해 수백만 달러의 자금을 조달하고 있다(출처 : 모바일경제연구소, 〈블록체인 기술 구조로 혁신 가능한 업계 15〉).

앞에서 살펴본 것처럼 비트코인은 하나의 사례라고 할 수 있다. 지난 30여년을 돌아보면 웹 기술을 기반으로 해서 웹을 이해한 사람과 기업이 우리들의 사회를 주도했다. 비트코인을 기반으로 한 블록체인 기술의 발달은 앞으로 미래의 우리의 삶을 완전히 산업혁명처럼 혁신시킬 것이라고 생각한다. 지금 SNS(social networking service) 시대를 살고 있는 우리는 아날로그적인 지폐를 디지털 암호화 화폐인 비트코인과 동격으로 대할 수가 없게 됐다. 돈도 블록체인 기술을 기반으로 한 SNS시대로의 기술적 접근이 필요한 것이다.

새로운 돈의 혁명을 코앞에 두고 있다. 새로운 초연결 시대의 흐름을 피부로 느끼면서, 가상화폐가 가져올 혁신과 변화에 관심을 가져야 한다. 이제 비트코인 및 디지털통화를 축적해야 할 때라고 생각한다. 이것만으로 비트코인에 대해서 다 안다고 말하기는 어렵다. 생각보다 더 강력하게 앞으로 다가올 블록체인 혁명의 시대가 다가오고 있다. 블록체인을 기반으로 하는 비트코인과 디지털가상화폐 시대가 빠르게 다가오고 있다. 이 글을 통해서 조심스럽게 맞이할 준비를 해야겠다.

CHAPTER 07

4차 산업혁명과
유아 뇌교육

이은정

- 뇌교육연구소 소장
- 국가공인 브레인트레이너
- 대구시 교육청 부모교육 강사
- 유아/청소년 인성강사
- 국제뇌교육종합대학원 박사수료

내일을 살아갈 아이들에게 오늘의 교육을 하는 것은 자녀의 미래를 도둑질하는 것이다. ―존 듀이(John Dewey)―

지난 2016년 3월 이세돌과 알파고의 바둑대국이 세계의 이목을 집중시켰고 그 결과는 더욱 큰 반향을 일으켰다.

그림 01 알파고와 이세돌 바둑 대결

이 바둑대결을 지켜보던 많은 사람들은 '바둑같이 엄청난 경우의 수가 존재하고 직관력과 통찰력이 필요한 게임에서 설마 인공지능이 사람을 이길 수 있을까, 그럴 리 없을 것이다'라고 예상했다. 하지만 결과는 알파고가 4승 1패로 승리했다. 이 사실은 많은 사람들에게 인공지능의 능력을 체감하게 했고 인공지능이 어떤 면에서는 인간을 능가할 수 있다는 것에 충격과 두려움을 느끼게 했다. 어린 시절 봤던 공상과학영화에서처럼 로봇이 인간을 지배하는 세상에 대한 구체적인 두려움을 느낄 수 있었던 계기가 되지 않았을까 생각한다. 하지만 정작 알파고의 개발자들은 알파고의 승리를 예상했다고 한다. 알파고는 딥러닝이라는 인간의 뇌와 유사한 학습방법을 채택하고, 전 세계 바둑경기의 기록을 모두 저장하고 있었고 그 방대한 데이터로 가능한 바둑의 경우의 수를 눈 깜짝할 사이에 계산해 그중 가장 적합한 수를 선택할 수 있도록 프로그래밍돼 있었던 것이다.

바둑이라는 게임을 통해 인공지능로봇과 인간의 대결을 마련한 이유는 바둑이 학습 결과를 평가하고 문제점을 찾아내기에 가장 적합한 게임이기 때문이라고 구글의 알파고 개발자는 말했다. 앞으로도 딥러닝 기술을 탑재한 다양한 인공지능로봇을 개발해 인간생활에 유용하게 활용하는 것이 목표라고 한다. 이는 앞으로 우리를 쓰나미처럼 덮쳐 모든 것을 변화시킨다는 4차 산업혁명의 극히 작은 일부분에 불과하며 이처럼 사람들이 상상하지 못할 만큼 빠르게 세상이 달라지고 있는 요즈음 우리 아이들에게 필요한 교육이 무엇인지가 모든 사람들에게 심각한 고민거리가 아닐 수 없다.

1. 4차 산업혁명과 교육의 방향

1) 4차 산업혁명 시대의 도래와 뇌의 작용

4차 산업혁명 시대라는 말이 우리에게 알려지기 시작한 것은 지난 2016년 다보스 경제포럼에서다. 클라우스 슈밥(Klaus Schwab) 회장에 의해 처음 선포된 이 말은 대통령 후보자들이 연일 방송과 선거유세를 통해 언급하며 우리 모두에게 익숙한 단어가 됐다. 그렇다 하더라도 4차 산업혁명의 개념을 정확히 이해하고 무엇을 준비해야 하는지에 대한 부분은 아직도 많은 사람들에게 막연한 불안과 걱정으로 남아 있다는 생각이 든다.

4차 산업혁명이 왜 이렇게 많은 사람들에게 이슈가 되고 있는지를 뇌과학적인 기제로 잠시 살펴보자. 우리는 역사시간에 산업혁명에 대해 접하고 공부를 한 적이 있다. 이처럼 앞선 1·2·3차 산업혁명은 지나가고 나서야 그 시기가 커다란 패러다임의 변화가 일어났기 때문에 산업혁명이라고 명명됐다. 하지만 4차 산업혁명은 시작되는 시점에서 미리 선포돼 알려졌기 때문에 많은 사람들에게 아직 다가오지 않은 미래에 대한 막연한 기대감과 불안감을 함께 느끼게 하는 것이다.

앞선 산업혁명들이 시작하고 완성되는 데 걸린 시간이 적어도 50년에서 100년이라는 것을 생각해보면 다가오는 4차 산업혁명 또한 앞으로 많은 시간을 지나며 변화하고 발전해나갈 것이다. 인간만이 갖고 있는 뇌의 여러 기능 중 하나가 상상과 직관, 통찰을 통한 예측과 창조다. 우리 뇌가 갖고 있는 이러한 역량을 잘 발휘한다면 거대한 변화의 흐름을 모르고 당하는 것이 아니라 준비하고 창조해나갈 수 있는 기회를 가질 수 있고 4차 산업혁명이라는 긍정적 선택을 해볼 수 있다. 그러니 막연한 기대나 두려움이 아닌 철저한 대비와 올바른 방향성으로 앞으로의 시간들을 채워나간다면 준비할 수 있는 인간 뇌의 능력이 빛을 발할 수 있지 않을까 생각한다. 그리고 우리는 항상 과거를 되짚어 인과관계를 살펴봄으로써 앞으로의 흐름도 예측할 수 있기 때문에 4차 산업혁명을 이해하고 준비하려면 앞선 산업혁명의 역사적인 흐름에 대한 이해가 선행돼야 하고 특히 4차 산업혁명은 3차 산업혁명의 연결선상에서 받아들여야 한다.

인간의 뇌는 모른다는 것을 인지조차 하지 못할 때는 오히려 편안하지만 모른다는 것을 아는 순간 불안해지고 이 불안감을 긍정적인 방향으로 잘 활용하면 문제를 해결하고 예측할 수 있는 원동력이 되기도 한다. 또한 인간의 뇌는 불안하고 두려운 감정에 대해 도망치거나 회피하려는 경향 역시 강하고 자신의 경험에 의한 뇌회로가 강력히 연결돼 있어 세상이 바뀐다는 것에 대해 눈을 가리고 외면한 채 자신에게 편하고 익숙한 상태로 머물러 있기가 쉽다. 그리고 인간의 뇌가 기억하고 활성화하는 방식은 차잇값이다. 이것은 오늘과 내일의 차이를 의미 있게 기억한다는 것이다.

4차 산업혁명 시대가 시작됐다고 해도 당장 오늘과 내일의 나의 삶의 차이가 그다지 없다면 거대한 쓰나미가 몰려온다고 표현되는 혁신의 시대에서도 익숙한 삶의 패턴 속에서 시간만 흘려보낼 수도 있다. 그래서 우리는 항상 우리가 맞을 변화에 대해 감각을 열고 집중하고 깨어 있어야 한다.

인간의 뇌는 몸 전체의 2.5%밖에 차지하지 않지만 산소나 영양분 에너지는 거의 20~25% 이상을 소비하기 때문에 효율적으로 작동하려고 하고 익숙한 것에 대해 습관적으로 반응하고 새로운 것에 대한 불안감이나 두려움을 느끼기도 한다. 다른 한편으로는 호기심과 모험심이 있고 새로운 것을 창조해낼 때 행복감을 느끼기도 하기 때문에 4차 산업혁명이 시작됐다는 것을 미리 알고 있으면 지금부터 차근차근 미래를 예측하고 준비할 수 있다. 또 우리가 예측하고 준비하는 대로 미래를 창조해나갈 수 있다는 것이기도 하다. 그래서 모르는 미래에 대한 두려움을 새로움에 대한 설렘을 담아 4차 산업혁명의 거센 파고를 즐기며 앞으로 나아가야 하겠다.

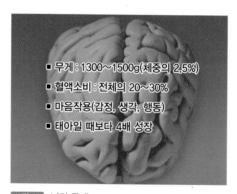

■ 무게 : 1300~1500g(체중의 2.5%)
■ 혈액소비 : 전체의 20~30%
■ 마음작용(감정, 생각, 행동)
■ 태아일 때보다 4배 성장

그림 02 뇌의 무게

　그렇다면 우리가 가진 강점이 무엇인가에 대해 생각해보지 않을 수가 없다. 똑같은 에너지를 투입했을 때 투자 대비 효율은 약점보다는 강점이 훨씬 높기 때문이다. 그러므로 대한민국이 갖고 있는 최대의 자산인 인적자원을 잘 활용하기 위해 지금 우리가 집중해야 할 것은 혁신적인 기술의 발달보다도 더 교육의 개혁이라고 생각한다.

2) 4차 산업혁명 시대 교육의 방향

뇌교육에서 인간의 뇌를 바라보는 관점은 '무한한 가능성과 잠재능력을 갖고 있다'라는 것이다. 그리고 인간의 뇌가 갖고 있는 가장 큰 가치는 창조성과 평화성이라고 보고 뇌가 가진 가치를 이뤄가는 훈련을 하는 것이 뇌교육이다.

4차 산업혁명 시대에 가장 필요한 역량을 꼽으라면 자신의 삶을 가치 있게 창조해내는 능력과 그 가치를 모든 생명에게 조화롭게 쓸 수 있는 평화성이라 생각한다. 뇌교육을 통해 인간의 뇌 안에 이미 잠재돼 있는 이러한 역량을 끄집어내는 것이 4차 산업혁명의 교육 방향이 돼야 할 것이다.

기계가 지능을 갖게 되고 여러 가지 현실세계를 온라인 세상으로 구현할 수 있는 기술력과 인공지능과 결합된 빅데이터로 모든 것이 연결되는 4차 산업혁명 시대에 인간은 무엇을 추구하며 살아가야 할까를 고민해야 할 때라고 생각되고, 그렇기 때문에 인문학에 대한 관심이 날로 높아지고 있다. 모든 것이 기계화·자동화하는 세상에 노동에 대한 가치가 달라지고 노동에 투입됐던 시간개념이 변화되면 사색할 시간이 많아질 수밖에 없다. 인공지능이라는, 지적인 어떤 면에서는 인간과 비슷한 혹은 인간보다 뛰어난 기계를 대하며 우리는 인간 자신에 대한 근본적인 질문을 할 수밖에 없게 된다. '나는 누구인가? 나는 무엇을 위해 살아가고 있는가?'라고. 그래서 나에 대해 성찰하고 삶의 주인으로서 나를 잘 이끌어갈 수 있는 훈련을 하는 뇌교육은 앞으로 4차 산업혁명 시대를 넘어 5차 산업혁명 시대를 맞아야 할 이 시점에 가장 필요한 교육인 것이다.

지금까지 우리가 받아온 교육은 인간 뇌의 창조성과 평화성을 끄집어내기보다는 기존의 지식들을 많이 알고 기억하고 습득하도록 하고 자신의 이익과 타인과의 경쟁을 부추기는 시스템이었다. 하지만 이제 4차 산업혁명 시대에 그러한 교육방식은 마치 옆에 굴착기를 두고도 그것을 쓰는 방법을 가르치지 않고 열심히 삽질하는 방법을 알려주는 것과 똑같은 것이고 위험을 모르는 아이에게 위협적인 칼을 손에 쥐어 주는 것과 같은 것이 아닐까 하는 생각을 해본다.

3) 4차 산업혁명 시대의 변화

얼마 전 필자는 구글이 선정한 세계 최고의 미래학자라고 하는 토마스 프레이(Thomas Frey)의 강연회에 참석할 기회가 있었다. 그 강연회에서 프레이는 4차 산업혁명 시대를 대표하는 핵심적인 기술과 이로 인한 세상의 변화에 대해 강연하며 '드론'에 대한 이야기에 상당한 분량을 할애하며 강의를 진행했다. 지금은 드론이 피자나 택배를 배달하는 시스템을 상용화하고 있지만 드론의 미래 역시 어떤 기술을 융합하느냐에 따라 무궁무진한 활용방법이 나오리라 기대된다.

프레이의 강연에서는 우리가 미처 몰랐던 다양한 드론의 모양과 활용사례를 보여줬다. 의료용, 농업용, 물속을 다니는 드론, 바퀴가 달려서 도로를 달리는 드론, 드론에 조명을 달아 야간 조깅에 나만의 가로 등을 비추듯이 안전하게 운동하는 모습, 단순한 택배물건이나 피자배달 등의 수준이 아닌 수상가옥이나 자율주행차를 옮기는 엄청난 미래 드론의 모형, 파리처럼 생긴 아주 작은 드론까지 다양한 드론을 접하면서 신기하기도 하고 재미있기도 하고 걱정스럽기도 했다.

그림 03 다양한 형태의 드론

앞으로 과학기술의 발달이 우리에게 일으키는 감정도 이와 비슷하지 않을까? 날아다니는 드론뿐만이 아니라 물속을 다니고 땅 위를 달리는 다양한 형태를 보고 신기했다. 집도 언제든지 내가 원할 때 원하는 곳으로 드론이 옮겨다줄 수 있다는 생각에 재미있었다. 파리처럼 생긴 드론을 보고 우리 집으로 저 드론이 들어와서 파리인 줄 알고 내가 의식하지 못한 상황에서 일어나는 여러 가지 것들을 촬영해간다면 하는 두려움도 있을 수 있다. 빅데이터와 안면인식 기술, 빔 프로젝트를 드론에 결합하면 내가 걸어다니는 길 바로 위에 내가 좋아하는 음식과 제품에 대한 광고 영상을 실시간으로 보내주는 것도 가능하다는 소리에 TV 홈쇼핑 광고에도 혹해서 제품을 구매하게 되는데 나만을 위한 맞춤광고가 가능해진다면 자신을 통제하고 조절할 수 있는 힘이 지금보다 더 중요하겠구나 하는 생각을 했다.

4차 산업혁명을 한 마디로 '연결'로 표현하는 학자들이 많다. 온라인과 오프라인의 연결, 아날로그와 디지털의 연결, 사물과 사물의 연결, 사물과 사람의 연결, 기계와 정보의 연결 등 지금까지 상상 속에서만 가능했던 모든 것들이 이제는 현실로 구현되는 세상을 우리는 맞이하게 된 것이다. 예를 들면 궁금한 것을 음성으로 물어보면 찾아주는 인공지능비서와 내가 하는 말을 다른 나라 말로 통역해주는 번역기는 아날로그인 나의 목소리를 디지털 신호로 바꿔 빅데이터에 접속해 내가 원하는 정보를 연결해주는 것이다. 디지털화한 나의 얼굴을 3D프린터가 바리스타가 돼 커피에 그려주는 것은 온라인을 오프라인에 연결해주는 것이다.

기계에 조립된 부품들의 상태가 정보화돼 기계를 만든 회사의 서버에 연결해 오작동이나 A/S 시기를 미리 알려주는 기술, 내가 다이어트를 하고 싶다고 요청하면 체중계가 나의 체중에 대한 데이터를 냉장고와 연결해 원하는 목표치에 도달할 때까지 냉장고 문이 열리고 닫히는 것을 제어하는 기술, 기업에서 어떤 프로젝트를 할 때 인터넷의 클라우드에 모인 사람들을 통해 필요한 기술력을 가진 사람들끼리 연결해 업무를 진행하는 방법, 내가 원하는 종류와 취향을 입력하면 인공지능이 그에 맞는 데이터베이스에 연결해 해당되는 옷 스타일을 택배로 보내주는 시스템, 이제 세상은 내가 상상하는 모든 것을 현실로 연결해주는 과학기술의 혁신이 이뤄지고 있다.

4) 4차 산업혁명 시대의 인재상

처음 드론이 개발된 목적은 군사용이었지만 지금 드론을 사용하는 대부분의 사람들은 드론을 이용해 멋진 경치를 촬영하고 촬영한 장면을 다양한 매체를 통해 즐기고 있다. 이러한 시장을 형성하는 데 큰 역할을 한 사람이 바로 전 세계 드론 소비시장의 70%를 차지하고 있는 중국 DJI의 CEO 프랭크 왕이다. 프랭크 왕은 어린 시절부터 RC카에 매료돼 있었다고 한다. 이를 안 부모님이 시험을 잘 치면 RC카를 사주겠다고 하자 며칠을 밤을 새서 공부를 하고 그렇게 해서 받은 RC카를 직접 분해도 하고 조립도 해보며 좋아하는 것에 집중하고 몰입하는 영재들이 흔히 보이는 과제집착력을 보였다. 교사인 어머니의 영향 때문인지 사범대학에 입학했다가 그만두고 다시 전자공학을 전공하며 로봇 경진 대회에 나가 대상을 받고 그 상금으로 DJI 회사를 차렸다는 것은 잘 알려진 이야기다.

[그림 04] 드론 실험　　　[그림 05] DJI CEO 프랭크 왕

　IT, 인터넷, 정보통신으로 대표되는 3차 산업혁명 시대에 대부분이 소프트웨어적인 기술개발에 힘쓸 때 자신이 가장 좋아하고 잘 하는 원격조정 무인 비행물체 드론이라는 하드웨어를 개발하는 데 몰두한 이 젊은 CEO의 선택은 그 당시에는 많은 이들로부터 인정받거나 환영받기 힘들었을 것이다. 하지만 자신이 좋아하는 드론에 사람들이 좋아할 만한 멋진 영상을 담아서 보여줄 수 있는 기술의 융합은 지금 이 회사를 동종업계에서 경쟁자가 없는 독보적인 위치를 선점할 수 있도록 했다. 프랭크 왕의 스토리에도 보듯이 앞으로 4차 산업혁명 시대에는 자신이 미쳐서 재미를 느낄 수 있는 것과 사람들에게 의미 있고 영향력

있는 가치를 융합할 수 있어야 한다. 그러므로 우리 아이들에게 4차 산업혁명에 대한 대비를 위해 단순히 드론을 조정할 수 있는 자격증을 따게 할 것이 아니다. 드론을 조정해봄으로써 드론이 구동되는 과학적인 원리에 대한 호기심과 탐구심 그리고 드론의 기술을 또 다른 어떤 다양한 용도로 활용해볼 것인지 상상해보고 이것을 이루기 위해서 어떤 기술이 필요할까에 대한 문제해결력을 키워줘야 할 때다.

앞서 언급한 프레이의 강연회에서 인상 깊었던 기억이 있다. 강연회에 참석한 고등학생들은 공부에 지쳐 있고 수업 대신 와서 대충 시간을 때우고 가면 된다는 생각을 해서인지 군데군데 조는 학생들도 보였는데 그에 반해 강연이 끝나고 질문의 기회가 왔을 때 초등학교 5학년쯤 돼 보이는 여학생이 질문했다. 그 초등학생은 "강의를 들어보니 앞으로는 컴퓨터나 인터넷 등의 기술을 다루는 능력이 중요할 것 같은데 학교에 컴퓨터실이 있어도 1주일에 한두 시간밖에 사용할 수 없고 지금 학교에서 배우는 지식들이 앞으로 미래에는 대부분 쓸모가 없다고 했는데 그럼 계속 학교에 다녀야 할 필요가 있을까요?"라고 해 그 자리에 있던 많은 어른들을 당혹스럽게 했다. 강연 내용을 자신의 생활에 접목해 의문점을 당당히 질문하는 똑똑한 아이를 보고 감탄하며, 한편으로는 이 아이의 질문을 통해 우리나라 학생들이 학교에 대한 인식을 어떻게 하고 있는지를 알 수 있었고 그렇게 인지하게 한 것은 우리 기성세대의 책임이 아닐까 한다. 학교는 그저 공부하는 곳 특히 지식을 배우고 그 지식을 얼마나 정확히 많이 알고 있는지 평가받는 곳 정도로 생각한 게 아닐까? 학교생활을 통해 친구나 선생님과의 다양한 만남을 통해 관계를 형성하고 협력을 하고 서로의 감정과 생각을 소통하는 장이라고 느꼈다면 이런 질문을 했을까?

4차 산업혁명 시대에 자녀들에게 경험시켜야 할 첫 번째 연결은 바로 사람과 사람의 연결이 아닐까 생각해본다. 이제 우리는 지식의 양 자체가 18개월마다 2배씩 늘어나서 세상의 지식이 지구 모든 해변의 모래 알갱이를 다 모은 숫자보다 더 많은 시대에 살고 있다. 그러므로 그에 따른 전문분야도 다양해질 수밖에 없는 세상이 됐다. 예전에 우리 사회가 필요로 하는 인재상은 모든 분야를 골고루 잘할 수 있는 사람이었다면 앞으로의 시대는 모든 영역을 골고루 잘 하는 인재보다는 한 분야에서 탁월함을 보이는 인재가 필요하고 그러한 인재들이 협업해 탁월한 성과를 내는 것이 필요하다.

밀레니엄 프로젝트 회장이자 미래학자인 제롬 글렌(Jerome Glenn)은 교육은 지식이 아닌 역량 개발의 방향으로 발전해야 하고 아이들은 학교 교육에서 배우는 법, 실패하는 법, 소통하는 법, 협업하는 법을 훈련하고 앞으로 필요한 창의력, 문제해결능력, 협업·소통능력, 비판적 사고력을 키워나가야 한다고 했다.

그림 06. 아이들의 역량개발학습

4차 산업혁명 시대에 필요한 스마트 교육시스템으로 화제를 모으고 있는 네덜란드의 스티브잡스 학교를 들여다보면 교사가 아이들에게 똑같은 내용을 학습시키는 것이 아니라 모든 학생이 태블릿 PC로 각자에게 맞는 진도로 개인맞춤교육을 실시하고 있다. 학생이 자율적으로 학습을 하고 증강현실 등의 시뮬레이션으로 놀이처럼 생활에 접목해보기도 하는 등 다양한 IT기술을 접목해 커리큘럼을 운영하고 있다. 하지만 이러한 스마트 기기나 IT기술의 접목만을 하는 것이 아니라 한 교실에 전 학년의 아이들이 골고루 들어가 서로 협력하며 학습을 진행하기도 하고 여러 명이 모여 프로젝트를 진행하며 서로 소통하고 협력하는 체험을 지속적으로 하고 있는 것에 주목할 필요가 있다.

5) 4차 산업혁명 시대 – 창의성교육보다 선행돼야 하는 인성교육

우리는 이제 예전에는 상상도 못했던 일들 혹은 상상으로만 그쳐야 했던 일들을 4차 산업혁명이라는 기술혁신에 힘입어 현실로 창조하는 세상을 살게 됐다. 상상이 현실로 이뤄지는 데 걸리는 시간이 점점 줄어들고 있기 때문에 개개인이 어떤 상상을 하느냐가 인류에게 엄청난 영향을 끼칠 수 있다. 그러므로 앞으로의 교육의 방향은 인간 뇌가 갖고 있는 창조성의 발현도 중요하지만 평화성을 이끌어내는 교육이 우선해야 한다. 나와 너와 우리 모두는 하나라는 인간의 본성, 즉 인성을 먼저 깨우는 교육시스템이 절실한 것이다.

데이비드 호킨스(David Ramon Hawkins) 박사의 《의식혁명》이란 책을 보면 인간의 의식수준을 밝기를 나타내는 LUX로 표현했다. 의식이 밝아질수록 말과 행동 감정이 긍정적으로 변화하며 성장하는 것이고

의식이 어두워질수록 부정적인 감정으로 약해지고 힘들어진다는 것이다. 그런데 현재 인간의 의식의 밝기가 평균 200룩스를 조금 넘어섰고 앞으로 점점 더 높아져야 한다고 했다. 이 책의 의식도표를 보면서 이런 생각을 했다. 지구의 평균 의식이 400 정도로 올라가면 통찰력이 생기고 그렇게 되면 성철스님 같은 분이 사람들이 절하는 모습만 봐도 그 사람의 내면을 꿰뚫어보셨다고 하듯이 보통 사람들도 그렇게 다른 사람의 내면을 알아차릴 수 있게 된다. 그렇다면 사람들은 서로의 내면을 알아차릴 수 있게 되고 다른 사람을 속이는 것이 힘들어질 것이다. 다시 말해 아는 척 모르는 척 아닌 척 긴 척할 수 없게 된다는 것이다. 그렇다면 정직하지 않고 인성이 제대로 갖춰지지 않으면 사회의 일원으로 함께 살아가기가 힘들어질 것이다.

의식의 밝기

의식의 밝기	의식수준	감정	행동
700~1000	깨달음	언어이전	순수의식
600	평화	하나	인류공헌
540	기쁨	감사	축복
500	사랑	존경	공존
400	이성	이해	통찰력
350	포용	책임감	용서
310	자발성	낙관	친절
250	중립	신뢰	유연함
200	용기	긍정	힘을주는
175	자존심	경멸	과장
150	분노	미움	공격
125	욕망	갈망	집착
100	두려움	근심	회피
75	슬픔	후회	낙담
50	무기력	절망	포기
30	죄의식	비난	학대
20	수치심	굴욕	잔인함

POWER / FORCE

그림 07 의식의 밝기 도표

그런데 인간의 의식수준의 성장보다 과학문명이 너무나 빠르게 발달하고 있는 4차 산업혁명 시대에는 개개인의 모든 정보가 온라인 세계에서 드러날 수밖에 없는 상황을 맞이하게 됐다. 실재로 〈뉴욕타임스〉에 'Angry Dad'라는 흥미로운 기사가 실린 적이 있다. 기사 내용은 고등학생 딸만 있는 집에 대형마트에서 계속 임신 육아 용품에 대한 홍보전단이 들어오자 화가 난 집 주인이 전단지를 들고 마트에 찾아가 항의를 했더니 마트 직원이 최근 3개월간 딸이 구입한 물품 목록이 데이터로 기록돼 있고 그 데이터를 분석했을 때 70% 이상 임신확률이 있다고 보고 자동 발송되고 있는 전단지라는 대답을 했고 이에 당황한 아빠가 딸을 데리고 산부인과에 갔더니 실제로 임신 중이었다는 내용이었다.

이뿐만 아니라 최근에 IBM에서 신입사원 선발에 응시한 수만 장의 입사지원서를 인공지능컴퓨터 왓슨에게 분석하도록 했다. IBM이 원하는 인재의 기준을 왓슨에게 입력해 1차 서류전형 합격자를 선별한 것인데 이때 왓슨이 입사지원자들의 SNS를 검색해 지원자들이 SNS에서 사용한 단어들을 분석해 입사 후 얼마나 버틸 것인가에 대한 예측을 했고 이를 토대로 1차 서류전형 합격자를 길러냈다고 한다. 이처럼 무심코 올린 일상의 사진이나 문장들이 온라인상에 기록돼 나에 대한 판단의 기준이 되는 세상이 되는 시대를 살고 있는 것이다. 예전에 짐 캐리가 주연한 〈트루먼 쇼〉라는 영화를 보면 주인공의 24시간이 자신만 모르는 채 실시간으로 방송되는 내용이 나왔다. 어쩌면 지금 우리도 비록 실시간으로 생방송되고 있지는 않지만 건물에서는 CCTV에 거리에서는 차량의 블랙박스에 우리의 일거수일투족이 계속 나도 모르는 사이에 촬영되고 있지 않은가? 이렇게 내 모습들이 나도 인식하지 못한 채

어딘가에 기록되고 있는 것이다.

4차 산업혁명 시대의 교육의 방향성은 올바른 가치관을 갖고 정직하게 삶을 살아가는 아이로 키우는 것이라 생각한다. 아니, 그렇게 살지 않으면 어디서 어떻게 자신의 모습이 세상에 드러나 사회구성원으로부터 외면당하며 힘든 삶을 살아가야 할지도 모를 일이다. 몇 년 전 브레인엑스포에서 조장희 박사님이 기조연설을 한 적이 있다. 조장희 박사님은 우리나라에서 가장 노벨상에 근접해 있는 과학자고 뇌를 찍는 3가지 영상기술에 대한 원천기술을 개발하신 분으로 세계적으로 저명한 학자다. 그분의 연설 후 뇌 건강을 위해 가장 중요한 것이 무엇인지 묻는 참가자들의 질문에 한마디로 이렇게 말씀했다. "정직입니다." 처음 그 말을 들었을 때는 예상하지 못한 답변이라고 생각했는데 뇌에 대해 공부하면 할수록 그 말에 크게 공감을 할 수밖에 없다.

자신이 알고 있고 말한 것을 행동으로 실행하는 것이야말로 뇌를 정직하게 쓰는 것이고 이렇게 뇌가 통합될 때 몸도 마음도 생각도 건강해지고 뇌의 무한한 잠재력을 계발할 수 있는 것이다.

2. 4차 산업혁명 시대 유아교육의 중요성과 뇌교육 방법

우리 뇌는 수직적으로는 크게 3층 구조로 나눠 말한다. 인지뇌라고 하는 대뇌피질, 정서뇌라고 볼 수 있는 대뇌변연계, 신체뇌라고 할 수 있는 우리의 생명과 신체활동을 주관하는 뇌간 영역이다. 그래서 뇌교육에서는 신체뇌, 정서뇌, 인지뇌의 통합적 발달과 자극을 중요하게 생각하고 이를 위한 다양한 두뇌발달프로그램이 개발돼 있다.

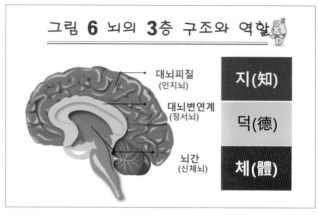

그림 08 뇌의 3층 구조와 역할

1) 요즘 유아교육의 문제점

요즘 유아들을 보면 이러한 신체뇌, 정서뇌, 인지뇌가 통합적으로 잘 발달하고 있지 않은 것 같아 걱정스러운 부분이 있다. 그럴 수밖에 없는 것이 뇌라고 했을 때 떠오르는 단어들을 관찰해보면 생각, 기억, IQ, 학습 등 대부분이 대뇌피질영역에 해당하는 것이다. 자녀 교육에 대한 엄청난 열정을 보이는 부모들이 초점을 맞추는 자녀의 두뇌발달은 인지적인 영역일 수밖에 없다. 하지만 인간의 신체적 생명력을 주관하는 뇌간과 정서뇌가 잘 발달하지 않으면 인지뇌 발달도 힘들어진다는 것을 잊으면 안 된다.

필자가 어느 어린이집을 방문했을 때 겪은 일이다. 6세 남자아이가 수업시간 중에 교무실로 들어오길래 의아해서 물어보았더니 수업에 너무 방해가 되는 행동을 할 때는 잠깐 교무실로 내려와 있다가 올라가곤 한다는 것이다. 그래서 "선생님과 같이 놀아볼까?" 하며 서로 마주보고 주먹 보 주먹 보 번갈아가며 서로 손을 부딪쳐보는 놀이를 했는데 처음 두세 번은 잘 하던 아이가 점점 횟수가 반복될수록 주먹을 쥐어야 할지 손을 쫙 펴야 할지 자신 없어하며 우물쭈물하는 것이었다. 보통 6세 정도면 내가 주먹을 하면 상대가 보를 하고, 내가 보를 하면 상대가 주먹을 쥐어 서로 손을 부딪는 활동을 하고 7세는 자기의 오른손 왼손도 서로 주먹 보를 반대로 하고 상대방과도 반대로 하면서 주먹 보 놀이를 한다.

처음 몇 번은 곧잘 따라 했으므로 방법을 인지하지 못한 것을 아니었을 텐데 왜 이 아이는 이런 단순한 활동도 지속하지 못했을까? 이러한 상황이 바로 인지는 되지만 그것이 행동으로 적절히 출력되고 통제되지 않는 것이다. 혼자서 주먹 보를 번갈아 하라고 하면 물론 잘 해냈겠지만 다른 사람과 함께 리듬을 타며 서로의 박자를 맞춰가는 상황이 되자 아이가 계속 집중력을 발휘하며 자신을 조절해나가지 못하는 것이다. 인공지능 로봇이 지금처럼 두 발을 번갈아가며 사람처럼 걸을 수 있게 된 것도 극히 최근의 일이고 그래서 아무리 로봇기술이 발달해도 사람만큼 섬세하고 부드럽게 움직이게 만들 수는 없다고 말하고 있는 로봇공학자들도 많다. 그렇다면 이러한 유연하고 자연스러운 움직임은 인간이 가진 인공지능 로봇을 능가할 수 있는 역량이 아닐까? 사실 인간의 뇌가 비약적으로 발달한 데는 이러한 신체활동이 아주 중요한 역할을 했다. 어떤 뇌과학자가 이런 말을 한 기억이 난다. '인간에게 어려운 것이 인공지능에게는 쉽고 인공지능이 어려워하는 것은 인간에게 너무나 쉬운 일이다'라는 것이다.

그렇다면 우리 아이들에게 인공지능 로봇은 하기 어려운, 하지만 인간에게는 쉬운 역량을 강화해야 하는 것이 4차 산업혁명 시대를 대비하는 좋은 전략이 아닐까? 뇌교육에서는 인공지능과 대비되는 인간만이 갖고 있는 역량을 자연지능이라고 한다. 이러한 자연지능을 깨우기 위해서는 신체뇌, 정서뇌, 인지뇌가 통합적으로 발달하는 것이 가장 중요하다.

그림 09 인공지능과 자연지능

그러나 요즘 아이들이 자라나는 환경을 들여다보면 신체뇌, 정서뇌, 인지뇌가 통합적으로 발달하고 있다고 보긴 힘들다. 예전에 우리는 학교 끝나면 운동장에서 혹은 동네 공터에서 해가 뉘엿뉘엿 질 때까지 아이들과 놀이를 하는 것이 일상이었다. 여자아이들의 대표적인 놀이인 고무줄놀이만 살펴보더라도 놀이가 진행될수록 난도가 점점 높아져 마지막에는 내 키보다 더 높이 있는 고무줄을 훌쩍훌쩍 넘어다녀야 한다. 남자아이들의 대표적인 놀이인 말뚝박기는 어떠한가? 나보다 덩치가 큰 친구가 저 멀리서 뛰어와 붕 날아서 내 등으로 턱 하고 올라탈 때 잠시 숨이 멎는 것 같고 무릎이 풀썩 꺾일 것 같아도 절대 무너지지 않고 버터내지 않았는가. 내가 무너지면 나뿐만 아니라 우리 팀 전체가 말을 타지 못하기 때문에 이를 악물고 힘든 상황을 참아내기도 하는 것이다. 이러한 모든 놀이를 통해 우리는 자신의 신체를 조절할 수 있는 근력과 균형감각, 조절력을 키워왔고 정서적으로도 놀이를 하는 동안 끊임없이 신체접촉을 하고 서로를 마주보며 감정을 교류했다.

또한 우리 팀의 승리를 위해 자연스럽게 전략을 생각해내고 우리 팀이 최고의 역량을 발휘하려면 서로 어떻게 마음을 맞추고 의견을 조율해야 하는가도 경험하며 어린 시절을 보냈다. 그런데 지금 자라나고 있는 아이들의 생활을 들여다보면 도무지 이렇게 놀이를 통해 신체 정서 인지를 통합적으로 발달시킬 수 있는 환경이 아니다. 친구들과 만나 눈을 마주치고 신체를 움직이며 기쁨이나 분노 행복 희열 억울함 등의 감정을 느껴보고 이러한 감정들을 또 경험 속에서 조절해나갈 수 있는 기회가 요즘 아이들에게는 주어지지 않고 있다. 오히려 친구보다는 기계를 다루고 기계와 소통하는 기회를 훨씬 많이 갖게 되는 것이 요즘 아이들의 일상이 돼버렸다. 특히 놀이를 통한 자연스러운 신체활동이 점점 없어지고 유치원이나 보육기관에서 실시하는 일정한 패턴을 반복하는 체육이나 축구 등의 규칙이 정해진 활동 아니면 수영과 같이 혼자 어떤 기술을 습득하는 형태로 많이 접하게 된다. 이러다 보니 아무것도 없이 막대기 하나만 있어도 친구들과 신나게 놀면서 간단한 규칙을 만들어보기도 하고 다양한 방법과 재료들을 놀이에 응용해봄으로써 자극받았던 창의적인 두뇌회로가 자극받지 않고 있다.

뇌교육에서는 두뇌발달에 가장 좋은 교구는 바로 자신의 몸이고 가장 좋은 학습교재는 자신의 뇌라고 생각한다. 아무런 도구가 없이도 자기 몸을 잘 갖고 놀 수 있고 이런 과정에서 느끼는 자신의 감정과 생각들을 잘 인지해서 표현할 수 있는 아이들은 누구와 만나도 잘 놀고 소통한다. 이런 사람이야말로 4차 산업혁명 시대에 가장 필요한 역량인 융합과 협업이 가능한 인재인 것이다.

아이들을 키우는 젊은 엄마들의 상황을 뇌의 3층 구조가 통합되었는가의 관점에서 바라보면 요즘 일어나고 있는 많은 문제들이 이해가 된다. 이 시대의 엄마들은 육아나 교육에 대한 정보를 흔하게 접할 수 있다. 온라인 커뮤니티나 다양하게 제시된 육아서, 교육기관마다 운영하고 있는 부모교육 등을 통해 '좋은 엄마는 이런 엄마고 아이는 이렇게 교육해야 한다'라는 이야기를 너무나 많이 듣기 때문에 아이를 키우는 것에 대한 지식은 많이 알고 있다. 하지만 '자신이 아는 만큼 실천을 하고 있는가'라는 면에서 보면 그렇지 못한 엄마들이 더 많다. 무엇을 어떻게 해야 한다는 것은 아는데 그것을 실행하지 않고 있을 때 뇌의 3층 구조가 통합되지 않기 때문에 불편하고 불안한 감정을 일으킬 수밖에 없다. 학교 다닐 때 해야 할 숙제를 하지 않고 놀고 있을 때 어떤 감정이 일어났었는지를 기억해보면 알 수 있다.

이러한 불안감은 아이에게로 확장돼 아이의 모든 행동과 말에 불안한 돋보기를 들이대고 관찰하게 되고 아이가 어떤 부정적인 말과 행동을 하면 예민하게 따지고 묻게 된다. 더구나 요즘 아이들은 잠자는 시간을 빼고 나면 엄마와 함께 있는 시간보다 교육기관에 맡겨져 교사와 함께 하는 시간이 더 많다 보니 엄마의 불안감은 교사와 교육기관에 대한 불신감으로 확대되고, 그러다 보니 교사들도 아이들과 함께 하는 시간들이 힘들어지고, 아이들은 아이들대로 엄마나 교사의 불안감이 그대로 느껴지는 듯하다.

2) 4차 산업혁명 시대 부모의 역할

4차 산업혁명 시대의 교육 시스템이 어떻게 변화되고 혁신돼야 하는지에 대한 이야기 보다 4차 산업혁명 시대를 이끌어갈 주역인 우리 아이들에게 지금 당장 엄마인 내가 무엇을 해줄 수 있을지를 함께 고민하고 싶다. 사회의 제도나 시스템이 바뀌는 데는 많은 시간과 비용이 들게 마련이고 언제까지 우리나라 교육현실을 안타까워하면서 알고는 있지만 시스템이 그러니 어쩔 수 없다는 말을 하며 답답해할 수는 없다.

많은 학부모들이 앞으로 시대가 변화된다는 것을 알고는 있고 4차 산업혁명 시대에는 지금 현존하는 직업의 70% 이상이 없어지고 전혀 다른 새로운 직업이 생기고 스스로 창직을 해야 하는 시대가 도래하기 때문에 교육을 다르게 해야 한다는 것에 동의를 한다. 하지만 다르게 교육해야 한다는 것을 개개인의 가정에서부터 하지 않고 '아직은 학교 가면 이게 중요하니까', '아직은 시험을 쳐야 하니까', '그래도 대학은 가야 하니까'라는 생각으로 핑계를 대고 있다면 이 역시 대표적으로 언행일치가 안 되고 있는 것이다. 즉 뇌를 정직하게 쓰지 않고 있는 것이다. 이렇게 되면 자녀교육에 대해 늘 불안하게 느낄 수밖에 없다. 그러니 지금부터라도 각 가정에서 4차 산업혁명 시대에 필요한 교육을 자녀에게 실천하는 것이 중요하다.

3) 유아 두뇌발달의 이해

인간의 뇌를 회로구조라고 많이 이야기한다. 흔히 알고 있는 유아시기가 두뇌발달이 폭발적으로 일어난다고 하는 것은 키나 몸무게가 자라나듯이 뇌가 커지거나 뇌세포가 늘어난다는 개념이라기보다 1000억 개 이상의 뇌세포와 뇌세포를 연결하는 과정이라고 이해하는 것이 더 정확할 것이다. 어떤 자극이 주어졌을 때 뇌세포와 뇌세포는 전기적, 화학적 반응을 통해 시냅스라는 구조가 연결되고 같은 자극이 반복적으로 지속되면 이 연결구조에 강화가 일어나서 아주 빠르게 반응할 수 있도록 수초화 현상이 일어난다. 그리고 이렇게 수초화한 회로가 많을수록 두뇌를 효율적으로 쓸 수 있기도 하고, 습관적인 회로를 쓰게 된다는 관점으로 볼 수도 있다.

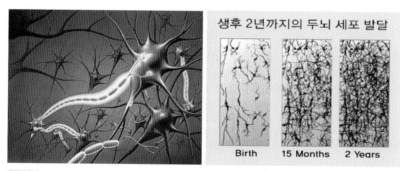

그림 10 시냅스 회로 연결과 생후 2년까지의 두뇌 세포 발달

4차 산업혁명 시대에 가장 필요한 역량이라고 여겨지는 창의성도 뇌교육적인 관점에서 바라보면 기존에 연결돼 고착화된 뇌회로를 새롭게 다른 회로와 연결하는 것이라고 볼 수 있기 때문에 습관을 변화시키는 새로운 도전과 자극이야말로 창의성을 발현하게 하는 좋은 두뇌훈련

방법이다. 예를 들면 한 번도 해보지 않은 신체활동을 해서 습관화한다든지, 이미 개념화한 사물의 이름을 전혀 다른 단어 혹은 의미가 없는 소리로 불러본다든지, 사물의 형태를 뇌 속에 스크린에 띄우듯이 영상화해 다른 각도에서 바라보는 상상을 한다든지 하는 두뇌훈련이 뇌회로를 유연화해 창의적 두뇌회로를 만드는 데 도움이 된다. 이러한 방법들은 집에서 엄마와 아이가 놀이하듯이 쉽게 해볼 수 있는 방법이기도 하다.

앞서 언급한 뇌의 수직적 통합에도 놀이는 매우 효과적인 훈련 방법이다. 그렇다면 왜 놀이가 효과적일까? 뇌에서 어떤 자극과 경험에 의해 회로가 연결될 때는 느낌의 정서반응도 함께 구조화해 활성화하기 때문이다. 다시 말해 유아시기에 하기 싫고 짜증나는 감정상태에서 숫자공부를 하게 되면 학생이 돼서 수학을 공부할 때마다 하기 싫고 짜증나는 감정의 회로도 함께 작용하게 된다는 것이다. 반대로 뭔가 재미있고 즐거운 감정을 동반한 활동을 지속적으로 경험하면 그와 비슷한 자극이 주어졌을 때 기분 좋은 감정을 일으키는 뇌회로가 함께 활성화한다는 것이다. 그러므로 아이에게 긍정적인 회로를 많이 연결해주고 싶다면 즐겁고 신나게 잘 노는 것이 매우 중요하다. 그리고 놀이란 대체적으로 신체활동을 하면서 이뤄지고 다른 사람과의 상호작용 속에서 감정을 느끼고 놀이를 더 재미있게 효과적으로 하기 위해 다양한 인지적 사고를 할 수밖에 없는 상황들이 펼쳐지므로 신체뇌, 정서뇌, 인지뇌의 3층 구조를 골고루 발달시키는 아주 좋은 방법인 것이다.

4) 협력하는 괴짜로 키우기 위한 유아교육

이민화 박사님의 《호모파덴스》란 책에 보면 4차 산업혁명 시대의 인재상을 협력하는 괴짜라고 정의해놓았다. 협력하는 괴짜라는 말이 우리에겐 낯선 조합이 아닐 수 없다. 흔히 괴짜라고 하는 단어가 우리에게 주는 관념은 튀는 행동이나 남들과 다른 생각을 하고 자기만의 세계에 빠져 있어 타인과의 소통이 잘 안 되는 이미지이기 때문이다. 그리고 아마 '당신의 자녀가 괴짜로 자라기를 바라십니까?'라고 질문하면 대부분의 학부모가 썩 반갑지 않은 마음이 들 것이다. 특히 우리 한국 사회에서는 사람들과의 관계가 중요하고 타인이 자신을 바라보는 시선에 신경을 많이 쓰기 때문에 어딘가 사회 부적응아처럼 느껴지고 튀는 느낌의 괴짜라는 단어가 달갑지 않게 느껴지는 것은 어쩌면 당연할지도 모르겠다. 하지만 조금 더 깊이 있게 생각해보면 앞으로 4차 산업혁명 시대에 가장 중요한 역량이 창의성이고 창의성이란 남들과 다른 관점으로 문제와 현상을 바라볼 수 있는 데서 출발한다고 볼 때 괴짜야말로 앞으로 필요한 인재상을 잘 나타내는 말이 아닐 수 없다.

창의성이 발현된 대부분의 사람들의 공통점이 자기가 좋아하는 분야에서 1만 시간 이상의 고도의 집중력을 발휘했다고 하니, 자기가 좋아하는 일이라면 주위에 누가 뭐래도 몰입할 수 있는 사람이야말로 창의성을 발휘할 가능성이 크다고 볼 수 있다. 그렇다 하더라도 과연 이런 괴짜적인 성향이 있는 사람들이 다른 사람과의 협력을 잘 이뤄낼 수 있는가 하는 문제가 아직도 남아 있다. 그렇기 때문에 유아시기부터 부모와 적극적으로 소통하고 자신의 생각과 의견을 존중받고 감정을 공감받아본 아이들이 협력하는 괴짜로 자라날 수 있다고 본다. 그래서 유아

시기에는 부모와 1:1 상호작용을 많이 해야 하고 이를 위해 놀이보다 좋은 방법은 없다.

놀이 외에도 생활 속에서 아이들과의 1:1 관계가 가장 자주 성립될 때가 훈육의 순간일 것이다. 아이들을 훈육할 때 조금이라도 엄마의 감정이 섞이게 되면 아이들은 비난받는다고 느끼거나 무섭고 두렵다는 감정이 먼저 반응하게 된다. 이러한 감정이 일어나면 아이들의 뇌 속에서는 편도체라는 감정의 기억창고가 활성화하고 생존본능에 의한 신체적 반응들을 빠르게 일어나게 하기 위해 자기조절력, 사고력, 집중력을 관장하는 전두엽에 불이 꺼져버린다. 다시 말해 엄마는 '훈육을 했으니 이제 알아듣고 다음부터는 조심하겠지' 하고 생각하지만 아이는 그 상황에서 자신이 무엇을 잘못했는지 다음에는 어떻게 행동하는 것이 적절한 것인지에 대한 사고나 조절을 하는 전두엽이 작용을 하지 않기 때문에 행동이 개선되지 않는다는 것이다. 그러므로 뇌교육적인 훈육은 반드시 엄마도 아이도 감정적으로 편안한 상태일 때 시도해야 하고 되도록이면 엄마의 지시적인 명령과 판단보다는 아이 스스로 생각할 수 있도록 질문을 통한 코칭 과정으로 이끌어나가는 것이 훨씬 효과적이다. 우리의 뇌는 질문을 받으면 그 답을 찾기 위해 집중하고 활성화하기 때문이다. 이렇게 스스로 해결방안을 생각하고 찾아낼 때 아이들은 문제해결력이 높아지고 실행력도 좋아지기 때문에 스스로에 대한 자부심도 높아지기 마련이다.

자발적인 선택을 할 때 전두엽이 활성화하고 이때 집중력과 조절력도 함께 높아지기 때문에 훨씬 빠르게 실행하도록 뇌가 작용을 하는 것이다. 하지만 엄마의 뇌는 아이의 실수나 잘못을 객관적으로 바라보고 스스로 해결책이나 보완책을 찾아볼 수 있도록 기다려줄 수 있는 여유가 없다. 뇌과학적으로 엄마의 뇌는 다른 사람이 잘못하고 있거나 실수하는 모습을 볼 때 반응을 보이는 뇌 부위와 자녀가 실수를 하거나 잘못된 행동을 하는 것을 볼 때 반응하는 뇌 부위가 다르다. 자녀의 실수를 보고 있는 엄마의 뇌는 자신이 실수하고 있는 있을 때 활발해지는 뇌 부위가 반응을 한다는 것이 뇌 영상촬영을 통해 밝혀졌다. 다시 말해 다른 사람의 실수나 행동은 객관적으로 분리가 가능하지만 자녀가 하는 실수나 행동은 엄마 자신의 실수나 잘못으로 느껴져 직접 나서서 빨리 고치려고 하는 성향이 나타날 수밖에 없다. 아이가 스스로 해결할 수 있도록 기다려주기가 힘들다는 것이다. 그래서 자녀의 말과 행동을 자신과 분리해서 더욱 객관적으로 보려고 노력해야 한다.

거듭 강조하지만 4차 산업혁명 시대의 교육의 방향은 신체뇌, 정서뇌, 인지뇌를 통합적으로 발달시키는 것이다. 앞에서도 언급했듯이 유아기에 느낀 감정적 에너지와 기억들이 뇌의 잠재의식 속에 저장되고 이렇게 저장된 감정들이 삶의 순간순간 파도처럼 일어나는 것이 우리 뇌의 작용 방식이다. 그렇기 때문에 유아시기에 긍정적인 정서가 중요하고 창의적인 인재들의 공통점에는 유머감각, 긍정성이 반드시 포함된다.

긍정적인 정서가 중요하다는 것을 잘못 이해하고 있는 듯한 젊은 학부모가 점점 많아지고 있는 것 같아 안타까운 생각이 들 때가 많다. 긍정적인 정서를 자녀가 늘 편안하고 힘들지 않아야 한다고 해석하는 부모들이 많다는 것이다. 실제로 같은 반 친구 때문에 스트레스를 받고 있으니 내 아이를 힘들게 하는 아이를 다른 반으로 옮겨달라고 하는 어처구니없는 요구를 하는 젊은 학부모들이 있다는 것이다. 그뿐 아니라 단체생활 중에 조금이라도 아이가 불편해하거나 힘들어하는 기색을 보이면 부모가 앞장서서 그것을 해결하거나 피하게 해주는 모습을 허다하게 볼 수 있다.

이러한 부모들에게 묻고 싶다. '아이의 삶에 닥칠 문제와 스트레스를 평생 따라다니며 해결해줄 수 있느냐?'라고. 그렇지 않다면 지금부터 문제를 해결하고 극복하는 기쁨을 훈련시켜야 할 것이다.

긍정적인 정서란 항상 아이가 불편한 것이 없고 힘들지 않게 해주는 개념이 아니라 어떤 상황에서도 긍정적인 면을 찾아 선택할 수 있는 힘을 키워주는 것이라 생각한다. 예를 들어 자녀가 자기가 좋아하는 친구가 함께 놀아주지 않는 것 때문에 섭섭해하거나 유치원에 가지 않으려고 할 때 아이에게 '네가 먼저 놀자고 해보지 왜?'와 같은 섣부른 충고나 '네가 먼저 그 친구에게 잘못한 거 아니냐'라는 비난의 말 그리고 '엄마가 그 친구한테 너랑 잘 놀아주라고 할게'라며 문제를 대신 해결해주려고 하는 방법 모두 아이에게 긍정적 정서를 쌓아주기는 힘들다. 오히려 이런 순간에 부모가 해야 할 가장 중요한 첫 번째 방법은 아이의 감정에 충분히 공감해주고 그러한 섭섭하거나 친구가 미워지는 감정들을 다 느껴도 되고 느낄 수 있는 감정이라는 것을 인정하고 수용할 수 있도록 하는 것이다.

엄마에게 자신의 낯설고 불편한 감정을 충분히 인정받고 공감받은 아이들은 어떤 감정도 받아들일 수 있고 이를 잘 조절할 수 있는 긍정적 선택을 훈련할 준비가 된 것이다. 엄마가 자신이 느끼는 감정을 공감하고 인정해줄 때 아이의 불편했던 감정들이 많이 안정을 찾게 된다.

이렇게 편안해졌을 때 엄마는 아이에게 그 친구랑 재미있게 놀았던 적은 없는지 그 친구가 좋은 이유가 무엇 때문인지 혹은 다른 친구들과는 또 다른 재미난 일이 있었는지를 물어보며 대화를 해나가다 보면 자연스럽게 하루를 돌아보고 즐겁고 좋았던 일들을 떠올리게 돼 섭섭한 감정은 풀어지고 오히려 좋았던 여러 가지 일들을 더 의미 있게 받아들이는 것이다. 이것이 바로 긍정적 정서를 키워주는 것이다. 특히 이러한 활동은 잠들기 직전에 하는 것이 더욱 효과적이다. 우리의 뇌는 수면상태일 때 의식은 꺼져 있지만 하루 동안 입력된 정보들을 정리하고 기억하는 일을 바쁘게 처리하고 있다. 그리고 우리 뇌는 정보처리에 있어서 가장 최근의 정보와 스스로 의미를 부여하는 정보들을 먼저 기억하고 저장하는 습성이 있다.

아이를 재우기 위해 함께 잠자리에 누워 오늘 하루 중에 가장 기분 좋았던 일들을 이야기해보는 것이다. 이때 아이에게만 묻지 말고 아주 작고 사소한 일이라도 기분 좋았다고 스스로 선택하면 행복하고 감사할 일이 많다는 것을 엄마가 먼저 다양한 예를 들어주면 좋다. 아이들은 엄마가 하는 대로 따라 하는 뇌를 갖고 있기 때문이다. 이렇게 잠들기 전에 자녀와 하루를 돌아보며 의미 있고 긍정적인 일들을 이야기하는 것은 이미지를 떠올려보게 해 우뇌를 자극하면서 긍정적 정서를 쌓아가는 아주 좋은 훈련이다. 여기에 한 가지 방법을 더 추가한다면 아이의 아랫배나 종아리 무릎 등에 따뜻하게 비빈 손을 얹고 서로에게 집중한 채 가만히 서로를 느껴보는 시간을 가져보는 것을 추천한다. 엄마도 그 순간 집중해 자신의 마음에서 일어나는 감정을 느껴보고 아이에게 진정성 있게 전달하면 아이와 엄마가 함께 힐링이 되는 기분 좋은 체험을 하게 될 것이다.

　낮 동안 자녀의 긍정적 정서 함양을 위해 추천하는 방법은 엄마가 쓰는 언어표현을 긍정적으로 하자는 것이다. 예를 들어 집안에서 마구 뛰어다니는 아이들에게 우리는 흔히 '뛰지 마!'라고 이야기한다. 느끼고 상상하는 유아의 뇌가 엄마의 '뛰지 마'라는 말에 자신의 무엇을 느끼고 어떤 모습을 상상할 것 같은가? 예를 들어 누군가 당신에게 '사과 생각하지 마세요'라고 한다면 여러분의 뇌 속에 어떤 그림이 상상되는가를 관찰해보라. 분명히 빨갛게 잘 익은 사과를 떠올렸을 것이다. 그리고 뭔가를 하지 말라는 말을 계속 들으면 어떤 느낌이 들 것 같은가?

　아이들에게 '뛰지 마'라고 이야기 하는 것은 아이들의 뇌에 열심히 뛰는 이미지를 더 많이 연상시키는 효과가 있다. 거기에 엄마의 분노의 감정까지 덧붙여진다면 그야말로 아이의 뇌는 엄마가 원하는 것과는 전혀 다르게 작동하게 될 것이다. 유아들의 뇌는 언어를 듣고 이해하고 생각하는 좌뇌보다는 이미지를 상상하고 에너지를 느끼고 리듬감과 움직임에 민감한 우뇌가 발달하고 있는 시기다. 그렇기 때문에 아이에게 말로 하는 훈육보다는 리듬감 있는 말과 율동으로 훈육 방법을 바꾸는 것이 효과적이다. '뛰지 마'라는 말보다는 '천천히 걸어다니자!'라는 말을 쓴다. 이보다 더 좋은 표현은 '살금살금, 사뿐사뿐, 오 예~~' 하며 걷는 모습을 보여주는 것이다.

　엄마가 이렇게 긍정적이고 재미있는 표현으로 아이의 뇌에 엄마가 원하는 모습을 반복적으로 그려주는 것이 가장 뇌과학적인 훈육방법이다. 특히 우뇌는 느끼는 뇌라고 할 만큼 순간순간의 느낌에 주의를 기울이는 대상이 변화되므로 자녀가 위험한 행동을 하거나 훈육이 필요한 시점에 좌뇌적인 말로 하는 잔소리보다 오히려 신체접촉을 통해 강한 자극을 줘서 순간적으로 엄마에게 주의를 집중하게 하고 엄한 표정이나 단호한 목소리로 간단히 "안 돼"라고 말하는 것이 효과적이다. 그리고 바로 아이가 흥미를 느낄 만한 것에 주의를 전환하도록 하는 것이다. 이런 훈육을 행동의 변화가 일어날 때까지 감정을 빼고 반복적으로 하는 것이다. 빨리 아이의 행동을 바꾸고 싶은 엄마의 욕심은 알아듣지도 못하는 아이에게 잔소리만 길어지게 하고 스스로를 감정적으로 힘들게 한다.

5) 정서지능을 높이는 두뇌발달놀이

필자는 부모교육을 시작할 때 서로 마주보며 '환~~하시네요'라고 말하며 인사를 나누라고 한다. 사실은 '환~~하시네요'라고 말하다 보면 말하는 사람의 입 꼬리가 올라가며 환한 표정이 된다. 이런 환한 표정은 아이의 자존감을 높이는 중요한 두뇌자극이다. 위에서도 언급했듯이 유아들은 말보다는 이미지 행동 느낌에 더 민감하게 반응하는 우뇌가 발달하고 있다. 그러므로 부모의 '사랑해'라고 하는 말보다는 아이랑 눈이 마주칠 때마다 환하게 웃어주는 것이 '엄마가 나를 좋아하네, 나 사랑받고 있구나' 하는 느낌이 더 강하게 뇌에 전달된다. 자존감이라는 것은 스스로 자신의 존재가치를 느끼는 감각인데 어릴 적 사랑받고 있다는 느낌은 자신의 존재가치를 키워주는 가장 기본 요건이다. 그래서 아이와 함께할 때 엄마의 표정이 중요한데 자신의 감정을 잘 드러내는 훈련이 안 돼 있는 사람이 환한 표정을 짓는다는 것이 의외로 쉽지 않다. 얼굴에만 80개가 넘는 근육이 있는데 20~30년이 넘도록 거의 비숫한 얼굴 표정으로 자신의 감정을 표현해보지 않았다면 얼굴근육의 대부분이 굳어 있을 것이다.

만 3세경의 유아가 사용할 수 있는 단어는 50여 가지라고 한다. 그러니 아이가 어릴수록 언어적인 소통보다 비언어적 소통이 훨씬 더 많이 일어나는 시기이므로 엄마의 풍부한 표정은 자녀와의 소통에 많은 도움이 된다. 또한 엄마가 아이와 눈을 맞추고 다양한 표정을 지어 보이는 것은 공감의 뇌세포라고 알려진 미러뉴런을 발달시키고 엄마의 뇌도 유연하게 하는 아주 좋은 두뇌훈련이다. 특히 인공지능 로봇에게는 없는 인간의 감정과 그 감정을 적절히 표현하고 조절하는 감성, 타인의 감정을 이해하고 공감하는 능력은 앞으로 4차 산업혁명 시대에 가장 필요한 역량이 아닐까 한다. 앞서 이민화 교수의 리더상 '협력하는 괴짜'에서 '협력하는'을 가능케 하는 능력이기 때문이다.

자녀의 정서지능과 공감능력을 높이는 두뇌발달놀이로 엄마와 생활 속에서 재미있게 해볼 수 있는 방법을 소개하겠다. 자녀와 마주보고 앉아 두 손으로 얼굴을 가리고 "나처럼 해봐요 이렇게" 하면서 엄마가 재미있는 표정을 지으면 아이가 그 표정을 따라 하는 것이다. 엄마가 여러 가지 표정을 지어 보이면 아이가 따라 하게 하기도 하고 반대로 아이의 표정을 엄마가 따라 하다 보면 공감뉴런인 '미러뉴런'이 발달할 뿐 아니라 아이가 아주 재미있어하고 아이의 즐거운 표정을 마주하는 엄마도 함께 행복하고 딱딱하게 굳어 있는 얼굴근육들을 풀어 뇌의 긴장을 풀어줄 수 있는 두뇌훈련법이다. 이 단계가 익숙해지고 만 4세 정도의 유아라면 이제 구체적인 감정단어와 연관된 표정과 동작을 표현하는 놀이를 해보길 추천한다.

예를 들어 "나 지금 화났어! 이것 봐" 하고 서로 화난 표정을, "나 지금 신났어! 이것 봐" 하며 서로 신나는 표정과 표현을 하며 놀이를 진행하는 것이다. 아이가 7세나 초등학생이라면 감정과 관련된 단어 카드를 직접 만들어서 감정 맞히기 놀이를 진행해보는 것도 도움이 된다. 감정을 표현하는 단어를 하나씩 골라서 다른 사람에게 보여주지 않고 얼굴표정과 몸짓으로 해당되는 감정을 표현하면 서로 상대가 표현한 감정을 맞혀보는 놀이다. 이렇게 놀잇감을 직접 만들어보는 것 자체가 아이의 창의성을 자극하기도 하고 직접 감정카드를 만들다 보면 감정에 대한 이해도 커질 수밖에 없다. 그런데 감정카드를 만들어보면 의외로 떠오르는 감정이 많지 않다. 사실 우리가 살아가면서 느끼는 감정이 매우 다양함에도 불구하고 감정적 표현은 별로 하고 있지 않다는 방증이기도 하다. 이럴 때는 아이와 책을 읽으면서 혹은 TV나 영화를 보면서 카드로 만들지 않은 단어가 나오면 계속 새로운 감정카드를 만들어나가는 것도 정서지능을 높이는 아주 좋은 실천방법이다. 이렇게 감정에 대한 단어를 놀이로 접하다 보면 아이가 자신의 감정을 느끼고 표현하는 것이 풍부해진다.

아이의 감성지수를 높이고 정서조절력을 높이는 부모의 태도에 대해 알아보자.

첫째, 아이가 표현하는 모든 감정에 대해 인정하고 수용해야 한다. 부모가 하는 흔한 실수 중 하나는 자녀가 항상 기쁘고 즐겁고 행복했으면 하는 마음에 화를 내거나 짜증을 부리거나 할 때 그 감정을 수용하고 공감해주지 않고 서둘러 조절을 시키려는 것이다. 기쁨, 슬픔, 분노, 두려움, 슬픔 등……. 아이가 느끼는 어떤 감정도 좋고 나쁜 것이 아니라는 것이다. 오히려 인간이 느낄 수 있는 모든 감정을 제대로 느낄 수 있어야 정상적인 뇌 발달을 보이는 것이고 특정한 감정을 느끼지 못한다면 발달에 문제가 있는 것이다. 그래서 모든 감정을 느끼는 것에 대한 부모가 인정하고 공감해주는 것이 아이의 정서안정에 매우 중요하고 이 부분이 선행돼야 감정에 대한 적절한 표현, 즉 정서조절이 가능하게 된다. 특히 짜증, 불안, 두려움, 슬픔 등의 감정을 느낄 때 편도체라는 뇌의 영역이 활성화하는데 이 편도체가 활성화하면 사고력과 집중력, 조절력을 관장하는 전두엽은 상대적으로 덜 활성화한다. 다시 말해 편도체가 활성화하면 엄마가 원하는 바람직한 행동을 하기 어려워지고 본능적인 반응을 일으키는 뇌 상태가 된다는 것이다. 그런 아이의 두뇌 상태를 이해하지 못하면 엄마는 아이에게 어떻게 말하고 행동해야 하는지를 훈육하게 된다. 하지만 본능적인 반응이 일어나는 것에 더욱 당황하고 있는 아이에게 엄마의 훈육은 오히려 더 큰 짜증과 두려움을 일으키게 된다. 그러니 아이의 긍정적 감정표현에는 적극적으로 공감해주고 부정적 감정표현에는 여유를 갖고 충분히 기다려주거나 아이가 느끼는 감정이 잘못된 것이 아니고 누구나 느끼는 것이라는 것을 아이에게 충분히 잘 전달하는 것이 중요하다.

둘째, 엄마의 공감과 수용이 아이에게 잘 받아들여지면 편도체가 안정이 되고 그때부터 천천히 아이와 대화로 감정조절을 할 수 있는 코칭에 들어가면 좋다. 코칭이란 아이가 스스로 할 수 있도록 도와주는 것이지 엄마가 방법을 가르쳐주는 것이 아니다. 스스로 방금 한 행동이나 느낌 혹은 감정 등에 대해 그리고 다음에 어떻게 하면 좋을지를 질문해주는 것이 꺼져 있는 아이의 전두엽을 활성화하는 가장 좋은 방법이다.

이런 대화법을 훈련하면 엄마는 아이를 혼내는 것이 아니라 아이가 스스로 좋은 생각을 한 것에 대해 오히려 격려하고 칭찬할 수 있게 되고 자신감이 좋아진 아이는 자기 통제력이 높아진다.

예를 들면 필자가 방과 후 모 유치원을 방문했을 때의 에피소드인데 6세 남자아이가 여자아이를 뒤에서 끌어안고 있고 여자아이는 놓으라며 몸부림을 치며 화를 내고 있는 상황이었다. 둘 사이의 실랑이도 잠시 여자아이가 앞으로 고꾸라지며 두 아이가 함께 넘어지고 말았다. 그 상황에서 교실에 들어선 필자가 "두 친구 모두 선생님께 와보세요!" 하자 남자아이가 "싫어요. 혼내실 거잖아요" 하며 가까이 오기를 거부했다. 일단 울고 있는 여자아이를 달래주고 남자아이 옆에 앉아 이렇게 물었다. "저 친구 저렇게 아파서 우는 거 보니까 기분이 어때?"라고 하자 남자아이가 살짝 놀란 눈치로 잠시 있더니 "기분이 안 좋아요" 하길래 "그렇지. 저 친구는 아파서 기분 안 좋고 너는 아픈 친구를 보니 기분이 좋지 않고. 다음에는 어떻게 하면 좋을까?" 하자 "다음부터는 친구가 좋아할 만한 일을 해야겠어요"라고 말했다. 그렇게 대답하는 아이에게 "그렇지 정말 좋은 생각인데. 파이팅!" 하고 하이파이브를 해주고 친구에게 가보라고 했더니 여자아이에게 스스로 미안하다고 이야기했다.

이렇게 아이들에게 꼭 무언가를 가르쳐줘야 한다는 교육관을 내려놓고 자신의 마음을 잘 들여다보게 하면 아이는 스스로 문제를 잘 해결하는 협력하는 괴짜로 잘 커나갈 수 있으리라 믿는다. 물론 이렇게 하는 것이 엄마의 입장에서 쉽지가 않다. 감정은 서로 동조화 현상을 일으키기 쉽고 아이의 부정적 감정표현에 엄마도 흥분하기 쉽기 때문이다. 엄마 자신의 감정도 고조되는 것이 느껴지면 현명하게 얼른 그 자리를 벗어나거나 주의를 다른 곳에 집중하는 훈련이 필요하다.

자신감 외에도 자기 통제력을 높이는 중요한 요소는 안정감과 신뢰감이다. 안정감과 신뢰감은 태교에서부터 생후 12개월까지 매우 중요하다. 아이의 안정감과 신뢰감은 임신 당시 엄마의 신체적·정서적 상태와 생후 아이의 욕구에 대한 엄마의 적절한 반응과 적극적인 상호작용에 밀접한 관련이 있다. 그 시기를 놓쳐서 안타까운 마음이 드는 어머니에게는 두 가지를 실천하시라고 권하고 싶다. 신뢰감을 높이기 위해서는 아이와의 약속을 신중하게 하고 반드시 지키는 모습을 보이라는 것이고 안정감을 높이기 위해서는 아이와 되도록 많은 신체접촉을 하도록 하고 이를 위해 하루 한 번은 꼭 자녀의 심장과 엄마의 심장이 닿도록 해서 꼭 안아주기를 권한다. 이때 등을 두드리는 행위는 서로에 대한 느낌에 집중하기 어려우니 하지 말고 아이가 온몸으로 엄마에게 보호받는 느낌이 들도록 해주고 서로의 심장박동이나 숨소리가 느껴질 정도로 집중해보면 엄마에게도 여러 감정이 일어나고 이때 느껴지는 것을 아이에게 조용히 이야기해준다면 엄마와 아이 모두에게 정서적 안정감을 느낄 수 있다. 이때 아이가 나에게 꼭 안겨 있는 것만으로도 충만함과 감사함을 느끼고 그 느낌을 아이에게 전달한다면 이것이 아이에게 해줄 수 있는 최고의 칭찬일 것이다. 무언가를 잘해서도 열심히 해서도 아니고 그냥 자신의 존재 자체가 누군가에게 기쁨이고 감사함이라는 것만으로도 스스로의 존재가치를 느낄 수 있는 최고의 순간이라 생각한다.

정서조절에 대한 뇌과학적 기제를 알아보자. 조절력이 커지려면 전두엽이 활성화해야 한다. 전두엽은 만 3세부터 폭발적으로 발달해 20

대 후반이 돼서야 완성이 되는 영역이다. 이 전두엽은 정서조절뿐 아니라 집중력과 사고력 인성 창의성 등을 관장하는 곳이라 알려져 있다. 그러므로 4차 산업혁명의 두뇌리더로 성장하기 위해 무엇보다 이 전두엽의 발달이 중요하다. 앞서 언급한 전두엽의 활성화 방법 중 하나인 질문하기를 효과적으로 하는 대화법이 있다. 바로 "뇌에게 물어볼까?"라는 말이다. 뇌에 대한 인식조차 그다지 하지 않고 살아온 엄마에게는 매우 낯선 표현일 수 있지만 느끼는 뇌가 발달하고 있는 아이에게는 어떤 느낌일지 함께 느껴보기로 하자. 예를 들면 처음 보는 물건을 들고 "이게 뭔지 생각해볼까요?"라는 말과 "이게 뭔지 뇌에게 물어볼까요?"라는 것은 의미는 같은 말이지만 느낌이 다르다는 것을 알 수 있다. 그리고 "뇌에게 물어볼까?" 하는 순간 의식이 자신의 뇌로 향하는 것을 느낄 것이다. 무언가에 주의를 집중할 때 집중을 관장하는 전두엽이 활성화하는데 집중의 대상이 외부에 있느냐 자기 자신에게 의식이 향하느냐에 따라 활발해지는 전두엽의 부위가 다르다. 자신 바깥을 향할 때는 외측 전두엽이, 자신에게 집중될 때는 내측 전두엽이 활성화한다. 이 내측 전두엽 부분이 바로 정서조절을 관장하는 곳이라고 알려져 있다. 사실 부모세대는 자신에게 주의를 기울이며 신체적, 정서적, 인지적인 부분을 느끼고 관찰하는 훈련을 많이 하지는 않았을 것이다. 자신을 느끼고 자신의 내면을 들여다보는 뇌회로를 연결해주는 것은 매우 중요하다.

한 예로 하워드 가드너(Howard Gardner) 박사의 다중지능에 따라 자신의 전문 분야에서 성공한 사람들을 분석해본 결과 성공한 사람들에게 공통적으로 높게 나타난 지능이 바로 자기성찰지능이었다. 그뿐만 아니라 KBS 다큐멘터리 〈상위 0.1%의 비밀〉에서도 전국의 상위 0.1% 의 성적을 내는 고등학생을 대상으로 공통점을 찾아본 결과 지능이나 부모의 경제력 기타 여러 가지 요인에서는 별다른 공통점이 없었으나 한 가지 공통점을 찾아본 결과 메타인지력이었다. 메타인지력이란 인 지의 인지, 즉 단순히 안다는 것이 아니라 내가 무엇을 알고 무엇을 모 르는지 아는 힘이라고 할 수 있다. 자신이 무엇에 대해 확실하게 이해 가 되는지 안 되는지 여부를 정확히 알고 있다면 같은 시간을 공부해도 다른 아이들에 비해 훨씬 효율적으로 활용할 수 있을 것이다. 그뿐만 아니라 자신의 상태를 객관적으로 바라볼 수 있으니 공부가 잘되는 시 간과 방법 등의 특성, 내가 왜 이것을 해야 하는지에 대한 정확한 이해 를 바탕으로 한 목표의식이나 동기부여가 잘 이뤄지니 자신의 과제를 잘 해낼 수밖에 없을 것이다.

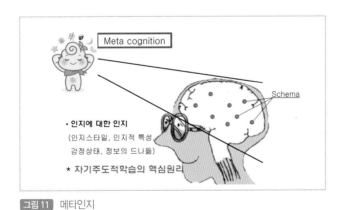

그림 11 메타인지

자기 성찰지능이나 메타인지력이 높은 사람이 따로 있는 것이 아니 고 훈련하면 길러지는 역량으로 받아들이고 부모 자신도 자기성찰을 더 잘할 수 있도록 단추를 다시 끼우고 아이 단추도 잘 끼울 수 있도록 함께 훈련해보기를 권한다. 이렇게 훈련하는 방법 중 가장 간단하면서 파워풀한 것이 자신의 느낌에 집중해보게 하고 그 느낌을 표현해보게 하는 것이다. 신체적 자극이나 움직임을 하고 나서 자신의 기분과 생각을 집중해서 느끼게 하고 표현까지 하게 한다면 그야말로 신체뇌, 정서뇌, 인지뇌를 통합적으로 발달시키는 훈련이라 하겠다. 예를 들어 엄마와 함께 마주보고 손뼉을 치며 신나게 함성도 질러보고 나서 서로의 손과 손을 가까이 가져가서 손에 느낌에 집중해보게 하고 어떤 느낌인지 서로 표현해본다. 이때 다양한 감정에 관련된 말을 하면서 느낌이 달라지는지를 관찰해볼 수도 있다. 감각이 예민한 사람들은 내가 되뇌는 말이 달라지면 느껴지는 감각의 느낌도 달라진다는 것을 알아차릴 수 있다. 이러한 활동은 뇌를 통합시키면서 보이지 않는 세계에 대한 감각도 열어줄 수 있다.

6) 직관력과 통찰력을 키우는 뇌교육

우리는 평소에 오감차원의 세상에서 살고 있다. 하지만 이렇게 볼 수 있고 들을 수 있고 만질 수 있고 맛볼 수 있고 냄새 맡을 수 있는 세상 이외의 세상도 분명히 존재한다. 사람은 주로 오감차원의 감각을 느끼고 살지만 사랑, 공기, 에너지 등등 우리 인생에서 어쩌면 가장 중요한 수많은 것들을 잘 알아차리지 못하고 살고 있는지도 모른다. 우리는 사랑을 주고받으며 살아갈 힘을 얻고 공기가 있어 숨을 쉬고 에너지가 우리 몸을 흐르기 때문에 생명이 유지된다. 다른 것들과 달리 에너지를 느끼는 감각은 훈련을 하면 발달시킬 수 있는 감각이다. 특히 손을 통해 잘 느낄 수 있고 이 감각이 발달할수록 여러 신체부위에서도 느낄 수 있다.

아이들에게 어려서부터 에너지를 느끼는 감각을 잘 훈련시키면 보이지 않는 세상이 존재한다는 것을 잘 받아들이게 할 수 있다. 이렇게 되면 보이는 것 이면에 있는 무언가를 볼 수 있는 통찰력과 직관력이 발달하게 된다. 우리가 창의성을 발휘해야 될 때는 주로 어떤 문제에 부딪혔을 때다. 어떤 문제를 해결해야 할 때 그 문제가 드러난 현상만 보는 사람과 문제가 일어난 인과관계까지 들여다보고 다른 사람은 보지 못한 또 다른 문제점을 찾아내는 사람은 다르다. 후자가 창의적 해결책을 찾아낼 수 있다. 이 과정에서 통찰력과 직관력이 큰 힘을 발휘한다.

흔히 부모교육의 대표적인 성공사례로 꼽는 것이 유대인 교육법이다. 전 세계 노벨상 수상자 5명 중 1명이 유대인이고, 미국 전체 인구의 약 2% 정도 차지하고 있는 유대인들이 아이비리그 대학의 학생 중 30%를 차지하고 교수 중 40%를 차지하고 있다. 뿐만 아니라 우리가 세기의 천재라고 일컫는 알버트 아인슈타인이나 애플의 스티브 잡스, 영화계에서 가장 창의적인 인물이라 할 수 있는 스티븐 스필버그 등도 모두 유대인이다. 유대교육의 장점을 다양한 관점에서 꼽고 있지만 그 중 대표적인 것이 '하브루타' 교육이다. 그래서 우리나라 교육현장에서도 하부르타 교육을 도입하고 있는 곳도 많은 것 같다. 보통 하브루타 교육의 핵심이라고 생각하는 것들이 질문하기, 토론하기, 서로를 존중하기 등이다. 하지만 하브루타 교육에서 반드시 생각해봐야 하는 것들은 유대인들이 하브루타 교육을 주로 탈무드를 공부할 때 사용한다는 것이다.

탈무드는 유대민족의 정체성을 유지하기 위해 만들어졌고 그렇기 때문에 유대인의 신화, 전설, 민담, 역사뿐 아니라 삶의 지혜와 처세술에 대한 우화까지 망라한 경전이다. 이 탈무드를 배우고 이해하고 자신의 삶에 잘 적용하기 위해 유아시기부터 부모에게 자신의 생각을 존중받으며 토론하고 질문을 하기도 하고 질문을 받으면서 사고의 폭을 넓혀간다. 그것이 습관이 돼 누구와도 서로의 의견에 대해 논쟁하고 소통하는 문화가 만들어진 것이다. 그래서 우리가 벤치마킹을 해야 하는 부분이 질문하기, 서로의 의견을 존중하기, 대화로 문제 해결해나가기 등이다.

우리가 유대인의 하브루타 교육의 우수성을 강조할 때 잊지 말아야 하는 것은 하브루타가 유대민족의 정체성 교육을 하기 위한 교육방법이라는 사실이다. 하브루타라는 교육방법도 중요하지만 무엇을 교육하고자 했는가를 더 중요하게 살펴야 한다는 것이다. 유대인들은 자신들의 민족에 대한 정체성, 역사의식, 자부심이 대단하다고 알려져 있다. 엉금엉금 기어다니는 아기 때부터 자신들의 경전인 탈무드에 설탕이나 꿀을 발라두고 아기가 그 달콤한 맛을 경험하게 해 평생 그 책과 가까이하게 한다든가 유아시기부터 2차 세계대전 당시 나치에 의해 고통받고 힘들었던 수용소 생활 등의 다큐멘터리를 보여주며 '네가 훌륭하게 잘 자라야 저런 일을 다시 겪지 않게 된다'라고 말해주고 한편으로 이 어려움을 슬기롭게 이겨낸 자랑스러운 역사에 대해 자긍심을 갖게 한다고 한다. 그래서 유대인들은 자신들의 전통과 문화를 지키기 위해 세계 어느 나라에 살고 있건 그들만의 삶의 전통과 문화 교육법을 실천하고 계승하고 있다. 그래서 국지전이 일어나는 이스라엘 지역에 세계 각국의 유대인들이 기부금과 구호물품 등을 끊이지 않고 보내며 미국에서 성공한 사업가가 전쟁에 참여해서 나라를 지켜야 한다고 이스라엘로 가는 일도 일어나는 것이다.

하브루타 교육을 통해 탈무드를 익히고 실천하는 과정에서 보이지 않는 다양한 유대인들의 신화와 종교 그리고 역사와 정신을 접하게 되면서 통찰력과 직관력 보이지 않는 세계에 대한 감각과 믿음이 생겨났을 것이다. 이러한 것들이 어떤 분야에서건 무언가를 창조해나가는 과정에서 끊임없이 실패하고 결과가 없는 것 같고 해결책이 보이지 않는 과정에서 결과가 나타나지 않아도, 보이지 않는 세상에서 어떤 작용이 일어나고 있다고, 어딘가에는 문제를 풀 수 있는 답이 존재한다는 믿음을 가지게 한다고 생각한다. 그러한 믿음이 실패를 두려워하지 않고 포기하지 않고 끝까지 도전하는 힘이 될 것이다.

아이들에게 정체성을 심어주는 것이 중요한 이유는 어떤 가치를 창조하는가에 관해 내비게이션과 같은 역할을 하기 때문이다. 내비게이션에 목적지를 입력하지 않으면 지나는 길에 카메라나 안전방지턱 등 일어나는 상황에 대한 안내는 해주지만 내가 가고자 하는 곳을 안내하지는 못한다. 마찬가지로 목적을 명확히 하지 않으면 뇌에서 일어나는 현상을 생각, 감정, 행동 등으로 표상은 하겠지만 뇌가 가진 잠재력이 깨어나지는 않을 것이다. 그래서 아이들에게 어떤 꿈과 목표를 갖게 하는 것이 가장 중요하게 키워줘야 하는 두뇌습관이다. 물론 어린아이들의 꿈은 수시로 바뀌기 마련이고 대부분 꿈이 무엇이냐고 하면 직업을 이야기한다. 그런데 그걸 꿈이라고 하는 것이 맞는 걸까? 그리고 직업이란 생계를 유지하기 위한 도구인 경우가 많고 앞으로 인공지능을 탑재한 로봇이 사람의 노동을 대체하게 돼 경제활동을 하면 기본적인 생계는 보장되고 인간은 자기계발차원의 일을 해나가게 될 것이라 예측하는 전문가들이 많다. 이때 재미와 가치라는 2가지 중요한 측면이 만족돼야 한다고 본다. 내가 재미있고 좋아하는 일을 하면서 나와 민족과 인류를 위해 가치 있는 일을 할 때 삶이 진정으로 행복해질 수 있기 때문이다. 그러려면 내가 무엇을 좋아하고 어떤 일을 할 때 가치를 느끼는지를 잘 살펴야 하겠다.

유아시기에 부모의 역할은 아이가 재미있고 가치 있는 일을 잘 찾아갈 수 있도록 준비를 해주는 시기라 생각한다. 그렇게 하기 위해서는 첫 번째, 자녀가 어떤 일을 할 때 재미있게 집중하는지를 잘 관찰해야 한다. 두 번째, 가치를 추구할 수 있도록 하려면 먼저 부모인 나의 가치기준이 무엇인가를 돌아볼 필요가 있다. 부모가 중요하게 여기는 가치기준이 생활태도로서 자녀에게 그대로 전달되기 때문이다. 특히 앞으로 과학문명이 발전할수록 사람들의 가치관이 어떠냐에 따라 모두가 함께 행복한 세상을 이룰 수도 있고 특정한 일부 계층에 부와 권력이 몰리면서 대부분의 사람들은 생계조차 힘들어지는 아찔한 상황이 올 수도 있다고 한다.

4차 산업혁명 시대를 한 단어로 정의하면 '연결'이라고 언급한 바 있다. 앞으로는 시대는 국가나 거리, 시간 등의 차이에 관계없이 세상 모든 것이 온라인에서 연결된다고 해도 과언이 아니다. 그렇다면 우리가 생각하는 세계화와는 차원이 다른 연결과 소통이 이뤄져서 업무가 진행될 것이다. 이렇게 전 세계의 다양한 사람들이 모여 아이디어를 공유하고 협업을 해 복잡한 문제해결과 새로운 분야를 창조해야 하는 시대가 열렸으니 자녀를 국제사회에서 인정받는 인재로 키워야 하지 않겠는가?

요즘 국제사회에서 리더로 인정하는 인재상의 핵심 2가지는 첫째, "자국의 역사와 문화 전통에 대한 이해를 토대로 한 교류가 가능한가?" 둘째, "지금 현재 인류가 겪고 있는 다양한 상황에 대해 관심을 갖고 해결해 나가려고 하는가?"다. 이러한 질문을 부모 자신에게 끊임없이 되물으며 자녀교육의 방향으로 삼기를 바란다.

당신의 자녀는 당신이 한 번도 가보지 않은 길을 가야 한다. 당신의 자녀를 홀로 등 떠밀어 그 길을 가게 할 것인지, 부모가 아이의 등불이 돼 길을 밝혀줄 것인지는 지금 이 순간의 선택에 달려 있다. 부모로서 자신의 삶부터 가치 있게 창조하고 그 가치가 지구상의 모든 생명과의 조화로운 삶을 위한 것일 때 당신의 삶의 모습이 자녀의 삶을 밝게 비추는 등불이 되고 부모를 존경할 수 있는 마음을 자녀에게 선물할 수 있을 것이다.

　인간의 무한한 창조성과 평화성을 깨워 모두에게 행복한 4차 산업혁명 시대를 만들어갈 것을 간곡히 바란다.

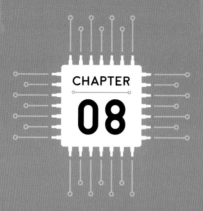

CHAPTER 08

4차 산업혁명 시대 스마트한 보안과 개인정보보호

이재원

- 현 사단법인 4차산업혁명연구원 연구원
- 현 남서울실용전문학교 경찰행정학과 교수
- 전 호원대학교 법경찰학부 겸임교수
- 전 강남직업전문학교 경찰행정학과 외래교수
- 전 광운대학교 사회복지대학원 민간경비 지도교수

4차 산업혁명을 맞이하면서 그 어느 때보다 보안과 개인정보 보호에 대한 위기감이 고조되고 있다. 최근에는 가정에 설치한 IP카메라를 몰래 해킹해 개인의 사생활이 무방비로 노출돼 전 국민들로 하여금 경각심을 일깨웠고 ATM기기를 해킹해 고객 금융정보를 범죄에 악용하는 사건도 발생했다. 또한 국방부 홈페이지에 북한의 해커조직이 침입해 국가의 중요한 군사기밀 및 작전내용이 고스란히 유출되는 사건도 발생했다. 이제는 개인, 가정, 기업, 정부, 개인사업자, 상점 등 휴대하는 모든 단말기, 예를 들어 스마트폰, 스마트워치, 웨어러블 기기, 노트북, 태블릿뿐만 아니라 서버, PC, 홈페이지 등이 불순한 의도를 가진 자들에게 무방비로 노출되는 것이 사실이다.

이에 필자는 4차 산업혁명 시대를 맞이해 스마트한 보안과 종류, 침해사례, 강화방안, 개인정보의 의미와 종류, 개인정보 보호법, 침해사례, 대응방안을 살펴보고자 한다.

1. 스마트한 보안

1) 보안이란?

보안(保安, Security)의 사전적인 의미는 '안전을 유지하다', '사회의 안녕과 질서를 유지한다'라고 볼 수 있다. 여기서는 스마트한 보안과 관련해 생각해보고자 한다.

최근에 EBS 방송국에서 방영한 과학다큐멘터리 〈비욘드〉는 개인이 휴대하는 스마트폰도 와이파이(Wifi)가 구현되는 상황에서 얼마든지 해커가 타인의 개인정보, 금융정보, 사진, 이미지, 파일, 동영상을 해킹하는 모습을 재연했으며 노트북에 설치된 공인인증서와 보안카드 등도 얼마든지 해킹이 가능하다는 것을 보여줬다. 뿐만 아니라 바이러스를 고의로 유포하거나 개인정보 또는 고객의 금융정보를 탈취해 범죄에 악용하는 사건들이 빈번하게 발생하고 있다. 특히 랜섬웨어는 시스템을 잠그거나 데이터를 암호화해 사용하지 못하도록 한 뒤 이를 풀어주는 대가로 금전을 요구하는 악성 프로그램이다.

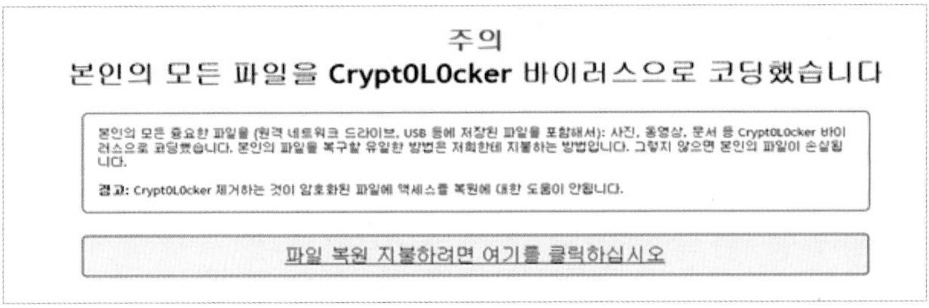

주의
본인의 모든 파일을 CryptOL0cker 바이러스으로 코딩했습니다

본인의 모든 중요한 파일을 (원격 네트워크 드라이브, USB 등에 저장된 파일을 포함해서): 사진, 동영상, 문서 등 CryptOL0cker 바이러스으로 코딩했습니다. 본인의 파일을 복구할 유일한 방법은 저희한테 지불하는 방법입니다. 그렇지 않으면 본인의 파일이 손실됩니다.

경고: CryptOL0cker 제거하는 것이 암호화된 파일에 액세스를 복원에 대한 도움이 안됩니다.

파일 복원 지불하려면 여기를 클릭하십시오

그림 01 랜섬웨어의 일종인 '크립토락커'에 감염된 모습 (출처 : 경찰청 사이버안전국)

2) 보안의 종류

(1) 개인이 휴대하고 있는 기기

개인이 휴대하고 있는 기기는 스마트폰, 태블릿, 노트북, 스마트워치 등이며 특히 스마트워치는 연동형 스마트워치와 단독형 스마트워치가 있는데 연동형 스마트워치는 스마트폰과 연동이 편리해 동기화도 편리하다는 장점이 있지만 스마트폰과 블루투스로 연결을 해야 제대로 된 사용할 수 있다는 단점이 있다. 단독형 스마트워치는 연동형 스마트워치와는 달리 단독으로 쓸 수 있게 무선 헤드셋, 마이크로폰, 통화/데이터용 모뎀, SIM카드 슬롯 등의 자체통신 기능을 갖고 있다는 장점이 있고 스마트폰과 동기화가 불가능하거나 까다롭다는 단점이 있다.

그림 02 스마트폰, 태블릿, 노트북

그림 03 스마트워치

(2) 가정에 설치된 IP카메라

가정에 설치된 IP카메라는 인터넷이 연결된 환경에서 언제 어디서든 볼 수 있으며 상, 하, 좌, 우로 움직일 수도 있고 자체에 웹 서버를 내장해 설계된 고성능의 디지털 카메라다. 가정에서는 방범용으로 범죄 예방 차원에서 설치하며 가사 도우미가 자녀를 잘 돌보고 있는지, 자녀들이 잘 지내는지를 볼 수 있으며 집을 비운 사이에 누군가 외부에서 침입하는 경우에 휴대하는 스마트폰에 침입사실을 알려주고 실시간으로 영상을 볼 수 있다.

IP카메라

(3) 기업에 설치된 기기

대형 서버

기업에 설치된 기기는 서버, PC, 노트북으로 전산실에서는 서버를 구축해 운영하며 시스템 인프라 구축, 팀별 회의 진행, e-mail 계정관리, 홈페이지 운영, 도메인 관리, 서버 관리 및 운영, 데이터 백업,

네트워크 관리, 전용회선 관리, 소프트웨어 관리, 장애처리 등 기업 내에서 업무를 유기적으로 처리하는 중요한 역할을 수행한다.

(4) 은행(금융권)에 설치된 기기

은행이나 금융권에 설치된 기기는 서버, PC, 무인 자동화기기다. 정보시스템부에서는 서버관리, 전용회선 관리, 장애 처리를 하며 특히 무인 자동화기기(CD/ATM)인 CD(현금 자동지급기)와 ATM(현금 자동 입출금기)은 마그네틱 띠가 있는 현금·직불·신용카드나 통장, 또는 IC칩을 탑재한 스마트카드 등을 통해 이용할 수 있다.

현금 자동 입출금기를 이용하면 계좌에 돈을 입금하거나 돈을 출금할 수 있고 당행 또는 타 은행 간 계좌이체를 할 수도 있으며 어떤 기기에서는 대출금을 상환하거나 보험료를 납부하기도 한다.

[그림 06] 무인자동화기기(CD/ATM)

(5) 정부에 설치된 기기

정부는 서버, PC, 홈페이지 구축 및 운영하고 있으며 특히 홈페이지는 인터넷상에서 어떤 웹사이트에 접속 할 때 가장 먼저 보이는 웹페이지로 기관 또는 단체의 웹사이트를 지칭한다. 웹페이지는 인터넷을 통해 텍스트, 그림, 영상, 음성 등의 정보를 제공하기 위해 만들어진 웹브라우저상의 문서다. 웹사이트(website)는 특정 서비스를 위해 구성된 웹페이지의 집합체다.

그림 07　행정안전부 홈페이지

(6) 백화점, 상점, 개인사업장에 설치된 기기

백화점, 상점, 개인사업장에 설치된 기기로 판매시점 정보관리 시스템(POS : point of sale)이 있다. 금전등록기와 컴퓨터 단말기의 기능을 결합한 시스템으로 매상금액을 정산할 뿐만 아니라 소매경영에 필요한 각종 정보와 자료를 수집·처리하는 시스템이다. POS는 물품 거래가 완료되는 장소다. 일반적으로 컴퓨터 시스템을 이용해 판매 시점 관리가 이뤄지면 상품의 제조·생산 단계에서 바코드 등을 이용해 관리의 효율성을 증대할 수도 한다. 또한 상품을 직접 구입하거나 음식점에서 식사를 하고 나서 계산대에서 카드로 결제하는 유용한 수단이다.

[그림 08] POS(판매시점 정보관리시스템)

3) 보안 침해 사례

(1) 가정 IP카메라 해킹으로 사생활 노출

경남경찰청 사이버수사대는 11월 2일 500여 곳에 설치된 IP카메라 2,600여 대를 해킹해 사생활을 몰래 엿보고 사진이나 동영상으로 촬영한 혐의(정보통신망 이용촉진 및 정보보호 등에 관한 법률 위반 등)로 이 아무개(29)·전 아무개(36)씨 등 30명을 불구속 입건했다.

IP카메라는 인터넷을 통해 컴퓨터나 스마트폰으로 조정하거나 정보를 주고받을 수 있는 카메라를 가리킨다. 경찰 조사결과 이들이 해킹한 IP카메라의 설치 장소는 가정이 대부분이었으며 나머지는 학원, 독서실, 식당, 사무실 등으로 다양했다. 이들에게 노출된 것은 일상생활 모습은 물론 옷을 갈아입거나 성관계 장면도 있었다. 이들은 성관계 등 은밀한 장면이 많이 보이는 카메라의 경우 줌, 각도조절 등 기능까지 작동시켜 더 세밀하게 관찰하고 촬영한 것으로 드러났다.

경찰이 이들의 컴퓨터를 압수해 분석한 결과 이들은 인터넷 카페 등에서 IP카메라 해킹방법을 익힌 뒤 인터넷에 이미 유출된 IP카메라 제조업체별 아이피를 이용해 닥치는 대로 해킹을 시도한 것으로 드러났다. 이 과정에서 개별 IP카메라의 비밀번호를 맞춰 접속에 성공하면 해킹을 했는데 해킹된 카메라는 대부분 '0000, 1111, 1234' 등 제조업체가 설정한 초기 비밀번호를 그대로 사용하거나 아예 비밀번호를 설정하지 않은 것들이었다.

이 씨 등 일부는 해킹으로 확보한 사진과 동영상을 파일로 저장하고 있는 것으로 드러났다. 이들은 단순히 호기심 때문에 해킹해서 사생활을 엿봤다고 진술했으나 경찰은 이들이 동영상 공유사이트 등 인터넷에 파일을 유포했을 가능성도 조사하고 있다. 이현순 경남경찰청 사이버수사대장은 "해킹당한 피해자 모두에게 이 사실을 알려줄 방침인데 통보받은 피해자들은 모두 황당해하며 일부는 IP카메라를 철거했다. 필요에 의해 IP카메라를 설치하는 사람은 반드시 무작위 숫자로 비밀번호를 설정해 해킹을 예방해야 할 것"이라고 말했다.

앞서 지난 9월 경기남부경찰청 사이버수사대도 같은 혐의로 임

아무개(23)씨 등 2명을 구속하고 전 아무개(34)씨 등 11명을 불구속 입건하는 등 최근 IP카메라 해킹 사건이 잇따르고 있다. (출처 : 〈한겨레〉 2017. 11.2)

(2) 금융권 ATM기 해킹 금융거래정보 유출

23만 건의 금융거래정보를 부정 사용한 일당이 잡혔다. 그런데 이 유출된 정보가 북한 해커가 국내 현금자동입출금기(ATM기)를 감염시켜 탈취·유통시킨 것이라는 것이 경찰청의 주장이다. 경찰청 사이버안전국은 악성코드를 통해 국내 ATM기 63대를 감염시켜 유출시킨 23만여 건의 전자금융거래정보를 북한 해커로부터 전달받아 유통하고 이를 이용해 카드를 복제, 사용한 피의자 4명을 검거해 정보통신망법위반 등의 혐의로 구속 송치했다.

경찰청 수사결과 북한 해커는 국내 ATM기 업체 백신서버의 취약점을 이용해 전산망을 해킹한 뒤 전국 대형마트 등에 설치된 ATM기 63대에 악성코드를 유포해 이 기기를 이용한 피해자들의 전자금융거래정보 23만 8,073건을 국내에 설치한 탈취서버를 통해 빼낸 것으로 확인됐다.

ATM기에서 유출된 정보는 ▲카드정보(카드번호, 유효기간, 비밀번호) ▲은행정보(결제은행, 결제계좌, 잔액) ▲개인정보(이름, 주민번호, 법인번호) 등이다. 피의자들은 북한 해커로부터 이 금융정보를 전달받아 한국, 대만, 태국, 일본 등 각국의 인출책들에게 유통하고 복제카드를 만들어 국내외에서 현금을 인출하거나 대금결제, 하이패스 카드 충전 등 부정 사용해온 것으로 확인됐다.

복제카드 사용내역은 ▲현금인출(국내외 8,833만 원) ▲대금결제 (1,092만 원) ▲하이패스 충전(339만 원)으로 승인 금액은 96명의 카드에서 1억 264만 원이며 거절 금액은 506명의 카드에서 3억 2,515만 원이다.

경찰청은 해외 정보판매 총책 C(45세, 남, 중국동포), 복제카드를 제작·부정 사용한 E(33세, 남, 한국), 현금을 인출한 G(24세, 남, 한국) 등 3명을 구속하고 국내 정보판매 총책 D(29세, 남, 한국)를 불구속(별건 구속) 송치했다. 범행 가담 후 해외로 도피한 피의자와 중국에 거주 중인 피의자들에 대해서는 인터폴 적색수배, 국제공조수사 등을 통해 계속 추적할 예정이라고 밝혔다. 경찰청 측은 이번 사건의 특징은 북한 해커로부터 받은 카드정보를 유통했다는 피의자 진술을 확보했다는 점이라고 밝혔다. 기존 사이버범죄 사건에서 악성코드 프로파일링과 접속로그 IP 추적으로 공격 주체를 북한으로 추정했던 것에서 한발 더 나아가 범행에 가담한 피의자들을 검거해 북한 해커 소행이라는 피의자 진술을 확보했다는 것이다.

경찰청은 지난 3월 2일 피해 발생과 동시에 수사에 착수해 KISA 및 금융보안원과 신속히 공유, 추가 공격을 차단했다. 경찰청 사이버안전국은 앞으로 유사사례가 발생하지 않도록 유관기관들을 통해 외부 원격접속 차단, 망 분리 등 ATM기 시스템 보안 강화 조치를 권고했다.

특히 북한의 사이버테러가 국내 범죄자와 결탁한 금융범죄로 확장되고 있다는 사실에 주목, 관련 첩보수집 및 수사 활동을 강화할 예정이다(출처 : 〈IT World〉 2017. 9. 6).

(3) 국방부 홈페이지 해킹

국방부 검찰단은 지난해 9월 발생한 국방망(國防網·내부 인트라넷) 해킹사건 수사결과 북한 해커 조직이 주도했다고 밝혔다. 군 검찰에 따르면 국방망 공격에 사용된 IP가운데 일부가 기존 북한 해커들이 주로 활용하던 중국 랴오닝(遼寧)성 선양(瀋陽) 지역 IP로 식별됐고 북한 해커들이 사용하는 악성코드와 유사했다.

이번 해킹으로 악성코드에 감염된 군 PC는 3,200여대에 달하는 것으로 조사됐다. 이 가운데 국방망 PC는 약 700대, 인터넷 PC는 약 2,500대로 한민구 국방부 장관의 인터넷 PC도 포함됐다. 군 검찰은 사건의 책임을 물어 기밀유출과 관련해 책임선상에 있는 국군 사이버사령관(육군 소장)과 국방통합 데이터 센터장(예비역 육군준장) 등 26명의 징계를 의뢰하고 한국국방연구원 사업관리자 등 7명의 비위사실을 각 기관에 통보했다.

한편 이번 사건을 통해 국방부의 대처가 또다시 도마 위에 올랐다. 국방부는 국가 중요 비밀까지 털린 이번 사건에 대한 진상조사 발표를 공교롭게도 대통령 선거를 불과 1주일여 앞두고 서둘러 발표했다. 이에 대해 군 수뇌부가 정권이 바뀌기 전에 서둘러 발표한 것이 차기 정권에서의 대대적인 문책을 피하기 위한 꼼수라는 지적이 나오고 있다.

그동안 군 내부에서는 8개월 가까이 진행된 국방망 해킹 사건에 대한 조사는 사실상 이미 마무리됐음에도 불구하고 군 수뇌부의 책임을 피할 수 있도록 발표 시기를 저울질해왔다는 관측이 나돌았는데 이것이 현실로 드러났다. 그리고 이번에 징계를 받은 규모가 솜

방망이라는 지적도 나오고 있다. 정권이 바뀌면 이 문제는 신정부의 정밀조사가 다시 이뤄질 수 있다. 이런 시도가 있을 경우 국방부는 '조사한 건을 다시 하는 것은 낭비'라는 주장을 명분으로 재조사에 강력하게 반대할 가능성도 있다. 결국 정권 교체 전 유야무야 얼버무리고 넘어가는 게 상책이라고 판단했을 수 있다.

또한 군 검찰은 이번에 어떤 군사자료가 유출됐는지에 대해서는 입을 다물고 있어 여전히 의혹이 남아 있다. 전면전을 수행하는 작전계획 5027이 유출됐을 가능성을 거론하나 완벽한 작전계획 유출은 없었다고 주장하고 있다. 한미가 지난 2015년 서명한 연합군의 대북 군사작전 계획 '작계 5015'가 해킹을 통해 통째로 털린 게 아니라 일부 유출됐지만 작계 내용 자체가 이미 상당수 변경돼 군사적으로 큰 타격은 없다는 것이다.

국방부는 군 기밀사항을 이유로 들며 어떤 군사비밀이 유출됐는지 여전히 숨기고 있다. 이에 대한 정밀하고 구체적인 스크린이 다시 이뤄져야 한다는 의견도 나오고 있다. 그리고 사이버 사고에 대한 책임 소재도 여전히 불분명하다는 분석도 있다.

이번 조사결과 발표에서 사고가 났을 때 컨트롤타워가 명확하지 않은 점도 확인됐다. 이 때문에 수사 과정에서 사고 예방과 책임을 놓고 사이버사령부와 기무사령부 사이에 알력이 발생하기도 한 것으로 알려졌다.

한편 군 당국은 이번 사건을 계기로 새로운 대책을 내놓았다. 국방부는 △해이한 보안의식을 강화하기 위해 전 장병 특별 정신교육 실시 △백신체계의 취약점 조치, 전군 바이러스 박멸작전 등을 통해 백신체계 정상화 운용 △전군 인터넷-국방망 비인가 연결접점 유무를 점검하고 망혼용 방지 대책 수립해 해커의 군 내부 망 침입 경로 제거 △전군 인터넷 PC, 국방망 악성코드 감염 PC를 모두 포맷해 악성코드에 의한 잠재적 위협 제거 등 4건의 긴급조치 사항을 올해 2월부로 완료했다고 밝혔다.

국방부는 또 이날 국방부 본부의 사이버 관련부서를 1개과에서 1개과, 1개 팀으로 확대하고 향후 관련부처와 협의해 조직을 보강하는 등 국방사이버 안보의 컨트롤타워 기능을 강화할 예정이라고 설명했다. 군은 또 육·해·공군에 이미 설치한 각 군 사이버 방호센터를 총괄할 국가사이버방호센터 창설도 검토 중인 것으로 알려졌다.

(출처 : 〈보안뉴스〉 2017. 5. 2)

4) 보안 강화 방안

(1) 개인

휴대하고 있는 스마트폰에 공인인증서, 보안카드, 웹사이트 아이디와 비밀번호, 중요한 파일, 이미지, 사진 등은 가급적 저장하지 않는 것이 바람직하다.

(2) 가정

IP카메라를 설치하고 난 후 제조업체가 설정한 비밀번호를 즉시 교체하고 주기적으로 변경할 필요가 있으며 관련 장비도 보안 프로그램을 설치해 업데이트해야 한다.

(3) 기업체, 정부

서버 및 홈페이지의 경우 방화벽 체제를 이중으로 구축함으로써 불순한 의도로 접근하는 해커를 조기에 탐지하거나 침입을 원천적으로 차단하고, 추적할 수 있는 시스템을 구축해야 한다.

(4) 금융권

전산실에서 서버, PC, 창구 단말기, 무인 자동화기기 등 보안체계를 수립해 강화할 필요가 있으며 특히 해커의 불법 침입으로 고객의 개인정보, 금융거래 정보유출로 인한 막대한 피해를 사전에 원천적으로 차단하는 보안조치가 시급하다고 본다.

(5) 대형 백화점, 상점, 개인사업자

POS시스템은 편리성, 유용성 측면에서 중요한 역할을 하지만 보안체계가 허술하며 고객의 금융정보가 유출될 우려가 높으므로 POS시스템 설치업체로 하여금 보안시스템을 강화하는 방안을 적극적으로 모색해야 한다.

2. 개인정보 보호

1) 개인정보

개인정보는 '살아 있는 개인에 관한 정보로 성명, 주민등록번호 및 영상 등을 통해 개인을 알아볼 수 있는 정보(해당 정보만으로는 특정 개인을 알아볼 수 없더라도 다른 정보와 쉽게 결합해 알아볼 수 있는 것을 포함한다'를 말한다(개인정보보호법). 또한 개인정보는 생존하는 개인에 관한 정보로서 성명, 주민등록번호 등에 의해 특정한 개인을 알아볼 수 있는 부호·문자·음성·음향 및 영상 등의 정보다(해당 정보만으로는 특정 개인을 알아볼 수 없더라도 다른 정보와 쉽게 결합해 알아볼 수 있는 것을 포함. 정보통신망 이용촉진 및 정보보호 등에 관한 법률).

2) 개인정보의 의미 (개인정보보호법 제2조제1호)

개인정보보호법령 지침, 고시 해설(행정안전부, 2016)에 의하면 개인정보의 의미는 다음과 같다.

(1) '살아 있는' 개인에 관한 정보여야

개인정보보호 법령상 개인정보는 '살아 있는' 자연인에 관한 정보이므로 사망했거나 실종선고 등 관계법령에 의해 사망한 것으로 간주되는 자에 관한 정보는 개인정보로 볼 수 없다. 다만, 사망자의 정보라고 하더라도 유족과의 관계를 알 수 있는 정보는 유족의 개인정보에 해당한다.

(2) '개인에 관한' 정보여야

개인정보의 주체는 자연인이어야 하며 법인 또는 단체에 관한 정보는 개인정보에 해당하지 않는다. 따라서 법인 또는 단체의 이름, 소재지 주소, 대표 연락처(이메일 주소 또는 전화번호), 업무별 연락처, 영업 실적 등은 개인정보에 해당하지 않는다. 또한 개인사업자의 상호명, 사업장 주소, 전화번호, 사업자등록번호, 매출액, 납세액 등은 사업체의 운영과 관련한 정보로 원칙적으로 개인정보에 해당하지 않는다.

그러나 법인 또는 단체에 관한 정보이면서 동시에 개인에 관한 정보인 대표자를 포함한 임원진과 업무 담당자의 이름, 주민등록번호, 자택 주소 및 개인 연락처, 사진 등 그 자체가 개인을 식별할 수 있는 정보는 개별상황 또는 맥락에 따라 법인 등의 정보에 그치지 않고 개인정보로 취급될 수 있다.

사람이 아닌 사물에 관한 정보는 원칙적으로 개인정보에 해당하지 않는다. 그러나 해당 사물 등의 제조자 또는 소유자 등을 나타내는 정보는 개인정보에 해당한다. 예를 들어 특정 건물이나 아파트의 소유자가 자연인인 경우, 그 건물이나 아파트의 주소가 특정 소유자를 알아보는데 이용된다면 개인정보에 해당한다.

'개인에 관한 정보'는 반드시 특정 1인만에 관한 정보여야 한다는 의미가 아니며 직·간접적으로 2인 이상에 관한 정보는 각자의 정보에 해당한다. SNS에 단체사진을 올린다면 사진의 영상정보는 사진에 있는 인물 모두의 개인정보에 해당하며 의사가 특정 아동의 심리치료를 위해 진료기록을 작성하면서 아동의 부모 행태 등을 포함했다면 그 진료기록은 아동과 부모 모두의 개인정보에 해당한다. 다만 특정 개인에 관한 정보임을 알아볼 수 없도록 통계적으로 변환된 '○○기업 평균 연봉', '○○대학 졸업생 취업률' 등은 개인정보에 해당하지 않는다.

이처럼 개인정보 해당성 여부는 구체적 상황에 따라 다르게 평가될 수 있다. 예를 들어 '휴대 전화번호 뒤 4자리'를 개인정보라고 본 판례가 있으나 이는 다른 정보와의 결합가능성 등을 고려해 개인 식별가능성이 있으므로 개인정보로 본 것이다. 만약 다른 결합가능 정보가 일절 없이 오로지 휴대전화번호 뒤 4자리만 있는 경우에는 개인정보에 해당하지 않는다고 봐야 할 것이다.

(3) '정보'의 내용, 형태 등 제한 없어

정보의 내용, 형태 등은 특별한 제한이 없어서 개인을 알아볼 수 있는 모든 정보가 개인정보가 될 수 있다. 즉 디지털 형태나 수기 형태, 자동 처리나 수동 처리 등 그 형태 또는 처리방식과 관계없이 모두 개인정보에 해당할 수 있다.

정보주체와 관련돼 있으면 키, 나이, 몸무게 등 '객관적 사실'에 관한 정보나 그 사람에 대한 제3자의 의견 등 '주관적 평가' 정보 모두 개인정보가 될 수 있다. 또한 그 정보가 반드시 '사실'이거나 '증명된 것'이 아닌 부정확한 정보 또는 허위의 정보라도 특정한 개인에 관한 정보면 개인정보가 될 수 있다.

(4) 개인을 '알아볼 수 있는' 정보여야

'알아볼 수 있는'의 의미는 해당 정보를 '처리하는 자'의 입장에서 합리적으로 활용될 가능성이나 수단을 고려해 개인을 알아볼 수 있다면 개인정보에 해당한다. 현재 처리하는 사람 외에도 제공 등에 따라 향후 처리가 예정된 사람도 포함된다. 여기서 '처리'란 개인정보 보호법 2조 제2호에 따른 개인정보의 수집, 생성, 연계, 연동, 기록, 저장, 보유, 가공, 편집, 검색, 출력, 정정(訂正), 복구, 이용, 제공, 공개, 파기(破棄), 그 밖에 이와 유사한 행위를 말한다.

한편 주민등록번호와 같은 고유 식별정보는 해당 정보만으로도 정보

주체인 개인을 알아볼 수 있지만 생년월일의 경우에는 같은 날 태어난 사람이 여러 사람일 수 있으므로 다른 정보 없이 생년월일 그 자체만으로는 개인을 알아볼 수 없다.

(5) 다른 정보와 '쉽게 결합해' 개인을 알아볼 수 있는 정보도 포함

'쉽게 결합해'의 의미는 결합 대상이 될 정보의 '입수 가능성'이 있어야 하고 '결합 가능성'이 높아야 함을 의미한다. '입수 가능성'은 두 종 이상의 정보를 결합하기 위해 결합에 필요한 정보에 합법적으로 접근·입수할 수 있어야 함을 의미하나 해킹 등 불법적인 방법으로 취득한 정보까지 포함한다고 볼 수는 없다.

'결합 가능성'은 현재의 기술 수준을 고려해 비용이나 노력이 비합리적으로 수반되지 않아야 함을 의미하며 현재의 기술 수준에 비춰 결합이 사실상 불가능하거나 결합하는데 비합리적인 수준의 비용이나 노력이 수반된다면 이는 결합이 용이하다고 볼 수 없다. 따라서 공유·공개될 가능성이 희박한 정보는 합법적 입수 가능성이 없다고 봐야 하며 일반적으로 사업자가 구매하기 어려울 정도로 고가의 컴퓨터가 필요한 경우라면 '쉽게 결합'하기 어렵다고 보아야 한다.

3) 개인정보의 유형

(1) 개인정보의 유형1

개인정보의 유형1은 '인적사항'이다. 성명, 주민등록번호, 주소, 본적지, 생년월일, 출생지, 전화번호 등 연락처, 이메일, 주소, 가족관계 및 가족구성원 정보 등이다.

그림 09　인적사항 (출처 : KISA 온라인 개인정보보호포털)

(2) 개인정보의 유형2

개인정보의 유형2는 '신체적 정보'다. 신체정보는 얼굴, 음성, 홍채, 유전자정보, 지문, 키, 몸무게 등이다. 의료·건강정보는 건강상태, 진료기록, 신체장애, 장애등급, 병력 등이다.

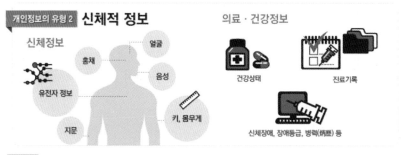

그림 10　신체적 정보 (출처 : KISA 온라인 개인정보보호포털)

(3) 개인정보의 유형3

개인정보의 유형3은 '정신적 정보'다. 기호·성향정보는 도서 및 비디오 등 대여기록, 웹사이트 검색 내역 등 잡지 구동정보, 물품 구매내역이다. 내면의 비밀정보는 사상, 신조, 종교, 가치관, 정당·노조 가입여부 및 활동내역 등이다.

그림 11 정신적 정보 (출처 : KISA 온라인 개인정보보호포털)

(4) 개인정보의 유형4

개인정보의 유형4는 '사회적 정보'다. 교육정보는 학력, 성적, 출석상황, 자격증 보유내역, 상벌기록, 생활기록부 등이다. 병역정보는 병역여부, 군번, 계급, 근무부대 등이다. 법적정보는 전과·범죄 기록, 재판기록, 과태료 납부내역 등이다. 근로정보는 직장, 고용주, 근무처, 근로경력, 상벌기록, 직무평가기록 등이다.

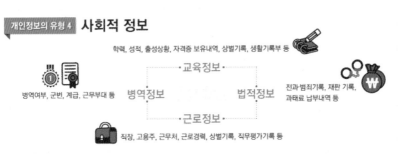

그림 12 사회적 정보 (출처 : KISA 온라인 개인정보보호포털)

(5) 개인정보의 유형5

개인정보의 유형5는 '재산적 정보'다. 개인금융·신용정보는 소득, 신용카드번호, 통장계좌번호, 동산·부동산 보유내역, 저축내역 등 신용평가정보, 대출 또는 담보설정 내역, 신용카드 사용내역 등이다. 기타는 전화 통화내역, 웹사이트 접속내역, 이메일 또는 전화메시지, 기타 GPS 등에 의한 위치정보 등이다.

그림 13 재산적 정보 (출처 : KISA 온라인 개인정보보호포털)

4) 개인정보의 중요성

《개인정보보호 현장 실무 테크닉》(이기혁 외 2명, 인포더북스, 2016)에서는 개인정보의 중요성을 다음과 같이 정리하고 있다.

(1) 개인정보의 순기능

① 개인정보 공급자 측면

재화 구매에 따른 거래 비용 절감, 행정서류의 발급비용 절감 등 비용의 감소 효과와 인터넷 커뮤니티의 이용에 의한 정보교환, 행정 참여 등 효용이 증대하는 효과가 있다.

② 개인정보 수요자 측면

본인 확인 비용절감 등 비용의 감소와 마케팅 효과 제고 등을 통한 매출의 증대, 업무 분산을 통한 효율성 증대 등이다.

(2) 개인정보의 역기능

① 개인정보 공급자 측면

휴대전화 및 이메일의 스팸 증가, 개인정보 도용에 따른 정정비용 발생, 금융계좌에서 불법인출 등이다.

② 기업 측면

개인정보 이용에 따른 관리·기술·물리적 인프라 비용의 증가, 개인정보 유출에 따른 천문학적인 손해배상, 형사처벌 및 과태료 부과 위험, 회원탈퇴, 매출급감, 브랜드 이미지 악화 등 피해가 발생할 수 있다.

5) 개인정보보호법의 주요 내용

(1) 규율 대상

① 공공·민간 통합 규율로 법 적용 대상을 확대
- 현행법의 적용을 받지 않는 오프라인 사업자, 의료기관, 협회·동창회 등 비영리단체, 개인, 국회, 법원, 헌법재판소, 중앙선거관리위원회, 중앙행정기관 및 그 소속기관, 지방자치 단체, 그 밖에 국가기관 및 공공단체 중 대통령령으로 정하는 기관이다.
- 개별법 우선 적용, 그 이외의 부분은 개인정보보호법을 적용한다.

- 분야별로 개인정보를 규율하는 별도의 개별법이 있는 경우 개별법을 우선 적용한다.
- 공공기관 개인정보보호에 관한 법률은 폐지한다.

② 보호 범위
- 주민자치센터, 민원신청 서류 등 종이문서에 기록된 개인정보도 보호대상 포함한다.
- 고객뿐만 아니라 근로자의 개인정보까지 포함한다.

③ 수집·이용 및 제공기준
- 공공, 민간을 망라하는 개인정보 처리원칙과 기준을 제시한다.

④ 고유 식별정보처리 제한
- 원칙적으로 처리를 금지한다.

⑤ 정보주체의 별도 동의, 법령의 근거가 있는 경우 등은 예외를 허용한다.
- 인터넷상 주민등록번호 외의 회원가입방법 제공 의무화 대상을 확대한다.
(정보통신서비스 제공자에서 공공기관, 일부 민간분야 개인정보 처리자)
※ 대통령령에서 의무화 대상 규정

⑥ 영상정보 처리기기 규제

- 공개된 장소에 설치 운영하는 영상정보처리기기 규제를 민간까지 확대하며 공개된 장소인 백화점·아파트 등 건물주차장, 상점 내·외부 등에 영상정보처리기기를 설치할 때는 법령, 범죄예방·수사, 시설안전 및 화재예방, 교통단속을 위해 설치가 가능하다.
- 규율 대상을 기존 폐쇄회로 텔레비전(CCTV)에서 네트워크 카메라도 포함한다.

⑦ 텔레마케팅 등 규제

- 마케팅을 위해 개인정보처리에 대한 동의를 받을 때 다른 개인정보 처리에 대한 동의와 동의를 받지 않도록 명시적으로 규정한다. 정보주체가 알기 쉽도록 고지하고 동의를 받아야 한다.
- 모든 개인정보 처리자는 마케팅 업무 위탁 시 정보주체에게 위탁업무 내용 및 수탁자를 고지해야 한다(정보통신서비스 제공자에서 공공기관, 모든 개인정보 처리자로 규제대상을 확대한다).

⑧ 개인정보 파일 등록·공개 및 영향평가

- 공공기관이 개인정보 파일 보유 시 행정안전부 장관에게 등록해야 한다.
- 행정안전부 장관은 등록사항을 공개해야 한다.
- 공공기관 대규모 개인정보 파일 구축 등 침해위험이 높은 경우에는 사전영향평가 실시를 의무화한다. 민간은 자율 시행한다.

⑨ 유출 통지

　- 정보 주체에게 개인정보 유출사실 통지를 의무화한다.

　- 일정 규모 이상의 개인정보 유출 시 전문기관에 신고한다.

⑩ 개인정보 집단 분쟁

　- 다수의 정보주체에게 같거나 비슷한 유형으로 발생하는 개인
　　정보 침해에 대해 분쟁조정 위원회에서 일괄 접수 및 처리할
　　수 있다.

⑪ 단체 소송

　- 소비자단체(소비자연맹 등)를 통해 개인정보 침해를 입은 정보
　　주체가 법원에 단체소송을 제기하는 제도를 도입한다.

　　※ 권리침해 금지·중지 청구 소송(손해배상 제외)

⑫ 개인정보의 정정, 삭제

　- 정보주체의 개인정보 삭제, 처리정지 요구 권리를 추가한다.

　- 정정, 삭제 결과 통보 의무 등 구체화한다.

⑬ 수집, 동의 시 개인정보처리자의 입증책임 부과

　- 정보 수집 시 그 목적에 필요한 최소한의 개인정보를 수집해야
　　하고 이 경우 최소한의 개인정보 수집이라는 입증책임은 개인
　　정보처리자가 부담한다.

　- 필요한 최소한의 정보 외의 개인정보 수집에는 동의하지 않을

수 있다는 사실을 구체적으로 알려야 한다.

⑭ 개인정보 보호위원회 설치

   – 대통령 소속 개인정보 보호위원회를 설치한다.

    공공·민간 부문 개인정보 보호정책을 심의하는 기구다.

   – 개인정보 분쟁조정위원회의 기능을 확대한다.

    공공·민간 분쟁을 조정한다.

6) 개인정보 유출 사건

(1) K은행 개인정보 유출

지난 2006년 3월 15일 K은행과 복권 서비스 이용계약을 체결한 인터넷 주택복권통장을 개설한 회원을 대상으로 최근 3개월 동안 서비스를 이용하지 않은 고객 3만 2,000여명의 회원들의 성명, 주민등록번호, 이메일 주소, 최근 접속일자가 수록된 파일을 고객에게 전송했다. K은행은 미열람한 이메일은 전부 회수했고 열람한 고객들에게 전화 또는 이메일을 통해 삭제를 요청했다. 웹사이트에 고객정보유출 피해접수센터를 개설해 고객정보 유출여부 조회 및 피해접수 창구를 마련했다.

(2) G정유사 자회사에 개인정보 유출

G정유사는 자회사에게 보너스 카드 서비스 및 GS&POINT 서비스 홈페이지의 관리 업무·고객관리센터 및 마케팅 대행업무를 위탁했다. 자회사의 시스템 및 네트워크 관리직원이 개인정보를 지난 2008년 7월부터 8월까지 약 1달에 걸쳐 자신의 관리자 권한을 이용해 자회사의 서버

에 접속하고 개인정보를 이동저장장치에 옮겨 담아 빼냈다. 관리업체의 불법행위에 대한 손해배상책임을 물어 집단소송을 제기한 사건이었다.

(3) S회사 해킹사건

지난 2011년 7월 포털 서비스업을 하는 S회사가 제공하는 온라인 서비스에 저장된 가입자 3,500만 명 전원의 아이디, 비밀번호, 이름, 주민등록번호, 연락처 등이 중국의 해커에 의해 최대 규모의 개인정보가 유출된 사건이 있었다. S회사 내부 직원들이 사용하는 E회사의 압축 프로그램의 서버를 해킹해 이용자들이 업데이트를 실행하면 압축 프로그램을 통해 해킹프로그램이 설치되도록 했으며 관리자 계정이 해킹된 사건이었다.

(4) K카드, L카드, N카드 개인정보 유출

지난 2013년 6월 K신용평가사 직원이 카드사로 파견을 가서 주요 카드사의 고객 개인정보를 유출시켜 대출 광고업자와 대출 모집인에게 넘긴 사건으로 2,000만 명의 개인정보가 유출된 사건이다. 카드 사는 7개월 동안 인지하지 못하다가 지난 2014년 1월 검찰의 발표로 알게 됐으며 K신용평가사 직원과 고객의 개인정보를 구입한 대출정보업자를 구속하고 대출모집인을 불구속했다.

(5) U투자선물과 국내 학술논문 사이트 D사 개인정보 유출

지난 2017년 7월 25일 U투자선물과 국내 학술논문 사이트 D사에서 해커에 의해 3,300만 건 개인정보가 유출됐다. U투자선물의 경우는 상속인 금융거래조회 민원 서비스를 이용한 특정고객을 대상으로 했으며 국내 학술 논문사이트 D사는 개인회원 이름, 아이디, 생년월일, 전화번호 등이 유출됐다. 인천지방경찰청 사이버수사대는 U투자선물과 국내 학술논문 사이트 D사에서 3,300만 건이 넘는 개인정보를 해킹한 송모씨를 구속했다.

7) 개인정보 보호방안

2013년 한국방송통신위원회와 한국인터넷진흥원(KISA)이 내놓은 이용자 개인정보보호교육자료에 따르면 효과적인 개인정보 보호를 위해 해야 할 일은 다음과 같다.

(1) 개인정보 피해예방수칙

① 회원가입을 하거나 개인정보를 제공할 때에는 개인정보취급방침 및 약관을 꼼꼼히 본다.

② 타인이 자신의 명의로 신규 회원가입 시 즉각 차단하고 이를 통지받을 수 있도록 명의 도용 확인서비스를 이용한다.

③ 가급적 안전성이 높은 주민번호 대체수단(아이핀 : i-PIN)으로 회원가입을 하고 꼭 필요하지 않은 개인정보는 입력하지 않는다.

④ 자신이 가입한 사이트에 타인이 자신인 것처럼 로그인하기 어렵도록 비밀번호를 주기적으로 변경한다.

⑤ 회원가입 시 비밀번호를 타인이 유추하기 어렵도록 영문, 숫자 등을 조합해 8자리 이상으로 설정한다.

⑥ 자신의 아이디와 비밀번호, 주민번호 등 개인정보가 공개되지 않도록 주의해 관리하며 친구나 다른 사람에게 절대로 알려주지 않는다.

⑦ 개인정보가 유출된 경우 해당 사이트 관리자에게 삭제를 요청하고 처리되지 않는 경우 즉시 개인정보침해신고센터(118, www.118.or.kr)에 신고한다.

⑧ 금융거래 시 신용카드 번호와 같은 금융정보 등을 저장할 경우 암호화해 저장하고 되도록이면 공개된 PC방 등 개방된 장소를 이용하지 않는다.

⑨ 인터넷에서 아무 자료나 함부로 다운로드하지 않는다.

⑩ 인터넷에 올리는 데이터에 개인정보가 포함되지 않도록 하며 P2P로 제공하는 자신의 공유폴더에 개인정보 파일이 저장되지 않도록 한다.

(2) 스마트폰 이용 시 주의사항

① 의심스러운 애플리케이션은 절대로 다운받지 않는다.

② 신뢰할 수 없는 사이트는 가능한 한 방문하지 않는다.

③ 발신인이 불명확하거나 의심스러운 메시지 및 메일은 바로 삭제한다.

④ 비밀번호 설정 기능을 이용하고 정기적으로 비밀번호를 변경한다.

⑤ 블루투스 기능 등 무선 인터페이스는 사용 시에만 켜놓는다.

⑥ 이상증상이 지속될 경우에 악성코드 감염 여부를 확인한다.

⑦ 다운로드한 파일은 바이러스 유무를 검사한 후 사용한다.

⑧ PC에도 백신프로그램을 설치하고 정기적으로 바이러스를 검사한다.

⑨ 스마트폰 플랫폼의 구조를 임의로 변경하지 않는다.

⑩ 운영체제 및 백신프로그램을 항상 최신 버전으로 업데이트한다.

(3) 데이터 보안기술방안

① 데이터베이스 암호화 방식으로 중요정보를 암호화해서 저장하고 조회 시 자동으로 복구하는 기능이다. 정상적으로 조회 전까지 정보는 알아볼 수 없는 형태로 저장되도록 한다.

② 데이터베이스 방화벽은 접근내역에 대한 기록, 감시기능, 접근통제기능, 권한 제어기능을 주 기능으로 한다.

③ 홈페이지를 통한 개인정보 유출방지 기술은 홈페이지와 웹 사용자의 통신내용 중에 개인정보가 포함됐는지를 검사하고 정책에 따라 정보조회나 업로드를 차단하는 기술이다.

④ 문서 암호화기술은 PC상의 파일을 암호화해 해킹이나 분실, 실수로 인해 파일이 외부에 유출되더라도 내용을 알 수 없으므로 보호할 수 있다.

현대인은 바쁜 업무와 일상생활을 하면서도 타인과 소통을 적극적으로 하고 있다. 카카오톡, 밴드, 페이스북, 라인, 인스타그램, 유튜브 등 SNS를 통해서 서로 안부도 전하고 사진, 이미지, 동영상을 올리며 자신의 근황을 적극적으로 알리기도 한다.

과거에는 유선 통화나 문자메시지를 통해서 일일이 확인하는 번거로움이 있었지만 이제는 조금만 노력해도 많은 사람들과 SNS를 통해 친밀감을 더할 수 있다. 하지만 개인이 휴대한 스마트폰, 태블릿 PC, 웨어러블 기기, 노트북이나 가정에 설치된 IP카메라, 학교, 기업, 정부, 금융권 무인자동화기기(CD/ATM), 언론사, 방송국, 인터넷 쇼핑몰 등의 서버나 홈페이지에 불법으로 접속해 바이러스를 유포해 마비시키거나, 중요한 개인정보를 해킹해 빼냄으로써 고객정보나 금융정보를 범죄에 악용하는 사건이 점차로 늘어나고 있는 추세다.

이제는 더 이상 이런 사건들이 재발하지 않도록 정부, 업계, 학계가 유기적으로 공조하는 시스템 구축이 절실히 필요하다고 본다. 최근에 개인정보보호법에 개인정보 유출에 따른 징벌적 손해배상제도 및 법정

손해배상제도, 피해자의 권리구제 방안에 대한 강화와 법적 책임 등이 도입된 것은 매우 고무적인 일이라 할 수 있다.

참고자료

- 이기혁 외 2명, 《개인정보보호 현장 실무 테크닉》, 인포더북스, 2016
- 《개인정보보호법령 지침·고시 해설》, 행정안전부, 2016
- 이용자 개인정보보호 교육, 방송통신위원회, KISA 한국인터넷진흥원, 2013
- 위키피디아
- 네이버 지식백과
- 《보안뉴스》 (2017. 5. 2)
- 《한겨레신문》 (2017. 11. 2)
- 《IT world》 (2017. 9. 6)
- www.i-privacy.kr
- www.law.go.kr
- www.privacy.go.kr
- www.sharedit.co.kr

CHAPTER 09

4차 산업혁명의
본질(本質)과
미래 일자리

이창원

- 미래일자리연구소 대표
- ESSCO 컨설팅 기술이사
- 사단법인 4차산업혁명연구원 전문강사
- Seri.org 미래예측포럼/4차산업혁명포럼
- e-mail : cwlee1120@naver.com
- 홈페이지 : http://www.miraejob.kr
- 블로그 : http://blog.naver.com/cwlee1120
- 카카오톡 : cwlee1120

PROLOGUE

"우리는 단기적으로 과학기술을 과대평가하는 경향이 있다. 하지만 장기적으로는 과소평가한다." – 아서 클라크(Arthur C. Clarke)

　혹시 〈은하철도 999〉라는 만화영화를 본 적이 있는가? 필자의 유년 시절을 온통 상상의 세계로 물들였던 이 만화에서 주인공 '철이'는 기계 인간에 의해 엄마를 잃고 복수를 하기 위해 신비의 여인 '메텔'의 도움으로 은하철도 999라는 기차를 타고 우주여행길에 오르게 된다. 어린 소년인 필자의 눈에는 엄마를 잃은 슬픔이나 기계가 아닌 인간 고유의 존엄과 가치라는 좀 더 고차원적인 생각보다 이제 곧 기차가 우주를 날고, 사람들이 모두 기계의 몸으로 영원한 생명을 얻는다는 유토피아적인 감상이 더 기억에 남는다. 시대 배경이 서기 2021년이니 더더욱 그런 생각을 갖기에 무리가 없었으리라(일본 원작에서는 2221년으로 설정).

　최근 1~2년 한국 사회를 관통한 대표 키워드 중 하나는 단연 '4차 산업혁명'이다. 인공지능과 로봇이 인간을 대체할 시대가 다가왔다는 메시지도 심심찮게 들린다. 그도 그럴 것이 지난해 우리는 '인공지능'이라는 얼굴 없는 기계가 인간 대표 바둑기사를 이겨버린 사건을 통해 인류가 앞으로 경험하게 될 생경한 미래사회의 모습을 어렴풋이 떠올려보지 않았던가! 과연 많은 사람들이 이야기하듯 IT나 과학 영역에서 한 번에 세상이 바뀔 수 있는 것일까? 그러나 대다수 학자들과 전문가들은 단기간에 바뀌지 않을 것이라는 입장이다. 더욱 중요한 건 일반인에게 와닿지 않는다는 점이다. 은하철도 999에서처럼 기차가 하늘을 날고 기계인간들이 활보하기는커녕 아직도 저녁이면 사람냄새 물씬 나는 뒷골목 선술집의 왁자지껄한 소음에 더 익숙한 것을 보니 아직은 미래라는 어렴풋한 실체가 현실이 되지는 않은 모양이다.

첨단 과학기술이 사회를 혁신적으로 바꾸게 될 것이고, 로봇이 인간을 대체할 것이라는 막연한 기대와 불안만이 허공을 맴돌고 있다. 4차 산업혁명이라는 새로운 건축 설계도가 마련됐다면 그것을 통해 구체적으로 기반을 다지고, 뼈대를 세우고, 설비를 하는 등 구체적인 행동들이 뒤를 이어야 하지만 정작 우리는 인공지능과 같은 신기술에만 집착해 허둥지둥하고 있는 것은 아닌지 의문이 든다. '망치를 가지면 못밖에 보이지 않는다'라는 말처럼, 우리는 보고 싶은 것만 보고 알고 싶은 것만 찾고 있는 것은 아닐까? 지난 2017년 5월 한국과학기술단체 총연합회에서는 '4차 산업혁명에 대한 과학기술계 인식 조사'를 진행했다. 그 결과 과학기술인 2,350명 가운데 89%가 '현재 4차 산업혁명이 진행되고 있다'고 답했다. 그렇다면 4차 산업혁명이란 정말 그 실체가 있는 것일까? 기술인들 그들만의 잔치인가? 아니면 단순히 과학기술의 발전을 등에 업은 대기업의 한낱 마케팅적 수사에 불과한 것일까?

필자는 20여 년간 IT 업종에 종사하며 최신 정보기술을 활용한 컴퓨터 산업계의 흐름에 대해 나름대로 분석하고 새로운 비전을 모색해오고 있다. 이 과정에서 기술의 발전과 일반인들이 느끼는 현실 사이에는 큰 괴리가 있음을 느껴왔다. 그러나 지금 이 순간 우리는 4차 산업혁명이라는 대변혁의 전조가 소리 소문도 없이 우리들 삶 속으로 스며들고 있음을 알아채야 한다.

지난 2016년 1월 개최된 세계경제포럼(WEF, 일명 다보스포럼)의 주제로 4차 산업혁명이 논의된 이후 4차 산업혁명에 대한 세간의 관심이 증폭됐다. 물론 그 이전부터 이미 세계 각국 정부와 산업계는 새로운 미래의 청사진 마련에 분주한 모습을 보였다. 민간의 ICT기술을 바탕으로 인공지능, 빅데이터, 사물인터넷(IoT) 부문에서 글로벌 리더십을 강화하려는 미국의 '미국혁신전략(Strategy for American Innovation)'과 '첨단제조파트너십(Advanced Manufacturing Partnership)', 제조업 기반의 스마트 팩토리(Smart Factory)를 강조한 독일의 '인더스트리 4.0(Industry 4.0)', 스마트제조와 로봇신전략을 밝힌 일본의 '일본 재흥(再興)전략 2015', 인터넷의 고도화 및 제조업과의 융합을 강조한 중국의 '중국제조 2025'와 '인터넷 플러스 전략' 등에서 볼 수 있듯이 주요국 정부는 4차 산업혁명을 자국의 기술 및 제조업 혁신의 기회로 활용하기 위해 전면에 나서고 있다([표1] 참조).

우리 정부 또한 '4차 산업혁명'을 최우선 국정과제로 설정하고 대통령 직속 '4차 산업혁명 위원회'를 2017년 10월 공식 출범시켰다. 이와 함께 기업이 제조업 혁신을 주도할 수 있도록 환경 조성에 주력하고 있으며 IT와 소프트웨어와의 융합을 통해 제조업의 새로운 부가가치 창출 및 경쟁 우위를 확보하기 위해 오는 2020년까지 1만 개 공장의 스마트화를 추진하겠다는 '제조업 혁신 3.0 전략'을 시행하고 있다. 또한 혁신 성장의 혜택이 사회 전반에 배분되도록 중소벤처 중심의 경제 환경을 구축하는 전략도 마련하고 있다.

[표1] 주요국의 산업 경쟁력 강화 전략

국가	주요 내용
미국	– 첨단 제조파트너십(AMP), 첨단 제조업 육성을 위한 국가 전략 수립 • 첨단 제조 혁신을 통해 국가 경쟁력 강화 및 일자리 창출, 경제 활성화
독일	– 제조업 주도권을 이어가기 위해 'Industry 4.0' 발표 • ICT와 제조업의 융합, 국가간 표준화를 통한 스마트 팩토리 등을 추진
중국	– 혁신형 고부가 산업으로의 재편을 위해 '제조업 2025'를 발표 • 30년 후 제조업 선도국가 지위 확립 목표
일본	– 일본 산업부흥전략, 산업 경쟁력 강화법 • 비교 우위산업 발굴, 신 시장 창출, 인재 육성 및 확보 체계 개혁, 지역 혁신
한국	– 제조업 혁신 3.0 전략 • IT 융합, 스마트 생산방식 확산, 제조업 소프트 파워 강화 등

물론 생산과 분배의 경제학적 관점에서 제조업의 흥망이 곧 국가의 생사가 걸린 중대한 사안임을 부인할 수는 없지만 우리들에게 4차 산업혁명은 먹고 사는 문제 즉, 미래일자리 문제와 더 밀접하게 맞닿아 있다. 매일같이 들려오는 인공지능과 로봇으로 인한 대량실업사태에 대한 우려는 불안을 넘어 자칫 사회 혼란을 야기할 정도로 그 여파가 크다. 국내 포털 사이트에서 '4차 산업혁명'이라고 검색해보라. 자동완성 단어를 보면 '4차 산업혁명 직업, 교육, 일자리' 등이 상위에 랭크돼 있음을 확인할 수 있다. 그만큼 4차 산업혁명이라 하면 자연스럽게 일

자리와 교육을 연상할 만큼 우리들의 불안이 크다는 사실을 확인할 수 있다.

그림 01 NAVER '4차 산업혁명' 자동완성

　본서의 목적은 이미 우리 곁에 와 있는 '4차 산업혁명'이란 무엇이며 그와 함께 필연적으로 발생하는 미래 일자리 문제를 현재까지 논의된 범위 안에서 알기 쉽게 풀어내는 것이다. 그리 함으로써 쓸데없는 환상, 불필요한 불안감들을 갖지 않기를 바라는 마음이 간절하다. '아는 것이 힘이다'라는 프랜시스 베이컨(Francis Bacon)의 말은 이럴 때 써먹으라고 있는 말이다. "알게 되면 길이 보인다. 길이 보이면 그 길을 따르면 된다. 그리해 미래는 준비하는 자의 몫이 될 것이다."

1. 4차 산업혁명의 도래

1) 개요

‘산업혁명(Industrial Revolution)’이라는 용어는 역사학자인 아놀드 토인비(Arnold Toynbee)가 지난 1884년 그의 유고인 《영국의 18세기 산업혁명 강의》를 통해 처음으로 사용했다. 영국에서 벌어진 일련의 기계혁명을 통한 경제적 성장을 당시 정치적 혁명에 빗대 산업상의 대변혁으로 풀이한 것이다. 산업혁명의 역사는 크게 4단계로 나눌 수 있다. 기계화에 따른 1차 산업혁명, 전기 에너지에 기반한 2차 산업혁명, 컴퓨터와 인터넷에 기반한 3차 산업혁명이 있었다. 이어서 지난 2000년대 들어 지능과 정보에 기반한 4차 산업혁명이 시작됐다. 인류는 이러한 혁명에 의해 생산성이 고도화했고 그때마다 사회와 산업의 구조를 획기적으로 바꿔놓았다.

다보스포럼에서 다가올 미래를 ‘모든 것이 연결된 보다 지능화된 사회로의 진화’로 선언한 이후 4차 산업혁명이라는 화두가 세상에 던져지게 된다. 다보스포럼은 〈The Future of Jobs〉 보고서를 통해 4차 산업혁명이 가까운 미래에 도래할 것이고 이로 인해 사회 구조적 변화를 동반한 일자리 지형의 변화가 나타날 것이라 전망하고 있다. 또한 4차 산업혁명을 ‘디지털 혁명(3차 산업혁명)에 기반해 물리적 공간, 디지털적 공간 및 생물학적 공간의 경계가 희석되는 기술 융합의 시대’라 정의하며 전 세계의 산업구조 및 비즈니스모델에도 커다란 영향을 미칠 것으로 기대하고 있다.

2) 1차 산업혁명 ~ 3차 산업혁명

인류 역사의 변화 그 중심에는 새로운 기술의 등장과 기술의 혁신이 있었고, 새로운 기술의 등장은 기술 변화에만 그치지 않고 사회 및 경제구조에 큰 변화를 초래했다. 기술혁신으로 사회 경제적 큰 변화가 이루어진 시기를 일반적으로 우리는 '산업혁명'이라 부른다. 지난 1769년 스코틀랜드 출신의 제임스 와트(James Watt)에 의한 증기기관의 발명으로 기계를 이용한 공장 생산체제가 개막하고, 자본가 계층이 등장한 시기를 1차 산업혁명(증기기관을 통한 기계화 혁명, 18세기)이라 부른다. 전기 에너지를 기반으로 컨베이어 벨트를 이용한 작업 표준화와 분업, 대량 생산체제로 진입한 시기를 2차 산업혁명(전기를 이용한 대량생산혁명, 19~20세기 초)이라 부른다. 그리고 컴퓨터와 인터넷을 기반으로 정

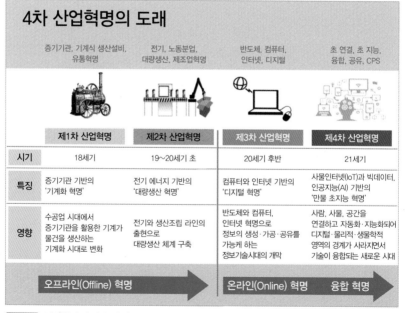

그림 02 산업혁명의 진화 과정

보의 생성, 가공, 공유를 가능케 하는 정보기술 시대로 진입한 시기를 3차 산업혁명(정보통신기술(ICT)기반의 디지털혁명, 20세기 후반)으로 부르고 있다([그림02] 참조).

우리는 여기서 1~3차 산업혁명을 소비의 관점에서 바라볼 필요가 있다. 요컨대 증기기관이라는 새로운 동력을 통해 기차나 선박을 이용해 도시와 도시 간 혹은 국가와 국가 간의 운송 및 유통이 가능하다는 측면에서 1차 산업혁명은 '유통혁명'이라 부를 만하다. 또한 전기를 통한 대량생산체계가 갖춰진 2차 산업혁명은 말 그대로 규모의 경제를 실현한 '제조업의 혁명'이었다. 유통혁명과 제조업의 혁명을 이뤄낸 인류는 마침내 대량생산과 대량소비를 통해 생산성의 지속적인 증가와 이를 통한 장기적 경제 성장이 가능해졌고 그 어느 때보다 풍요로운 시대를 맞게 됐다. 그래서 필자는 1~2차 산업 혁명기를 오프라인(Off-line) 혁명으로 규정하고자 한다.

이에 반해 컴퓨터와 인터넷의 출현과 더불어 기존 오프라인에 머물던 사람들의 시선이 온라인으로 향하게 되는 이른바 3차 산업혁명이 시작된 것이다. 반도체(실리콘집적회로, IC) 기술의 눈부신 발전에 의해 갈수록 소형화한 컴퓨터와 전 세계인들과 정보를 나눌 수 있는 인터넷 네트워크를 통해 기존의 오프라인을 넘어 온라인 세상에서 서로 소통하고, 물건을 사고파는 등의 온라인상의 거래 행위가 이뤄지게 된다. 또한 제조업 분야에서는 컴퓨터를 활용한 공작기계와 산업용 로봇을 통해 생산·유통 시스템의 자동화로 이어진 디지털 혁명이라는 측면에서 기존 산업혁명과는 본질적으로 다른 온라인(On-line) 혁명이라 말할 수 있다.

3) 4차 산업혁명

전술한 바와 같이 다보스포럼의 회장인 클라우스 슈밥(Klaus Schwab)은 4차 산업혁명을 '디지털 혁명인 3차 산업혁명에 기반을 두고 있으며 디지털(digital), 물리적(physical), 생물학적인(biological) 기존 영역의 경계가 사라지면서 융합되는(fusion) 기술적인 혁명'이라고 개념적으로 정의했다. 그리고 3차 산업혁명과 4차 산업혁명을 변화의 속도(velocity), 변화의 범위(scope), 시스템의 영향(system impact) 측면에서 비교해 볼 때 커다란 차이가 존재하다고 분석했다(《클라우스 슈밥의 제4차 산업혁명》, 클라우스 슈밥, 새로운 현재, 2016). 즉, 4차 산업혁명은 변화의 속도 측면에서 현재의 기술변화와는 비교가 불가능할 정도로 빠르게 변화하고 있으며 범위 측면에서는 거의 모든 국가의 전 산업에서 와해적인 혁신을 불러오고 시스템의 영향 측면에서는 생산, 경영 및 의사결정 등을 포함하는 전체 시스템의 변혁을 초래할 것으로 전망했다.

다보스포럼에서는 다분히 기술적인 측면을 강조한 반면, 4차 산업혁명의 가장 주목할 만한 혁신을 '제조업 혁신'이라는 관점에서 바라보는 입장도 있다. 사물인터넷(IoT), 클라우드 컴퓨팅, 3D프린터, 빅데이터 등 정보통신기술을 통해 생산 공정과 제품 간 상호 소통시스템을 지능적으로 구축함으로써 작업 경쟁력을 제고하는 독일의 'Industry 4.0'이 대표적이다. 사실 4차 산업혁명이라는 용어는 본래 지난 2010년 발표된 독일의 'High-tech Strategy 2020'의 10대 프로젝트 중 하나인 'Industry 4.0'에서 제조업과 정보통신이 융합되는 단계를 의미했으나 다보스포럼에서 4차 산업혁명을 언급하며 전 세계적으로 주요 화두로 등장하게 된 것이다.

2. 4차 산업혁명의 본질과 혁신 기술

1) 4차 산업혁명(가상과 현실의 융합과 순환과정을 통한 가치창출)

4차 산업혁명을 정의한 슈밥 회장의 표현은 사실 일반인들이 이해하기에는 쉽지 않다. 그렇다면 좀 더 쉽게 4차 산업혁명의 본질에 접근하는 방법은 없을까? 그래서 필자는 아래와 같이 4차 산업혁명을 '현실세계(오프라인)와 가상세계(온라인)의 융합과 순환 과정'이라는 관점에서 설명하고자 한다.

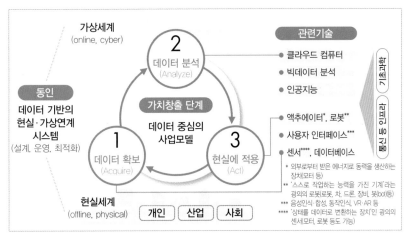

그림03 4차 산업혁명의 동인, 가치창출 단계 및 관련 기술
(출처 : 〈제4차 산업혁명의 도전과 국가전략의 주요 의제〉, 과학기술정책연구원, 2017)

앞서 우리는 1~2차 산업 혁명기를 기계화혁명과 대량생산혁명에 기반한 '오프라인(Off-line) 혁명'으로 그리고 3차 산업혁명을 정보통신기술의 발전에 힘입은 '온라인(On-line) 혁명'으로 규정한 바 있다. 슈밥 회장의 말처럼 4차 산업혁명이 각 산업군 간의 경계가 사라지고 서로 융합되는 기술혁명이라고 한다면 1~2차 산업혁명이 일궈놓은 현실

세계의 영역과 3차 산업혁명의 결과로서의 가상의 영역이 서로 융합돼 도출되는 가치를 현실세계에 적용하는 것이야말로 4차 산업혁명의 본질에 가깝다고 할 것이다. 다시 말해 현실세계에서 데이터를 수집해(데이터 확보; IoT), 가상세계에서 분석하고 가치 있는 정보를 추출해(데이터 분석; 클라우드, 빅데이터, 인공지능) 이를 다시 현실세계에 활용(현실에 적용)하는 가치창출 방식에 주목하자는 의미다([그림03] 참조).

여기서 한 가지 독자 여러분께 당부 드리고자 한다. 몇몇 대표적인 정보통신 기술(예컨대 인공지능, 빅데이터, IoT 등)을 통해 개별적으로 4차 산업혁명을 설명하려고 한다면 중요한 사회 경제적 변화(공유경제, 산업인터넷 등)에 대한 비전과 파생되는 사업기회(하드웨어 혹은 데이터 사업모델 등)를 놓치기 쉽다. 이는 앞서 밝힌 바와 같이 각종 기반 기술들이 상호 연결되고 융합돼 새로운 가치를 창출한다는 4차 산업혁명의 본질을 이해한다면 명확해진다. 그렇다면 현실세계의 데이터를 중심으로 가치를 창출해내는 비즈니스모델은 어떻게 구현되고 있을까?

그림04 롤스로이스는 항공기엔진에 설치된 100여 개의 센서를 통해 진동, 압력, 온도, 속도 등의 데이터를 수집한다. 마이크로소프트(Microsoft, MS)의 클라우드 플랫폼 애저(Azure)를 통해 취합한 데이터를 분석하고, 엔진 결함 및 교체시기를 예측한다 (출처 : MS)

자동차 제조업체인 영국의 롤스로이스(Rolls-Royce)는 사실 항공기와 선박 엔진을 제조하는 엔지니어링 전문 업체로서 명성이 높다. 세계 3대 항공기 엔진 제조사인 롤스로이스는 제품판매가 아니라 유지보수 서비스로 매출의 절반 이상을 벌어들인다. 항공사에 엔진을 판매한 뒤에도 지속적으로 엔진을 관리하고 보수해주는 '토털 케어'라는 상품을 통해서다. 항공사는 엔진 교체시기 등을 관리할 필요가 없다. 엔진을 사용하는 시간만큼 롤스로이스에 일정한 비용만 제공하면 된다. 토털 케어가 가능한 이유는 롤스로이스 엔진과 추진 시스템에 수백 개의 센서가 붙어 있기 때문이다. 센서를 통해 엔진상태, 진동, 압력, 온도, 속도 등의 데이터를 수집한다. 전 세계 500여 개 항공사의 비행기 1만 4,000여 대의 엔진에서 받은 데이터만 6만 5,000시간 분량에 달한다.

"비행기 엔진 제조하는 롤스로이스(Rolls-Royce), 빅데이터 분석해 고장 나기 전 엔진 수리"

❶ 데이터 수집
각 엔진에 MS Azure기반 IoT 센서 부착.
엔진 성능에 영향 미치는 모든 데이터
(엔진 상태, 진동, 압력, 온도, 속도 등) 수집.

❷ 저장&분석
Cloud로 실시간으로 저장된 Big Data 분석.
전 세계 500여 항공사 비행기 1만4천여대의
엔진 -> 65,000시간 분량.

❸ 가치창출
A.I를 통해 실시간 엔진 상태 및 수리
필요성 점검 및 확인.
엔진을 가장 효율적으로 활용하는 방안
점검 및 확인 (엔진 소모량 대당 3억원 절약).

❹ 최적화
(예측&맞춤)
문제 발생 소지가 있는 엔진 수리 통보
전 세계 엔지니어 선제적 수리 가능. (비행
일정에 지장 없도록 선 조치 가능)
Before Service를 통한 고객 만족도 향상.

" 약 500대 비행기를 갖춘 대형 항공사의 경우, 1억달러(1,100억원)/1년 절감 효과 "
(PwC, Price Water House Coopers)

그림 05 롤스로이스의 항공기 엔진 예방 유지보수 서비스 '토털 케어(Total Care)'

전문 엔지니어는 실시간으로 분석된 데이터를 통보받아 엔진 결함 및 교체시기를 확인하고 항공사는 이를 바탕으로 비행 스케줄을 조절한다([그림05] 참조).

이를 정리해보면 아래와 같다.

롤스로이스 '토털 케어(Total Care)'의 가치창출 단계

① 데이터 확보(Acquire) 단계
각 비행기 엔진과 추진시스템에 센서를 부착해 주변환경 감지를 통해 엔진 성능에 영향을 미치는 모든 데이터(엔진상태, 진동, 압력, 온도, 속도 등)를 수집한다.

② 데이터 분석(Analyze) 단계
확보된 데이터는 인터넷 망을 타고 실시간으로 클라우드에 전송돼 빅데이터(Big Data)로 저장 및 분류되고, 인공지능을 통해 실시간 엔진 상태, 수리 필요성 및 엔진을 가장 효율적으로 활용하는 방안까지 함께 분석된다(가치 정보 추출).

③ 현실 적용(Act) 단계
인공지능을 통해 도출된 결과가 전 세계 엔지니어들에게 실시간 통보돼 선제적 수리를 포함한 Before Service가 가능해 고객 만족도를 향상시킨다(새로운 가치 창출).

'토털 케어' 서비스를 통해 항공사는 갑작스러운 기체 결함으로 인한 연착 및 취소 손실을 줄일 수 있으며 연료 사용량을 최적화하면서 엔진 1개당 연간 약 3억 원의 비용 절감 효과를 이뤄냈다고 한다. 폴 스테인 롤스로이스 최고과학책임자(CSO)는 "토털 케어라는 혁신적인 서비스를 통해 롤스로이스는 '게임체인저(Game Changer)'가 됐다"라며 "유통산업을 제외하고 가장 정교한 빅데이터 활용 사례 중 하나"라고 강조했다.

다른 예로 스마트 팩토리(Smart Factory)를 들 수 있다. 우선 최신 디지털 기술을 통해 오프라인의 물리적인 제조공정상의 기계설비 또는 생산 공장이 사물인터넷(IoT) 기반 센서로 연결된다. 그리고 이를 통해 발생되는 빅데이터를 가상공간인 클라우드에 수집하고 이를 인공지능으로 분석한다. 이와 더불어 실제 기계설비로부터 제조공정에 이르기까지 물리적인 실제의 시스템과 사이버 공간의 소프트웨어 및 주변 환경을 실시간으로 통합할 수 있는 사이버 물리시스템(Cyber Physical System, CPS)을 도입해 기존의 물리적 제조공정이 자동화, 지능화로 디지털화한다. 이러한 제조공정의 디지털화가 바로 스마트 팩토리다.

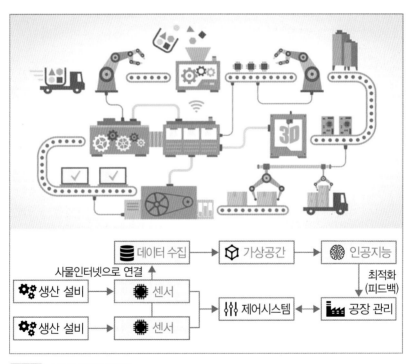

그림 06 스마트 팩토리 개념도

이러한 제조공정을 통해 생산, 제공되는 제품에는 디지털과 물리적인 특성이 조화를 이루는 '제품의 서비스화'라는 의미가 강조된다. 사물인터넷(IoT)을 통해 연결된 스마트 제품에서 수집되는 데이터를 분석해 고장에 대한 사전적 예방과 원격 서비스를 통한 유지 및 관리가 가능해진다. 또한 제품을 기반으로 추가 서비스로 확장해 제공할 수 있다. 따라서 제조업의 수익모델이 기존의 물리적인 제품을 단순 일회성으로 판매하는 것에서 스마트 제품을 통해 각종 서비스를 판매하는 것으로 변화하고 있다. 이러한 '현실세계(오프라인)와 가상세계(온라인)의 융합과 순환 과정'을 통한 데이터 중심의 가치창출 모델은 전 방위적인 산업 영역으로 확대되고 있는 추세다. 특히 근래 많이 회자되고 있는 헬스케어, 핀테크, 에듀테크 그리고 아마존의 혁신적인 물류·배송시스템 등의 운용방식의 공통점은 모두 오프라인과 온라인의 융합에 따른 새로운 가치창출을 통해 사전분석 및 예측해 실행하는 고객 맞춤형 서비스를 지향한다는 점이다. 이를 통해 기존의 사후 서비스(After Service)에 비해 업무효율성 제고나 고객 만족도 상승에 있어 큰 차이를 보이는 점 또한 주목할 필요가 있다.

2) 4차 산업혁명을 이끄는 혁신 기술

4차 산업혁명으로 인해 정보통신기술과 기존 영역의 기술들은 상호 융합되는 '혁신기술'의 패턴을 보일 것으로 보인다. 이러한 혁신기술들로 인해 그 기술 기반의 플랫폼이 확산돼 산업구조가 변화되거나 새롭게 창출되는 강력한 파급효과를 지닌다. 다보스포럼에서는 4차 산업혁명을 이끄는 혁신기술들로 인공지능, 사물인터넷(IoT), 3D프린팅, 블록체인, 나노기술, 메카트로닉스, 바이오기술, 신소재기술, 에너지 저장기술, 퀀텀컴퓨팅 등을 지목했다. 그리고 이런 일련의 기술들을 기반으로 빅데이터, 딥 러닝, 드론, 자율주행차, 기가인터넷, 클라우드 컴퓨팅, 스마트 단말기 등의 산업이 확산되고 있다고 봤다. 슈밥 회장은 그의 저서 '4차 산업혁명'을 통해 이러한 혁신기술들을 물리학 기술, 디지털 기술, 생물학 기술이라는 메가트렌드 관점에서 세분화했다.

인공지능(딥 러닝)
- 2016년 3월 인간고수와의 바둑대결 4:1로 승리
- 인간 지적능력을 보조해 의사결정 효율화
- 주요 업종에서 인간 대체, 장기적으로 인간 지배 우려

산업인터넷
- GE, 2015년 센서와 데이터분석으로 산업용장비를 최적화하는 Precix 시스템 도입
- 장비 성능 최적화로 효율성 제고, 에너지 절감(항공기의 실시간 경로 최적화로 매년 연료 2조 원 절감 가능)

자율주행차
- 구글, 2017년 4월 250만 마일 시험주행(400년 운전경력에 해당)
- 운전자 과실로 인한 교통사고 감소, 차량 운용 효율화로 배기가스 감소
- 사고, 관련 윤리적 문제, 책임 문제 우려

스마트 공장
- 아디다스, 2015년 독일에 스피드 팩토리 설립 : 1켤레 제작시간 3주→5시간 목표
- 제조 생산성 제고, 선진국의 리쇼어링 확대

인공지능 의사
- IBM 왓슨, 수백 건의 저널, 수만 건의 치료사례 학습 후 실제 병원에서 진단
- 질병 진단의 속도 및 정확도 제고 기대
- 의료사고 책임 소재 불분명, 기존 의료체계와의 갈등 증가 우려

로보어드바이저
- 인간 개입을 최소화해 온라인에서 재무상담 제공(robo advisor)
- 미국 로보어드바이저 운용자산 규모는 2014년 4월 115억 달러→2016년 3천억 달러

공유경제
- 전 세계 581개 도시에서 서비스 제공, GM, 포드 등의 시가총액 추월
- 차량 운용 효율화, 서비스 품질 제고
- 기존 사업자(택시)와의 갈등

디지털 비서
- 애플 시리, 구글 나우, 아마존 알렉사 등
- 음성만으로 기기 조작, 고령자 장애인의 사회활동 보조 기대
- 인식 오류로 기기 오작동, 개인 사생활 노출 우려

무인 매장
- 아마존, 2016년 12월 매장직원과 결제라인 없는 '아마존 go' 시범운영(미국 시애틀)
- 소비자 편의성 증대, 유통의 효율화 기대
- 고용 감소 우려

로봇요리사 · 웨이터
- 미소로보틱스, 2017년 3월 햄버거 조리 로봇 플리피 매장도입(미국 캘리포니아)
- 중국 저장성 레스토랑, 2015년 로봇 웨이터 도입

스마트 팜(농업)
- Climate(몬산토 인수)는 '필드뷰' 시스템을 통해 과거 수십 년간 기후, 토양·작물 상태, 예상 수확일자·수확량 등의 정보를 제공해 단위면적당 수익 증가
- 경험기반농업→데이터기반농업

스마트 시티
- 구글 자회사 Sidewalk Labs는 미국 교통부와 함께 교통데이터 플랫폼 'Flow'를 개발
- 세계 스마트 시티 시장은 2020년까지 1조 달러에 이를 전망

그림 07 최근 기술과 사업모델의 혁신 사례 및 관련 이슈

다보스포럼을 비롯해 4차 산업혁명에 대해 언급하는 대다수 전문가들과 문헌에서는 여러 혁신기술들 중 인공지능, 빅데이터, IoT 그리고 CPS를 주로 언급하고 있다. 전문가들은 ICT 관련 기술 대부분이 4차 산업혁명에 활용될 것으로 언급하면서 그 핵심에는 이상 4개의 기술이 주요하게 활용될 것으로 전망한다. 실제 주요 선진국의 4차 산업혁명 대응정책의 중심에도 앞서 언급된 4가지 기술이 주축을 이루고 있고 이를 중심으로 대응정책을 구성하고 추진 중에 있다. 이를 정리하면 [표2]와 같다.

[표2] 4차 산업혁명의 주요 혁신기술

기 술	내 용
인공지능	– 컴퓨터가 사고, 학습, 자기계발 등 인간 특유의 지능적인 행동을 모방할 수 있도록 하는 컴퓨터공학 및 정보기술의 한 분야 – 단독으로 활용되는 것 외에도 다양한 분야와 연결해 인간이 할 수 있는 업무를 대체하고, 보다 높은 효율성을 가져올 것으로 기대
빅데이터	– 디지털 환경에서 생성되는 다양한 형태의 데이터를 의미하며 그 규모가 방대하고 생성 주기도 짧은 대규모의 데이터를 의미 – 증가한 데이터의 양을 바탕으로 사람들의 행동 패턴 등을 분석 및 예측할 수 있고, 이를 산업 현장에 활용할 경우 시스템의 최적화 및 효율화 등이 가능
IoT (Internet of Things)	– 사물인터넷이라고도 하며, 사물에 센서가 부착돼 실시간으로 데이터를 인터넷 등으로 주고받는 기술이나 환경을 의미 – IoT가 도입된 기기는 사람의 개입 없이 상호간 정보를 직접 주고받으면서, 필요 상황에 따라 정보를 해석하고 스스로 작동하는 자동화 형태
CPS (Cyber-Physical System)	– 로봇, 의료기기 등 물리적인 실제의 시스템과 사이버 공간의 소프트웨어 및 주변 환경을 실시간으로 통합하는 시스템 – 기존 임베디드 시스템의 미래지향적이고 발전적인 형태로서 제조시스템, 관리시스템, 운송시스템 등의 복잡한 인프라 등에 널리 적용 가능

3) 요약

우리는 4차 산업혁명으로 넘어오는 과정에서 인류의 삶과 행동방식을 규정하는 새로운 혁신 기술의 성장과 발전을 통해 1~3차 산업혁명의 성격과 중요한 특징들을 확인할 수 있었다. 각각 증기기관, 전기에너지 그리고 디지털 기술로 대변되는 새로운 혁신기술은 생산성을 획기적으로 향상시키고 새로운 산업을 출현시켜 궁극적으로 산업재편과 사회발전을 가속시켜왔다.

4차 산업혁명은 3차 산업혁명의 디지털 기술 즉, 정보통신기술과 인터넷 기반의 네트워크를 바탕으로 서로 다른 산업 분야와의 연결과 융합을 통한 새로운 부가가치의 창출을 의미한다.

4차 산업혁명의 본질은 '현실세계(오프라인)와 가상세계(온라인)의 융합과 순환과정을 통한 새로운 가치창출'이다. 1~2차 산업혁명을 통해 축적된 제조업 기반의 오프라인 세상과 3차 산업혁명을 거치며 축적된 온라인 디지털 세상의 융합을 통해 비로소 인간은 4차 산업혁명이라는 전대미문의 대변혁기에 접어들게 된 것이다.

인간의 생각과 행동은 스마트폰이나 네트워크 기기, SNS 등을 통해 네트워크에 연결되고 여기서 축적된 빅데이터에 대한 분석은 미래의 인간 행동에 대한 예측으로 활용돼 인간의 요구에 적합한 새로운 상품과 서비스가 기획되고 생산된다. 사실상 기존 데이터의 수집과 분석을 바탕으로 새로운 가치를 창출하는 일련의 과정은 정보통신기술을 바탕으로 하는 지식정보사회의 핵심적 요소로 볼 수 있으며 그런 의미에서 제레미 리프킨(Jeremy Rifkin)이 지적한 바와 같이 3차 산업혁명의 확대와 연장으로 간주할 수도 있다.

이전 시대와 비교되는 4차 산업혁명의 가장 큰 특징과 핵심 요소는 빅데이터와 인공지능의 발달에서 기인한다. 3차 산업혁명 시대에는 수집된 방대한 정보와 데이터의 분석 및 판단은 인간의 몫이었다. 그러나 빅데이터를 기반으로 패턴을 분석하고 이 패턴을 바탕으로 새로운 가치를 창출할 수 있는 인공지능의 발달로 인해 정보와 자료의 분석 및 판단은 이제 인간의 손을 벗어나게 됐다.

그림 08 빅데이터와 인공지능

향후 인공지능으로 대표되는 4차 산업혁명은 세상을 근본적으로 바꿀 가능성이 높지만 이에 반해 인간노동의 가치문제(미래 일자리문제)가 새로운 사회문제로 대두되고 있다. 이어지는 장에서는 제2의 기계화시대로 일컬어지는 인공지능과 로봇의 발전에 따른 일자리의 위협과 미래 일자리의 향방에 대해 짚어보도록 하자.

3. 인공지능(AI)과 로봇에 의한 일자리 위협

1) 개요

지난 2016년, 우리들은 충격적인 '알파고 쇼크'를 경험했다. 바둑의 경우 인공지능과 관련해 예전부터 기계가 인간을 이기면 그때부터 본격적인 인공지능의 시대가 열릴 것이라 입버릇처럼 말해왔다. 이러한 '알파고 쇼크'는 우리 사회가 인공지능으로 대변되는 4차 산업혁명 시대의 일자리 문제를 심각하게 고민하는 계기가 되었다. 최근 대량의 기보데이터가 없이도 단기간에 순수 자기학습을 통해 성장하는 한 단계 진화한 '알파고 제로'의 출현으로 인해 이러한 불안감은 현실로 다가왔다.

역사를 거슬러 올라가면 1차 산업혁명기에는 가내 수공업 형태에서 공장제 기계공업으로 전환되면서 많은 수공업 노동자들이 일자리를 잃은 반면, 공장에서 일하는 비숙련 육체노동자들의 수요가 증가했다. 2차 산업혁명기에는 대량 생산체제의 도입으로 여전히 비숙련 노동이 주를 이룬 가운데 기계장치를 능숙하게 다루는 숙련노동자와 생산성 향상의 결과로 기업의 규모가 확대돼 경영, 관리, 사무 관련 업무를 수행하는 지식노동자의 수요가 급증했다. 정보통신기술의 발달로 인해 3차 산업혁명기에는 산업용 로봇에 IT기술이 접목돼 생산 자동화가 더욱 가속화되고 유통과 물류, 서비스업 등으로 확대됐다. 이 과정에서 기계로 대체될 수 있는 제조업과 서비스업 분야의 많은 일자리들이 사라졌으며 전문가를 포함한 숙련 지식노동자들이 주역으로 부상했다.

4차 산업혁명이라는 용어를 공식화한 다보스포럼(2016)에서는 4차 산업혁명으로 인해 일반사무직을 중심으로 제조, 예술, 미디어 분야 등에서 약 710만 개의 일자리가 사라지고 컴퓨터, 수학, 건축 관련 일자리는 약 200만 개가 창출돼 결과적으로 약 500만 개의 일자리가 없어질 것으로 예측했다. 4차 산업혁명 이전에는 주로 생산직과 일부 서비스업종을 중심으로 일자리의 변화가 생겼다면, 본격적으로 4차 산업혁명이 진행되면 은행원, 의사, 변호사, 회계사 등의 사무직 종사자와 전문직 종사자까지도 일자리가 줄어들 가능성이 크다는 전망이다. 그러나 이러한 우려는 과거 산업혁명 과정에서 많은 일자리가 없어진 반면 새로운 일자리 또한 많이 창출됐다는 점에서 기우로 그칠 가능성이 크다는 의견도 제기된다. 4차 산업혁명 과정에서 사라지는 일자리 이상으로 새로운 일자리가 등장하고 일자리 자체가 없어지기보다는 수행하는 직무의 변화가 일어날 가능성이 더 크다는 주장이다. 예를 들어 교육에 있어 인터넷과 가상현실(VR)이 결합하면서 교사의 직무는 지식 전달자라기보다는 방향성을 알려주거나 감정을 다스리는 멘토로 바뀔 수 있다. 교사라는 일자리가 사라지는 것이 아니라 기술 발전에 의해 기존 일자리의 직무가 바뀌는 것이다. 즉, 대부분의 직무가 인간의 감성적 영역과 의사결정을 수행하는 방향으로 진행될 수 있다는 말이다. 또한 노동시간이 감소하고 여가시간이 늘어남에 따라 취미나 자기개발 등을 목표로 하는 또 다른 일자리들이 늘어날 가능성도 크다.

2) 미래 일자리에 대한 비관론과 낙관론

4차 산업혁명 시대의 일자리에 대한 상반된 전망들로 넘쳐나는 요즘이다. 가뜩이나 청년실업, 일자리 축소 그리고 고용 없는 성장의 시대를 걱정하는 우리들에게 또 다른 막연한 공포를 더하고 있는 셈이다. 사실 일자리와 산업의 미래를 정확하게 예측하는 것은 불가능하다. 그러나 양적으로 일자리 감소와 고용축소라는 세계적 흐름과 전망은 대체로 일치하고 있는 듯 보인다. 앞서 말한 바와 같이 크게 보자면 혁신적인 기술의 발전으로 일자리의 창출보다 사라지는 일자리의 규모가 크고 그 속도가 너무 빨라 궁극적으로는 일자리가 대폭 감소할 것이라는 비관론과 일자리의 형태가 바뀌고 직무가 변경됨에 따라 그에 맞는 기술 습득 등의 재교육을 통해 일자리를 유지할 수 있으며 기술 발전에 따른 새로운 일자리가 등장하리라 전망하는 낙관론이 팽팽히 맞서고 있다. 먼저 미래 일자리에 대한 관련 단체와 학계의 대표적인 두 가지 전망을 살펴보자.

(1) 비관론

일자리는 기계와 인공지능의 자동화로 인해 대체 및 감소할 것이다.

미래 일자리에 대한 비관적 전망

① **옥스퍼드 대학교의 Frey와 Osborne (2013)**
   "미국 일자리의 47%, 독일 일자리의 42%가 자동화로 인해 20년 이내에 사라지고, 특히 숙련 지식노동자도 큰 영향을 받을 것"

② **다보스포럼 (2016)**
   일반 사무직을 중심으로 제조, 예술, 미디어 분야 등에서 약 710만 개의 일자리가 사라지고, 컴퓨터, 수학, 건축 관련 일자리는 약 200만 개가 창출돼 결과적으로 약 500만 개의 일자리가 사라질 것

③ **매킨지 글로벌연구소 (2017)**
   저임금 직종 대부분은 자동화가 일어날 것이며, 연봉 6만~7만 달러를 받는 화이트칼라 전문직, 기업의 최고경영자도 30% 이상은 대체될 수 있는 것. 기술적인 측면만 보면 지금도 50%의 직무는 자동화할 수 있고 2050년에는 100% 달성이 가능

이외에도 《로봇의 부상》의 저자 마틴 포드(Martin ford)는 반복적이고 예측 가능한 작업의 근로자뿐 아니라 대학교육을 받은 화이트칼라 전문직 또한 기계와 인공지능에 의한 자동화 및 예측알고리즘에 의해 일자리의 위협을 받을 것으로 예측하고 있다. 《인간은 필요없다》의 저자 제리 카플란(Jerry Kaplan) 또한 같은 맥락으로 정보통신 기술의 빠른 발전 속도로 인해 전 산업에 걸친 일자리 파괴의 심각성을 경고하고 있으며, 《제2의 기계 시대》의 저자 에릭 브린욜프슨(Erik Brynjolfsson)도 마찬가지로 급속한 기계의 자동화로 인해 투자 증가가 고용의 증가를 이끌어내지 못함을 지적한 바 있다.

이상과 같은 비관론의 근저에는 소위 '기술적 실업(Technical Unemployment)'이라는 경제학 이론이 자리하고 있다. 기술적 실업이란 경기침체 예를 들어 디플레이션에 따른 실업 등과 같은 일반적인 실업과는 달리 새로운 기술의 발전과 도입에 따른 실업을 의미한다. 즉 기계에 대한 인간노동의 대체를 의미한다. 이러한 기술적 실업에 반발해 지난 1810년대 영국의 기계 파괴운동인 '러다이트 운동(Luddite Movement)'과 1990년대의 IT기술 도입에 따른 첨단 기술거부와 인간성 회복운동인 '네오 러다이트 운동(Neo-Luddite Movement)'이 일어나게 된 것이다. 증기기관, 전기, 디지털 기술이 노동의 성격을 변화시켜 기술적 실업을 발생시킨 것은 사실이지만 대부분 일시적인 실업에 그쳤을 뿐 새로운 고용시장의 탄생과 성장을 통해 해소되는 과정을 거쳐왔다. 그러나 옥스퍼드 대학 연구진(Frey와 Osborne, 2013)이 내놓은 기술적 실업에 대한 비관적 전망은 기존의 낙관적인 것과는 그 강도와 범위에서 비교할 수 없는 큰 충격으로 다가왔으며, 다보스포럼(2016)을 통해 본격적으로 논의가 시작됐다.

• 텔레마케터, 세무대리인, 보험조정인 등은 자동화에 따라 사라질 위험이 크며, 전문경영인, 세일즈매니저, HR매니저 등은 자동화 저위험 직업군에 속하는 것으로나 나타남

〈고위험 직업군〉

자동화 가능성	직업
0.99	텔레마케터
0.99	세무대리인
0.98	보험조정인
0.98	스포츠 심판
0.98	법률비서
0.97	레스토랑, 커피숍 종업원
0.97	부동산업자
0.97	외국인 노동자 농장계약자
0.96	비서직(법률/의학/경영임원비서직 제외)
0.64	배달직

〈저위험 직업군〉

자동화 가능성	직업
0.0031	정신건강 및 약물남용치료 사회복지사
0.004	안무가
0.0042	내과/외과의사
0.0043	심리학자
0.0055	HR매니저
0.0065	컴퓨터 시스템 분석가
0.0077	인류학자, 고고학자
0.01	선박기관사, 조선기사
0.013	세일즈매니저
0.015	전문 경영인

그림 09 자동화에 따른 고위험 직업군과 저위험 직업군 (출처 : Frey와 Osborne (2013))

(2) 낙관론

기존 일자리는 직무의 다변화를 통해 새롭게 분화할 것이며, 기술 발전에 따른 새로운 일자리가 등장할 것이다.

미래일자리에 대한 낙관적 전망

① **보스턴 컨설팅 그룹(2015)**
'현재의 직업이 컴퓨터나 기계로 대체돼 일자리가 완전히 소멸되기나 줄어들기보다는 기존 직무의 다변화와 생산성 증가, 새로운 기회 창출 등으로 인해 일자리가 증가할 것'

② **멜라니 안츠 교수 & ZEW 연구소 (2016 OECD 논문)**
'OECD 21개국의 전체 일자리 중 전체의 9%만 자동화 고위험군에 속할 것', '21개 OECD 국가 중 한국이 가장 낮은 6%이며, 가장 높은 국가는 독일과 오스트리아로 12%'

③ **이민화 교수 (2017. 6. 11 한국대학신문)**

'산업혁명을 거치며 일자리의 형태만 바꾸었을 뿐 기술혁신이 일자리를 줄인 사례는 전혀 없다', '새로운 일자리가 만들어지는 과정은 인간의 욕구로부터 출발하며, 수백만 개의 새로운 일자리 종류가 탄생할 것'

④ **제레미 리프킨 (2017. 9. 12 중앙일보와의 인터뷰)**

'향후 40년간 전 세계에서 마지막으로 단 한 번의 대고용(Great Employment)이 일어나 두 세대에 걸쳐 온 세계에 스마트 인프라가 구축될 것.' '향후 40년 간 수백, 수천만, 수억 명의 노동자가 필요'

이상에서 살펴본 바와 같이 미래의 일자리 변화와 관련해서 비관론과 낙관론이 함께 공존하고 있는 가운데 현재의 상황을 기준으로 단순히 인공지능이나 기계의 고용 대체 가능성만으로 일자리를 전망해 '앞으로 없어질 직업 몇 개' 하는 식으로 위험 직업군을 특정하는 것은 매우 제한되고 편협한 시각이다. 직업이란 단순한 하나의 단일 개념이 아닌 수많은 작업과 업무가 하나로 합쳐진 다면적이고 다층적인 성격을 띠기 때문에 우리가 주목해야 할 점은 직업(Job)이 아닌 직무(Task, 작업과 업무)다.

이와 관련해 경제협력기구(OECD)에서는 '직업'을 기준으로 일자리의 감소를 예상한 비관론의 경우 과도한 추정의 오류를 범하고 있음을 지적했다. 직업(Job)이 아닌 직무(Task)를 기준으로 분석하면 그 결과가 완전히 달라진다는 것이다. 예를 들어 판매원의 경우 직업을 기준으로 한다면 대체 위험도가 92%지만 직무를 기준으로 한다면 기계가 대체하기 어려운 경우가 96%다. 즉 수행하는 업무의 고유성이나 특수성 등을 감안했을 때 기계가 대체할 수 있는 판매원의 직무 정도는 고작 4%에 불과하다는 말이다. 따라서 기술 진보로 인한 일자리 변화의 핵심은 기계의 역할 변화가 아닌 인간의 역할 변화로 접근해야 한다. 새로운 수요에 적합한 새 업무의 공급자로서 기계보다 인간이 우위에 있을지를 판단하는 것이 관건이다. 아래에서 좀 더 자세히 논의해보기로 하자.

4. 미래 일자리의 변화와 양상

1) 기존 직무 다변화에 따른 일자리 변화와 기술 발전에 따른 새로운 일자리 창출

먼저 4차 산업혁명에 따른 새로운 기회가 새로운 인력 수요를 창출하는 방향으로 이어질 가능성이 매우 높다는 사실을 인지할 필요가 있다. 이는 결국 직무의 다변화(기존 직업의 세분화와 전문화), 융합형 직업의 증가와 새로운 직업의 생성이라는 일자리 변화의 흐름으로 설명할 수 있다. 즉, 기계화 및 자동화로 인한 환경의 변화로 인해 기존의 역할과 프로세스상의 재정립을 통해 업무의 영역이 일부 대체됨에 따라 전문화, 고도화, 세분화할 가능성이 높다. 과거에는 인간이 수행했으나 앞으로는 기계가 대체할 수 있는 영역의 일은 점차 늘어날 것이다. 그 대신 인간은 기계와 구별되는 창의적이고 복합적인 문제해결능력과 정서적 감성능력을 어떻게 확보하고 발전시킬 수 있는지에 대한 고민과 준비가 필요하다. 다시 말해 단순 반복적이고 구체적 수치화의 영역은 기계가 대체하고 나머지 영역에 인간만의 고유한 역량을 집중시키는 것이다.

기술이 특정 일자리를 없애는지의 여부는 일자리 업무 전체를 기술이 대체할 수 있는지, 일부는 대체하고 일부는 보완하는지에 달려 있다. 기술이 보완하는 업무가 있다면 보완관계에 있는 업무의 생산성은 오히려 증가할 것이기 때문이다. 따라서 기계화 및 자동화로 인한 직업의 소멸이나 대체 측면보다는 인간의 육체적, 정신적 노동을 경감시키는 긍정적인 효과를 내포한다. 이 과정에서 관련 로봇 제품의 기술을 학습하며, 유용한 서비스를 기획하고 컨설팅 및 연구 개발하는 등의 새로운 직무가 나타날 것으로 전망된다. 따라서 기존 일자리의 직무가 다 변화하고 새로운 직무가 등장하면서 벌어지는 새로운 환경에 적응하기 위한 직무 재교육 등의 사회안전망 마련이 필요하다.

다보스포럼(2016)에서는 4차 산업혁명이 직무역량 안정성(Skills Stability)에 영향을 미쳐 전 산업 분야에서 요구하는 주요 역량에 변화가 생길 것으로 전망했다. 따라서 미래사회에서는 변화에 대한 유연성, 조직 내 커뮤니케이션, 협상, 팀워크, 리더십 등을 기반으로 한 소프트 스킬(Soft Skill)이 중요한 역량이 될 것으로 전망된다([표3] 참조).

특히 전 산업 분야에서 다양한 지식을 기반으로 한 복합적 문제해결 기술(Complex Problem Solving Skills)과 사회적 기술(Social Skill)에 대한 요구가 가장 높을 것으로 예측된다. 이러한 역량의 필요성은 종합적인 분석과 판단, 의사결정과 의사소통 등의 역량이 요구되는 직업의 경우 자동화 기술에 의한 대체 위험이 낮게 평가되고 있는 점에서도 확인할 수 있다(기술변화에 따른 일자리 영향 연구, 한국고용정보원, 2016).

나아가 미래의 일자리 환경에서는 반복적이고 수치화된 정형화 작업에는 기계가 투입되고 창의력이고 복잡한 문제해결 능력을 가진 인간은 고도의 전문성을 띄는 업무에 집중하게 됨에 따라 기계와 인간의 공생과 협력이 필요하며 이를 통해 더 큰 가치를 창출해야 한다는 관점에도 주목할 필요가 있다([그림10] 참조).

[표3] 직무 역량별 요구 정도(2020년) (출처:다보스포럼(2016))

구 분	세부 역량	요구정도
복합적 문제해결 기술 (Complex Problem Solving Skills)	복합적 문제해결 기술	36%
사회적 기술 (Social Skills)	협력, 정서지능, 협상, 설득, 서비스 지향성, 교수 능력 등	19%
처리 기술 (Process Skills)	적극적 경청, 비판적 사고, 자기 및 타인 모니터링 등	18%
체계적 기술 (Systems Skills)	판단과 의사결정, 시스템 분석 등	17%
인지능력 (Cognitive Abilities)	인지유연성, 창의성, 논리적 추론, 수리적 추론 등	15%
자원관리 기술 (Resource Management Skills)	재정 자원 관리, 물적 자원 관리, 인사관리, 시간 관리 등	13%
전문적 기술 (Technical Skills)	장비 보전 및 수리, 장비 운용 및 관리, 프로그래밍, 품질 관리, 사용자 경험 디자인 등	12%
콘텐츠 기술 (Content Skills)	실천 학습, 언어적 표현, 언어 이해력, 작문 능력 등	10%
신체적 능력 (Physical Abilities)	체력, 손재주 등	4%

일자리 감소를 주장하는 비관적 전망에서는 현재 존재하는 일자리만 고려할 뿐 새로 생기는 일자리에 대한 고려가 부족하다. 지금까지 기술

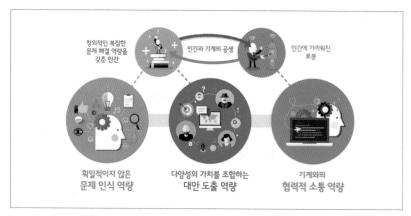

그림10 인간에게 필요한 3대 미래 역량 (출처 : 10년 후 대한민국 미래 일자리의 길을 찾다. 미래준비위원회, 2017)

발전으로 인해 산업 체계가 개편된 경우 일부 일자리가 없어지긴 해도 전체 일자리 수가 줄어든 적은 없다. 예를 들어 트랙터의 발명으로 비록 인간의 노동력 수요는 감소했지만 트랙터 제작 및 생산이라는 전에 없던 일자리가 생기고 관련 마케팅, 유통, 판매, 영업 등의 새로운 일자리가 생겼다. 마찬가지로 컴퓨터의 대중화 이전에는 오늘날과 같은 인터넷 관련 직업을 상상하기 어려웠다. 기존 직업의 구조가 바뀌면서 지금은 상상하기 힘든 새로운 형태의 일자리가 증가할 것이라는 전망에 힘이 실리는 이유다.

2) 고용 및 근로형태 변화에 따른 일자리 변화

기술 혁신에 따른 생산 및 유통 방식의 변화와 예측 불가능성으로 인해 고용형태와 고용관행에도 큰 변화가 뒤따랐다. 우리나라의 경우 지난 90년대 말의 외환위기 후 기업의 인수합병과 구조조정 등을 거치면서 노동시장의 유연성이 자리 잡기 시작했다. 이 과정에서 직장이동을 기피했던 전통적인 관행에서 점차 탈피해 회사나 조직 중심의 평생직장에서 직업과 직무 중심의 평생직업 시대로의 전환이 시작됐다. 최근 일련의 IT기술의 발전은 생산방식의 거래비용을 혁신적으로 낮추는 계기가 됐다. 특히 외부자원을 밖에서 사올 때의 거래비용을 크게 낮췄다. 기술진보가 자원의 특정성과 거래의 복잡성을 감소시켜 기업 내부에서 정규직을 통해 처리하는 것보다 외주, 임시직 등을 활용할 때의 거래비용이 더 저렴하기 때문이다. 이에 따라 취업형태가 다양해지고, 기존과는 다른 고용계약 형태가 늘어나고 있다. 숙박, 교통, 음식 배달 등 온라인이나 모바일을 통해 수요자가 요구하는 서비스를 즉각적으로 제공하는 온디맨드(On-Demand) 경제가 오늘날 빠르게 성장하고 있다.

수요만큼 생산을 하는 온디맨드 경제하에서는 대부분 단기 프로젝트 중심의 거래와 계약이 이뤄지기에 과거처럼 위계를 갖추고 안정적이고 장기적인 거래를 위해 필요했던 조직이 점차 줄어들고 그 자리를 유연한 조직이 대체하는 방향으로 나아가게 된다. 이처럼 온디맨드 경제의 성장에 따라 기업이 개인과 단기계약을 맺거나 임시직 인력을 고용하는 형태의 긱 이코노미(Gig Economy)가 새로운 근로 형태로 자리 잡고 있다. 단기 근로를 제공하려는 공급자와 싼 비용으로 쓰겠다는 수요 기업의 이해가 맞아 떨어지면서 최근 폭발적으로 성장했다. 기존의 일용직, 파트타임, 아르바이트와 긱 이코노미가 다른 점은 노동력을 중개하는 방식이 스마트폰앱 같은 디지털 플랫폼 기반이라는 점이다. 이는 곧 노동시장이 오프라인에서 온라인으로 점점 더 유연해지는 변화를 암시한다. 글로벌 컨설팅 업체 매킨지는 지난 2015년 긱(Gig)을 '디지털 장터에서 거래되는 기간제 근로'라고 정의했다. 디지털 플랫폼을 활용하면 일감과 노동력을 손쉽게 연결할 수 있어 클릭 몇 번으로 노동력이 필요한 사람과 노동력을 제공하려는 사람을 빠르고 정확하게 연결한다.

그림11 오프라인에서 온라인으로 유연해지는 노동시장의 변화

긱 이코노미의 대표적인 예로 공유경제 시스템을 들 수 있다. '우버(Uber)'는 개인 자가용 소유자와 택시 서비스 수요자를 연결시켜주는 서비스를, '에어비앤비(Airbnb)'는 빈집의 소유자와 숙박이 필요한 수요자를 연결시켜주는 서비스 혁신 기업이다(우버의 경우 우리나라에서는 법적·제도적 문제로 아직까지 대중화되지 않고 있다). 이 사업에서 서비스 공급자는 자가용을 이용한 택시 서비스와 빈집을 활용한 숙박 서비스 제공자로, 이 사업에 참여함으로써 각각의 서비스 제공에 대한 대가를 받는 노동자 혹은 자영업자가 된다. 또한 내 지식을 크몽(Kmong)과 같은 지식판매 플랫폼에서 사고파는 일 등이 일상화할 것이다. 이제는 기

업이 각각의 인간을 고용하는 직업(Job)의 개념에서 벗어나 특정 업무(Task)에 대한 서비스만을 계약하는 시대로 진입하고 있다. 정보통신기술의 발달과 더불어 증가하고 있는 프리랜서 활동이 주된 노동 계약 형태가 될 가능성이 높으며 이는 곧 자신의 미래를 스스로 책임지는 독립 노동자인 '프리에이전트(Free Agent)' 시대를 예견한 미래학자 다니엘 핑크(Daniel Pink)의 주장과도 일맥상통하는 내용이다(다니엘 핑크, 《프리 에이전트의 시대》, 에코리브르, 2004).

이외에도 오디오 전문 기업인 아마존의 '메커니컬 터크(Mechanical Turk)'는 휴먼 네트워크를 활용해 오디오 클립 기록, 설문조사 작성 등 각각의 분야에 미세 업무(microtasks)가 가능한 전문가를 찾고 이들에게 일감을 연결해준다. '업워크(Upwork)', '프리랜서(Freelancer)', '피플 퍼아워(Peopel per Hour)', '크몽(Kmong)'처럼 광고 문안 작성, IT, 디자인과 같은 숙련된 작업이 가능한 노동자를 연결해주는 플랫폼도 상당수 존재한다. 또한 의료, 법률 자문 등 고숙련 업무를 제공하는 서비스도 증가하고 있다. 이와 같은 서비스는 앱을 통한 영상통화로 질병에 대한 조언을 구하는 '닥터온디맨드(doctor on demand)', 법률적 조언이 필요한 사람과 변호사를 연결해주는 '퀵리걸(Quicklegal)' 등 전문 인력이 참여하는 형태로 진화하고 있다. 그러나 좋은 일자리에서 내몰린 이들이 생계를 위해 단기 일자리로 나오면서 이제 긱 이코노미는 비정규직의 상징처럼 돼버렸다는 지적이 나오고 있다. 온라인 매체 〈언스트〉에 따르면 긱 이코노미 근로자의 85%는 소득이 월 500달러(약 55만 7,000원) 이하로 생계를 위해 근로시간이 더 느는 등의 부작용을 겪고 있다고 밝혔다. 소득이 일정하지 않고 비교적 낮은 편이어서 경제적으로 불안할 수밖에 없으며 퇴직금이나 연금도 없어 노후대책도 스스로 챙겨야 하는 등 긱 이코노미의 확산은 개인의 재정위기 사태로까지 이어질 수 있다는 비관적 전망이 나오고 있다.

근로시간과 여가시간의 구분이 모호해지고 근로공간과 비 근로공간의 구분이 모호해지는 것도 변화의 일부다. 일하는 날과 휴일의 구분이 모호해지고 모여서 일하는 것이 아니라 각자 맡은 업무를 장소와 상관없이 스스로 완성하는 방식이 늘어나고 있다. 상호 약속한 업무를 스스로 결정하고 통제할 수 있는 환경에서 처리해 넘기는 관계로 변화하고 있어 전통적 고용관계가 느슨해지거나 해체되고 있는 점 또한 주목해야 할 변화다.

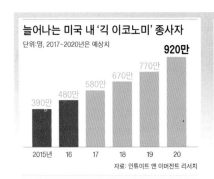

그림 12 긱 이코노미의 성장과 미래일자리의 변화

3) 일자리의 양극화 심화에 따른 소득 불평등 확대

미래에는 직업과 임금의 양극화가 심화할 것이라는 우려가 존재한다. 인공지능과 로봇 등의 기술진보에 따라 고숙련(highest skilled)과 저숙련(lowest skilled) 노동자의 고용률에는 큰 변화가 없지만 단순 반복적이고 자동화하기 쉬운 중숙련(middle skilled) 직업은 감소하게 된다는 것이다. 즉, 기술적 실업을 당한 중숙련 노동자의 대부분은 임금이 더 낮은 저숙련 노동으로 이동하고, 일부는 더 임금이 높은 고숙련 노동으로 이동하게 됨으로써 중소득층의 노동이 감소하게 된다. 이와 같은 현상을 미국의 노동 경제학자인 데이비드 아우터(David Autor)는 '노동시장의 양극화'로 명명한 바 있으며 그 주된 원인이 되는 정보기술의 발달을 '숙련 편향적 기술 진보(Skilled-Based Technological Progress)'라고 부르고 있다(에릭 브린욜프슨·앤드루 맥아피, 《제2의 기계시대》, 청림출판, 2014).

고숙련 노동자로의 이동이 쉽지 않은 중숙련 노동자들이 저숙련 노동자로 대거 이동하면서 노동 초과 공급이 발생하고 이는 곧 임금감소로 직결된다. 직업의 양극화로 인해 중숙련 노동자의 수요가 감소하면서 소득분배 구조에서 50% 이하에 속하는 저숙련 노동자와의 경쟁이 심화하기 때문이다. 이에 반해 소득분배 구조에서 상위에 속하는 고숙련 노동자들은 수요의 증가로 인해 오히려 기존보다 더 높은 소득을 올릴 가능성이 높아진다. 이러한 현상은 저소득층의 경제적 어려움을 악화시키고 결과적으로 사회적 소득 불평등의 골은 깊어질 것이다. 일자리의 양극화가 지역 간 소득 불평등으로 이어질 가능성도 존재한다. 고숙련 노동자의 수요가 폭발적으로 증가하는 도시와 일자리가 사라지는 도시 사이에 극심한 소득 불균등이 발생하기 때문이다. 이 같은 문제를 해결하기 위해서는 장·단기적인 정책 도입이 필요하다. 단기적으로는 저소득층의 빈곤 해결 정책을, 장기적으로는 노동력의 이동 및 새로운 직업을 위한 기술교육 등의 고용정책을 도입할 필요가 있다.

5. 미래 일자리의 향방

인공지능과 로봇기술을 필두로 혁신적인 기술변화가 고용과 실업에 미치는 영향에 대해서는 낙관론과 비관론의 입장이 양립하고 있음을 확인했다. 분석 단위를 직무의 군집인 직업으로 할 것인가, 개별 직무(업무) 단위로 할 것인가에 따라 자동화 기술에 의한 대체 정도에 대해서 상반된 결과가 나온다. 즉, 개별 직업을 전체로 보고 분석한 연구에서는 거의 절반에 가까운 직업의 대체 가능성이 높은 것으로 나타난 반면(비관론) 각 직업에서 수행하는 개별 직무(업무)를 기준으로 분석할 경우 거의 대부분의 직업에서 컴퓨터로 대체될 가능성이 비교적 낮은 것(낙관론)으로 나타나고 있다. 4차 산업혁명이 가져올 변화 속에서 우리들의 미래 일자리는 과연 어떤 형태로 나타나게 될까? 한 가지 확실한 사실은 비관적 전망과 낙관적 전망 사이의 공통분모는 미래 일자리가 요구하는 인간의 역량과 일자리 형태에 큰 변화가 있을 것이란 점이다. 일자리 변화에 유연하게 대응하기 위해서는 열린 마음으로 변화를 받아들이고 미래를 준비해야 한다.

ICT 기술을 중심으로 빠르게 진행되고 있는 디지털 기술의 고도화는 인간과 기계, 현실세계와 가상세계의 융합과 순환이라는 4차 산업혁명의 본질과 맞닿아 미래 일자리를 새롭게 정의하고 있다. 지능화된 기술로 요약되는 기술혁신이 가져올 미래 사회의 모습은 일자리 측면에서 크게 세 가지로 요약할 수 있다. 첫째, 기계와는 구별되는 인간적인 특성이 요구되는 직업이 증가할 것이다. 다가올 미래 사회에서는 디지털 기술의 발전이 가속화해 단순, 반복적이며 수치화가 가능한 업무의 대부분을 인공지능과 로봇 등 지능화한 기술이 대체할 것으로 예상된다. 즉, 프로세스화나 매뉴얼화가 가능한 직무는 지능화한 기술에 의해 자동화할 것이다. 따라서 인간은 현실과 가상이 결합된 경제활동의 무한공간에서 기계와의 협력과 협업의 과정에서 인간적 특성이 강한 직무를 수행하게 될 것이다. 이와 관련해 최근 영국 BBC는 '사람의 감정을 다루는 직업, 즉 공감능력과 감정과 경험을 중시하는 창조적 능력이 필요한 일은 로봇이 인간을 대신할 수 없을 것'이라는 전망을 내놓기도 했다.

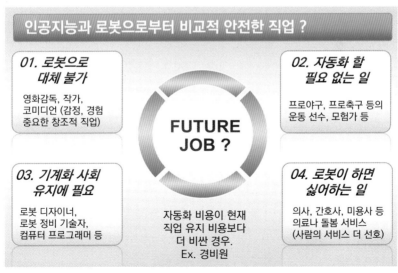

그림 13 인공지능과 로봇으로부터 비교적 안전한 직업

둘째, 지능화한 기술로 인해 현재의 전문직과 중간 사무직이 대체됨과 동시에 직무의 다변화(기존 직업의 세분화와 전문화)와 융합형 직업의 증가로 새로운 일자리가 만들어지고 기존 전문직의 자격기준이 완화돼 관련 시장의 규모가 확장될 것이다. 결과적으로 전체 부의 총량이 증가돼 보다 풍요롭고 윤택한 미래사회가 될 것이라는 전망이다.

미래에 증가할 일자리 유형 및 예시 (출처:미래창조과학부 미래준비위원회 (2017))

- **직업의 세분화 및 전문화**(수요 세분화 및 새로운 수요 증가에 대응한 세분화)
  예 로봇엔지니어, 노년 플래너, 가상현실 레크리에이션 디자이너, 기후변화전문가 등

- **융합형 직업의 증가**(서로 다른 지식, 직무 간 융합으로 전문분야 창출)
  예 요리사 농부, 테크니컬라이터, 사용자 경험 디자이너, 홀로그램 전시기획가

- **과학기술 기반의 새로운 직업 탄생**(과학기술에 기반한 새로운 수요창출로 직업 생성)
  예 인공장기 제조 전문가, 아바타 개발자, 우주여행 가이드, 스마트 교통시스템 엔지니어, 공유자산 가치 전문가, 첨단 과학기술 윤리학자 등

전문직의 미래와 관련해 대니얼 서스킨드(Daniel Susskind) 옥스퍼드 대학 교수는 그의 저서 《4차 산업혁명 시대 전문직의 미래》에서 전문직에 대한 새로운 지평이 열리고 있음을 강조하며 전통적 전문가의 업무가 작은 단위로 해체되면서 기계와 준전문가들에게 위임될 것이라 전망하고 있다. 즉 전통적인 기존의 전문직업이 아닌 해결하고자 하는 문제(업무) 중심으로 전환할 필요가 있음을 지적하며 의사는 치료라는 업무로 변호사는 법적문제를 해결하는 업무로 그리고 회계사는 재무를 담당하는 업무로 따로 분리해서 봐야 한다고 주장한다. 또한 의사라는 직업 자체에서 자부심을 느끼는 게 아니라 사람을 치료하면서 자부심

을 느끼게 됨을 강조한다. 더 나아가 그는 준전문가 모형을 통해 전문
직의 미래를 제시하고 있다. '준전문가 모형'이란 '기존 전문가가 체계
화한 보편적인 표준절차와 시스템을 기반으로 온라인 혹은 기계(인공지
능)를 통한 지식을 보유한 준전문가 그룹이 온라인 시스템을 기반으로
단독 혹은 공동으로 기존 전문가의 업무를 멀티소싱하게 될 것이며 그
작업 중 일부는 기계가 대체할 것' 라는 주장이다. 예를 들어, IBM의
왓슨과 협력하는 간호사, 최고 수준의 온라인 강의와 개인학습 시스템
을 활용해 전문가 수준의 학급을 만드는 신참교사 그리고 소셜미디어
를 이용해 온라인 플랫폼에서 활동하는 블로거 등이 이러한 준전문가
의 범주에 포함된다.(리처드 서스킨드·대니얼 서스킨드, 《4차 산업혁명 시
대 전문직의 미래》, 와이즈베리, 2016)

전문직의 종말은 없다. 다만 전문직에 대한 새로운 지평이 열릴 분이다.
전통적 전문가의 작업이 작은 단위로 해체되면서 기계와 준전문가들에게 위임될 것!

"전문직업이 아닌 해결하고자 하는 문제(업무)로 전환"
의사(-)치료, 변호사(-)법적문제해결, 회계사(-)재무담당업무

기존의 전문직 업무를 온라인 시스템 기반으로 일하는
준전문가 그룹이 단독 혹은 공동으로 멀티소싱할 것,
그 작업 중 일부는 기계가 대체.

"준 전문가 모형"

보편적으로 보유한 기존 전문가의 표준 절차와 시스템 + 온라인 혹
은 기계(AI 왓슨)를 통한 지식

Ex. 왓슨과 협력하는 간호사
최고수준의 온라인강의와 개인학습시스템을 활용해 전문가
수준의 학급을 만드는 교사
소셜미디어를 이용해 온라인 플랫폼에서 활동하는 블로거

"잔치를 평가하는 데 적합한 사람은 요리사가 아닌 손님"
by 아리스토텔레스

대니얼 서스킨드 교수
옥스퍼드 대학 베일리얼 칼리지 교수
《4차 산업혁명 시대 전문직의 미래》 저자

그림14 4차 산업혁명 시대 전문직의 미래

셋째, 기술 혁신은 지금과 동일한 생산성을 달성하는 과정에서 인간의 참여 비중을 줄여나갈 것이다. 즉, 인간의 입장에서 보면 노동시간은 줄어들고 여유시간은 대폭 늘어날 가능성이 높다. 로봇과 함께 일하는 업무가 일반화하기 때문이다. 소득이 많고 적음에 상관없이 상당수 근로자들의 노동시간이 확실히 줄어들 것으로 예상되며 이로 인해 삶의 여유시간은 점점 늘어날 것으로 보인다. 이러한 늘어난 여유시간을 통해 인간의 새로운 욕구 충족을 위한 일자리들이 새롭게 등장하게 될 것이다. 이와 관련해 카이스트의 이민화 교수는 AI와 로봇으로 더 많은 여유가 생길 미래에는 '자기표현의 욕구'를 충족시킬 새 일자리가 계속 생겨날 것이라 주장한다('이민화의 4차 산업혁명 : 일자리, 높은 수준으로 진화한다', 〈서울경제신문〉, 2017. 4. 26).

지난해부터 4차 산업혁명이란 말이 회자되고 있지만 아쉽게도 사회의 온갖 관심은 과학과 기술에만 쏠려 있는 듯하다. 정부가 내놓는 대책도 어떻게 하면 관련 산업을 키울지, 핵심 기술을 개발하려면 뭘 해야 하는지에만 신경이 곤두선 듯하니 말이다. 일반인들의 반응 또한 크게 다르지 않다. 단순히 새로운 IT 제품이나 서비스에 열광하고 돌아서면 다시 일상으로 돌아가는 말 그대로 '빛나는 물건 증후군(bright shiny object syndrome, 사람들이 반짝반짝 빛나는 새로운 물건에 쏠리는 경향. 예를 들어 모바일 혁신이 새롭게 나타났을 때 기업들이 그곳에만 성급하게 몰려드는 경향)'에만 심취해 있는 것은 아닐까? 지금 우리는 새로운 기업이 1주일 이내에 500만 명의 사용자를 확보할 수 있는 실로 엄청난 변화의 시대에 살고 있다. 라디오가 발명된 후 500만 명의 사용자에 도달하는 데 38년이 걸렸다. TV의 경우 그 속도는 13년이 걸렸으며 인터넷은 4년 만에 그 수준에 도달했다. 트위터는 고작 9개월이 소요됐으며 앵그리버드 게임은 500만 명의 사용자가 생기는 데 5주밖에 걸리지 않았다. 모든 것이 기하급수적으로 움직이고 있는 것이다. 당연히 이러한 변화는 큰 비전을 가진 기업가들에게는 엄청난 기회가 되겠지만 현상 유지를 걱정하는 일반인들에게는 근심거리가 아닐 수 없다.

매 순간이 지나면 한때 미래였던 시간이 현재가 되는 것은 당연한 이치다. '변화가 너무나도 갑작스럽게 일어나지 않을까' 하고 걱정하는 사람들은 이미 반세기 전에 앨빈 토플러(Alvin Toffler)가 최초로 진단을 내린 '미래 충격(Future shock)'을 겪고 있는 것은 아닌지 모를 일이다. 미래 충격은 급격한 사회적, 기술적 변화에 대응하지 못하는 데서 오는 심리적이고 육체적인 충격과 의사결정, 적응력에 대한 과중한 부담으로 인한 스트레스와 방향감각 상실을 말한다. (앨빈 토플러, 《미래의 충격》, 한마음사, 1992)

4차 산업혁명은 인공지능, 로봇, 3D프린팅, 빅데이터, 사물인터넷, 바이오기술, 자율주행차 등의 눈부신 과학 기술 발전을 기반으로 인간을 중심으로 가상과 현실세계의 순환과 가치창출이라는 본질을 기억하자. 그러나 발전된 기술은 인간의 생산성을 능가하기에 필연적으로 '기술적 실업'을 야기한다. 인간을 위한다는 과학기술로 인해 도리어 인간 노동의 가치가 상실될 위기에 처할 수 있다는 아이러니가 벌어지는 것이다. 우리나라는 생산 가능인구의 감소세가 경제에 미치는 영향이 전 세계에서 가장 큰 것으로 분석되고 있다. 지난 1980년대 한국은 생산가능 인구 1인당 GDP 기여도는 양수였지만 시간이 지날수록 음수로 바뀌었다. 생산가능 인구가 줄어들기 때문에 로봇과 인공지능의 수용률이 더 높아질 것이라는 전망이 나오는 이유다. 인구구조 변화로 인해 한국에서는 수용률이 빠른 속도로 올라갈 것이다. 잠재력은 같지만 가속도는 더 증가할 가능성이 있으며 이는 커다란 사회문제로 이어질 것이다. 결과적으로 '인공지능에 의해 최적화된 사회(A.I driven Optimized Society)'는 또 다른 기술적 실업을 야기한다.

그러나 기존의 많은 일자리들이 대체되는 과정에서 새로운 일자리의 기회가 창출될 것이다. 중요한 사실은 일의 전체가 아니라 일부분이 자동화되는 것이다. 반복적인 수작업의 경우 더욱 자동화 속도가 빨라질 것이다. 인간들이 하기 싫고 귀찮아하는 단순 반복적인 업무들을 로봇과 인공지능이 1차적으로 대체하게 된다. 즉, 기술이 수작업을 대체하고 새로운 기회와 새로운 업무를 만들어낸다. 이러한 과정 속에서 우리는 무엇을 준비해야 할까? 그것은 바로 기계와의 공생과 협력을 위한 기반 지식을 이해하고 자신의 업무에서 그들을 이용할 준비가 돼 있어야 한다. 이것이 바로 생산성이 성장을 창출하고 성장이 새로운 종류의 일을 창출하는 식의 선순환 구조의 원동력이 되는 것이다. 의학계에선 이미 인공지능 의사 왓슨(Watson)이, 법조계에선 인공지능 변호사 로스(Ross)가 자신의 업무영역을 넓혀가고 있다. 왓슨은 수십만 명의 환자정보와 최신 의학이론을 검색해 맞춤 처방과 진단을 시행한다. 로스는 수천만 페이지에 달하는 기존의 판례를 분석해 판결의 기초자료를 제공한다. 무수한 정보를 취합하고 통계를 활용해 산술적으로 조합하는 능력은 인공지능을 따라갈 수 없다. 대신 인간은 인공지능이 할 수 없는 더욱 창의적이고 인간적인 일을 해야 한다. 기존의 정보를 취합해 인과관계를 만들고 다른 분야와 융합해 새로운 가치를 창출하는 일 그리고 새롭게 질문을 던지고 타인과 교감하며 소통할 줄 아는 힘을 기르는 것이 미래 핵심 역량이 될 것이다.

본서에서는 미래에 유망한 직업을 구체적으로 거론하지 않았다. 물론 데이터 사이언티스트, 인공지능 전문가, 사물인터넷 전문가 등이 유망하리라는 것은 4차 산업혁명의 본질 즉 '기술이 이끌어가는 새로운 가치창출'이라는 관점을 이해한다면 쉽게 예측할 수 있다. 그러나 사회가 급속도로 변화하면 직업 또한 빠르게 생성과 소멸을 반복한다. 그래서 지금은 본질에 집중할 때다. 현상은 자연스럽게 본질을 뒤따를 것이다. 분명한 사실은 기계(인공지능 및 로봇)는 인간의 조력자요 도우미로서 인간과 함께 협력해야만 한다는 것이다. 그리고 우리의 미래는 우리가 스스로 결정하겠다는 결단과 용기가 필요한 시점이다. 그 어떠한 기술발전에서도 결국 사람이 중심이라는 가치관이 올곧게 버티고 있어야 한다. 첨단기술의 위력에 짓눌리지 않고 첨단기술을 엮어서 우리의 삶에 변화를 주겠다는 각오가 필요하다. 우리가 추구하는 삶과 가치관을 통해 우리 스스로가 미래 일자리를 설계해야 한다. 미래의 직업을 설계하는 방식이 곧 일자리에서 혁신을 결정할 것이다. 그 능력이야말로 4차 산업혁명 시대가 우리 모두에게 요구하는 필요충분조건이기 때문이다.

"미래를 예측하는 최고의 방법은 그 미래를 스스로 창조하는 것이다"

– 피터 드러커(Peter Drucker)

- 클라우스 슈밥, 《클라우스 슈밥의 제4차 산업혁명》, 새로운 현재, 2016
- 마틴 포드, 《로봇의 부상》, 세종서적, 2016
- 제리 카플란, 《인간은 필요없다》, 한스미디어, 2016
- 에릭 브린욜프슨·앤드루 맥아피, 《제2의 기계시대》, 청림출판, 2014
- 다니엘 핑크, 《프리 에이전트의 시대》, 에코리브르, 2004
- 리처드 서스킨드·대니얼 서스킨드, 《4차 산업혁명 시대 전문직의 미래》, 와이즈베리, 2017
- 앨빈 토플러, 《미래의 충격》, 한마음사, 1992
- 〈The Future of Jobs〉, WEF, 2016
- 〈제4차 산업혁명의 도전과 국가전략의 주요 의제〉, 과학기술정책연구원, 2017. 6. 30
- 〈기술변화에 따른 일자리 영향 연구〉, 한국고용정보원, 2016
- 〈10년 후 대한민국 미래 일자리의 길을 찾다〉, 미래준비위원회, KISTEP, KAIST, 2017
- 〈2030 미래 직업세계연구〉, 한국고용정보원, 2016
- 〈과연 창의적인 일은 인공지능(AI)의 영향에 안전할까?〉, 디지에코 보고서, 2016
- 〈제4차 산업혁명에 따른 취약계층 및 전공별 영향〉, 한국직업능력개발원, 2017
- 〈제4차 산업혁명의 도전과 국가전략의 주요 의제〉, 한국과학기술정책연구원, 2017
- 〈제4차 산업혁명 시대, 미래사회 변화에 대한 전략적 대응 방안 모색〉, 한국과학기술기획평가원, 2017
- '4차 산업혁명이 일자리에 미치는 변화와 대응', 〈월간노동리뷰〉, 2017년 3월호
- '이민화의 4차 산업혁명:일자리, 높은 수준으로 진화한다', 〈서울경제신문〉, 2017. 4. 26
- '제레미 리프킨 단독 인터뷰–자동화로 인한 실업 두려워 말라, 인간은 다음 단계로 발 내딛는 것', 〈중앙일보〉, 2017. 9. 12

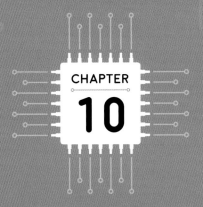

CHAPTER 10

제조분야
스마트 팩토리

정일영

- 한화케미칼 기술인재개발원 원장
- Oracle/SAP ERP Logistics 전문가
- TOP(총체적 운영혁신) 전문가
- TRIZ(창의적 문제해결 이론) 전문가
- 한국플랜트산업협회 강사
- 사단법인 4차산업혁명연구원 강사
- 블로그 : blog.naver.com/yhs5719
- e-mail : chungilyoung@nate.com

지난 1960년대 GNP 100달러인 한국은 전쟁의 어려움을 극복하는데 총력을 펼쳤다. 당시 공급은 수요를 충족시키지 못했다. 거의 모든 제품은 만들어지면 돈이 되던 시기여서 공장들은 24시간 Full 가동을 했다. 공장에서 가장 중요한 업무는 원자재수급업무였다. 이 시기를 우리는 MRP I(Material Requirement Planning) 시기라고 했다.

1970년대, 밤낮 굴뚝에서 연기를 뿜던 공장에 문제가 발생했다. 직원들이 쓰러졌고 설비가 고장 났다. 공장은 계획에도 없던 가동정지가 늘어났고 비로소 Capacity(사람과 설비)를 자원으로 관리했다. 비계획 가동정지 또한 관리하기 시작했다. Capacity Management가 관리항목에 추가됐다. 이 시기를 우리는 MRP II(Manufacturing Resource Planning) 시기라고 했다.

1980년대에는 전국적으로 공장 건설 붐이 일었다. 공장 수는 늘어났고 시장에는 유사한 제품들로 가득했다. 어느새 공급이 수요보다 커졌다. 공장에서 가장 중요한 업무의 수요가 예측됐다. Demand Planning이 관리항목에 추가됐다. 이 시기를 일컬어 ERP(Enterprise

Resource Planning) 시기라 한다. 기업 비전과 전략을 바탕으로 연간사
업계획이 수립되고 매월 판매계획, 생산계획, 수요계획, 공급계획 그리
고 공장계획이 어우러진 'Sale & Operating Planning(S&OP)'를 운영
하는 기업이 늘어났다.

그리고 2000년에 들어서면서 고객관리와 사외 물류가 쟁점이 되
기 시작했다. ERP가 사내물류를 관리했다면 SCM(Supply Chain
Management, 공급망관리)은 ERP와 사외물류까지 관리했다. 기업들도
ERP에 SCM과 CRM(Customer Relationship Management, 고객 관계관
리)을 추가했다. 바로 SCM 시대가 됐다.

그림 01 경영관리시스템 발전사

지난 2010년 스마트폰의 등장으로 생활과 업무 환경이 바뀌었다. 그
이후 기술발전은 예상할 수 없는 방향으로 확대되었고 마침내 '4차 산
업혁명'이라는 과제를 낳게 했다. 새로운 시대를 열 것 같은데 아직 현

장에서는 의견이 분분하다.

어느 9월, 알래스카의 외진 산림지역에 교수와 학생 한 명이 캠핑을 갔다. 2박 3일의 캠핑을 마치고 자리를 막 뜨려 할 때, 50m 앞 언덕에서 큰 회색 곰이 다가왔다. 교수와 학생은 곰을 등지고 달렸다. 몇 발자국을 달렸을까, 학생은 자신의 배낭에서 런닝화를 꺼내 신기 시작했다. 학생을 보던 교수는 안쓰러운 목소리로 "찰스, 런닝화를 신어도 곰보다 빠를 수 없어"라고 말하자 런닝화를 다 신은 학생은 "저는 교수님보다만 빠르면 됩니다"라고 했다.

교수와 학생이 같은 문제에 봉착했다. 그런데 서로 다른 해결책으로 접근하고 있다. 같은 문제인데도 다른 해결책을 갖게 된 것은 무엇 때문일까? 그것은 문제의 본질을 정확하게 '파악했는가?' 아니면 '파악하지 못했는가?'의 차이다.

'4차 산업혁명'과 '스마트 팩토리'도 비슷하게 받아들여지고 있다. 어떤 사람은 당장이라도 대응해야 할 문제로 파악하는가 하면 어떤 사람은 지나가는 IT의 유행처럼 대수롭지 않게 생각하고 있다. 기업 인력이 고령화하자 미래에 관한 관심보다 현실과 관련된 것에 더 관심을 두고 있다. 더러는 본질을 이해하려는 노력은 전혀 하지 않고 새로운 먹거리로 '4차 산업혁명'을 사용하고 있다. 주변에서 보면 무늬만 스마트 팩토리를 하는 공장도 있고 남들이 하니까 나도 하는 식의 이벤트성 스마트 팩토리를 하는 공장도 있다.

다시 질문을 던진다. '스마트 팩토리를 무엇이라고 생각하는가?'

질문에 대한 답변은 코끼리를 모르는 여러 명에게 안대를 씌우고 코끼리를 만진 후 답을 들은 것과 같다. 귀를 만진 사람은 부채와 같다고 하고, 코를 만진 사람은 굵은 호스와 같다고 할 것이다. 또 상아를 만진 사람은 뾰족한 창과 같다고 하고 다리를 만진 사람은 기둥과 같다고 할 것이다. 4차 산업혁명도 본 사람마다 비슷한 답변을 하고 있다. 자신의 업종과 전공, 기술과 관련된 분야에 치우쳐서 생각하고 이야기한다. 숲 전체보다는 나무에 집중하는 경향이 있다. 이런 현상은 생업과 관계된 부분이라서 무시할 수는 없지만 한국의 미래를 생각하면 답답할 뿐이다.

1. '스마트 팩토리' 그것이 알고 싶다

1) '4차 산업혁명', '4th Industry Revolution'

'4차 산업혁명'이 기술적인 혁신만 이야기하는 것이 아니라는 것은 'Innovation'을 사용하지 않고 'Revolution'이라는 단어를 사용한 것에서 짐작할 수 있다. 기술적인 혁신의 범위를 넘은 시대적인 혁신을 이야기한 것이다. 순차적인 발전단계가 아닌 전혀 다른 단계로의 전환이라고 할까? 1차 산업혁명부터 3차 산업혁명까지 그 내용을 살펴보면 단순히 기술적인 발전보다 삶과 문화까지 달라진 것을 볼 수 있다. 모든 산업혁명이 그랬다면 4차 산업혁명도 그런 기대감으로 가슴이 벌렁거려야 한다.

1차 산업혁명 증기기관의 발명과 2차 산업혁명 전기에너지의 발명 그리고 3차 산업혁명 컴퓨터와 자동화 기술의 발명은 생산성 향상에 매우 큰 영향을 미쳤다. 2차 산업혁명까지는 고용도 늘었다. 3차 산업혁명에서 고용창출에는 큰 영향을 미치지 못했지만 당시 경제 환경이 '증설과 증축'이 컸기 때문에 고용이 늘어난 것처럼 보였다. 4차 산업혁명은 생산성과 고용에 어떤 영향을 미치고 있는가? 지난 2016년 세계 경제포럼에서 발표하기 무섭게 주변에서 접하는 정보는 '일자리가 없어진다', '실업률이 더 커질 것이다', '로봇이 인간을 대신할 것이다'와 같은 부정적인 이야기다. 긍정적인 이야기보다 많이 쏟아져나왔다. 분명히 3차 산업혁명까지 '산업혁명'은 인간에게 좋은 영향을 미쳤다. 그래서 '산업혁명'이라는 단어를 사용했다. 4차 산업혁명에서도 똑같이 사용하고 있으므로 좋은 영향을 미칠 것 같다. 하지만 말문이 막힌다!

4차 산업혁명은 '산업혁명'보다는 '로봇의 반란'이나 '인공지능의 쿠데타'라는 말로 대신하는 것이 더 어울리지 않을까라는 부정적인 반응이 강하다. 거기에 Digital Transformation(Digital Disruption)이라는 개념이 혼란을 더하고 있다. 일부에서는 4차 산업혁명을 Digital Transformation이라고 하고 있다. 완전히 다르다고 할 수는 없지만 차이를 이해할 필요가 있다. 둘은 디지털 시대로의 변화라는 면으로 보면 유사해 보이지만 Target이 서로 다르다. 4차 산업혁명이 기술적인 변화에 따른 산업, 사회와 경제전반에 걸친 변화에 중점을 두고 있다면 Digital Transformation은 경영 전략 관점에서 비즈니스나 조직 그리고 프로세스의 변화에 중점을 두고 있다. 기업에서 Digital Transformation을 검토한다면 4차 산업혁명도 포함할 수가 있어 프로젝트 전체를 Digital Transformation으로 불러도 된다.

다시 화제를 4차 산업혁명 시대에 미칠 영향으로 돌려보자. 지난 2016년 KMAC(한국능률협회)와 한국인더스트리 4.0 협회가 공동으로 스마트 팩토리 추진 실태를 조사했다. 40개 산업에서 400여 기업을 대상으로 한 보고서에는 몇 가지 흥미로운 점이 있었다. 400여 기업에 아래와 같은 질문을 던졌다.

'스마트 팩토리 실현을 위해 생산현장에 우선적으로 도입할 기술은 무엇입니까?'

답변이 [그림02]다. 그림에는 10개의 기술이 보인다. '로봇'과 'CPS' 외에 대부분이 3차 산업혁명 시대의 기술이다. 로봇 자체도 3차 산업혁명 기술이라고 해도 무방하지만 최근 조립공장에서의 발전을 보면 4차 산업혁명의 주요 기술로 이야기해야 한다.

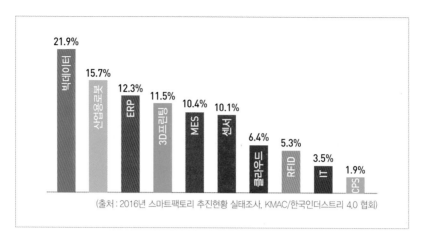

(출처 : 2016년 스마트팩토리 추진현황 실태조사, KMAC/한국인더스트리 4.0 협회)

그림 02 스마트 팩토리를 위해 우선적으로 도입할 기술

왜 답변 결과가 3차 산업혁명 기술 위주로 돼 있을까? 이런 결과가 여기만 있는 것은 아니다. 몇몇 기업의 스마트 팩토리 컨설팅 결과 보고서의 과제에 제안하는 기술도 [그림02]와 큰 차이가 없다. 보고서 내용만 보면 '3차 산업혁명을 위한 보고서인지?' 아니면 '4차 산업혁명을 위한 보고서인지?' 구분하기 어렵다. 이 답변을 이해하기 위해서는 두 가지를 확인해봐야 한다. 산업혁명 간 소요된 시간 차이와 스마트 팩토리의 정의다. 먼저 산업혁명 간 소요시간 차이를 보면 1차 산업혁명과 2차 산업혁명의 간격은 약 100년이다. 2차 산업혁명과 3차 산업혁명의 간격도 거의 100년이다. 3차 산업혁명과 4차 산업혁명의 간격은 불과 30년이다. 30년 동안 3차 산업혁명의 기술 도입은 제대로 되었을까? 도입 후 안정화는 잘됐을까? 이런 상태에서 4차 산업혁명을 맞게 된 것이다.

지난 2016년도 클라우스 슈밥(Klaus Schwab) 의장은 "4차 산업혁명은 이미 시작됐다. 그리고 복잡성을 고려할 때 과거 인류가 겪었던 그 무엇보다도 다르다"라고 말했다. 반대 의견이라도 내듯《3차 산업혁명》 저자인 제레미 리프킨(Jeremy Rifkin)은 "4차 산업혁명은 아직 도래하지 않았다. 3차 산업혁명의 연장일 뿐이다"라고 했다. 많은 석학도 아직 자신만의 정의만 이야기하고 있다. 리프킨의《3차 산업혁명》이 번역돼 출판된 것이 지난 2012년이다. 지난 2010년경에 '1차, 2차 산업혁명의 전통적인 중앙집권화 경영 활동이 3차 산업혁명의 분산 사업 관행으로 점차 대체될 것이다'라고 하면서 '경제 및 정치권력에서 볼 수 있는 전통적인 계급조직이 사라지고 사회 전반에 걸쳐 교점 중심으로 조직되는 수평적 권력이 그 자리를 대신할 것이다'라고 했다. 5년 후 4차 산업혁명 관련 도서가 쏟아져나왔다. 이런 상황이다 보니 공장에서 프로젝트를 검토하거나 시작하는 담당자조차도 혼란스러울 것이다.

정말 우리는 3차 산업혁명의 연장선에 있는 것은 아닐까? 그것을 알아보기 위해 산업혁명 간 기술적인 경계로 분리된 키워드를 알아보자. 3차 산업혁명의 키워드는 컴퓨터와 자동화다. 기술적인 경계 너머 4차 산업혁명의 키워드는 무엇일까? 바로 자율화다.

2) 자율, 자율화

3차 산업혁명 시대에 많은 공장에서 전산화와 자동화를 검토했다. 검토는 많이 했지만 도입은 생각 외로 수가 적었고 도입속도도 더뎠다. 대기업조차도 자동화뿐 아니라 전산화도 그 범위가 넓지 않다. 이것이 현실이라 '자율'을 이야기를 하기에는 너무 이르다는 느낌이다. 그보다는 '전산화'와 '자동화'를 이야기하는 것이 자연스러운 것 같다. 그것이 맞는 방향이다. 4차 산업혁명은 도래했지만 아직 3차 산업혁명의 기반이 너무 부실하다. 그래서 3차 산업혁명의 기술 기반에 4차 산업혁명의 기술 적용을 모색해야 한다.

잠시 자동화와 무인화, 자율화의 차이를 알아보자.

- 자동화 : 변화 폭이 있는 범위에서 짜인 프로그램으로 운전을 하다가 공정의 변화가 생기면 경보를 주고 멈추거나 저율로 운전한다. 이때 사람이 개입하고 변경할 사항으로 SETUP 작업을 해야 한다.
- 무인화 : 변화폭이 전혀 없는 짜인 프로그램으로 운전을 하는 것이다. 공정의 변화가 생기면 경보를 주지만 사람이 정지시키지 않으면 계속 오동작을 한다.
- 자율화 : 변화 폭이 넓은 범위의 자동화 운전에서 SETUP 작업과 운전을 위한 모델링까지도 스스로 한다.

4차 산업혁명 시대를 자율이라고 이야기하면서 조심스러운 것은 사람에 대한 것이다. '사람은 다 없어지는 거야?'라는 질문을 많이 받는다. 시간이 흐르면서 사람이 줄어드는 것은 맞지만 그렇다고 완전히 없어지는 것은 아니다. 역할이 지금과는 많이 변할 것이다. 앞으로 기술의 발전에 따라 일자리와 역할의 수는 영향을 더 받을 것이다. 바른 이해가 필요한 항목이라 자율화와 무인화의 정의를 다시 정리해본다. 무인화는 사람이 정해준 작업조건과 환경대로 기능을 처리하는 것이지만 자율화는 기계들이 스스로 작업조건과 환경을 파악해 목표를 실행해간다. 단 그 목표를 위한 일에서 정밀하고 복잡하고 힘든 작업은 로봇이 하지만 전체적인 완성도를 높이거나 특이한 주문을 반영하는 역할은 사람이 한다.

'사람이 현장에서 줄어드는 것이 경쟁력의 요소'라는 것이 슬프다. 슬프다고 안타깝다고 그냥 넘기기에는 선진국의 움직임이 수상하다. 미국과 독일 등 선진국들은 최근 리쇼어링(Reshoring, 해외 진출 기업이 다시 본국으로 돌아오는 것)을 하고 있다. 한 예로 독일 아디다스는 수십만 켤레의 운동화를 만드는 데 수백 명의 작업자가 필요했었다. 그 공장을 단 10여 명으로 운전할 수 있게 했다. 더 이상 다른 나라에서 저렴한 인건비를 찾던 시대가 아니라는 것이다. 앞으로 자율공장은 더 많아질 것이다. '자율'을 많이 연구하는 산업 분야는 자동차다.

전 세계	1,200,000
미국	35,000
중국	260,000
한국	5,000

by chung,ilyoung(2016)

이 수치는 무엇일까? '전 세계 120만 명'이라는 수치는 바로 연간 자동차 사고로 사망한 사망자 수다. 세계대전에서나 있을 법한 수치다. 이 수치를 보고 누군가는 '사망자 수를 50% 이하로 줄일 수 있다면?'이라는 생각을 했을 것이고, 해결을 위한 방법으로 자율자동차를 생각했을 수 있다. 시작이 어떻게 되었든지 간에 자율자동차는 급속도로 발전하고 있다. 몇 년 후 자율자동차가 실용화하면 이 수치의 90% 이상을 줄일 수 있다고 한다. 현재 예상으로는 오는 2025년이면 실용화가 가능할 것으로 말하고 있다. 자율자동차가 실용화하면 어떤 것이 변할까? 생각할 수 있는 것은 운전기사들이 다른 일자리를 찾아야 한다는 것이다. 또 호텔이나 기차 그리고 비행기 이용이 크게 줄 것이다. 이제는 야간 시간에도 이동할 수 있게 됐다. 물론 차주는 잠을 자거나 다른 일을 하면서 갈 수가 있다. 집에 주차장 공간을 다른 용도로 활용할 수 있다. 온라인으로 부르면 올 테니까 집에 주차를 할 필요도 없어진다.

자동차와 관련한 것만 생각해도 주변에는 사라지는 일자리도 많지만 새로 생기는 일자리도 많다. 먼저 차 안에서 할 수 있는 것을 개발하거나 만드는 일자리가 늘어날 것이다. 자율자동차가 되려면 지금보다 많은 수의 부품이 바뀌거나 추가돼야 한다. 도로의 자율주행차용 센서나 안내판 등 관리항목이 늘 것이다. 날씨와 먼지에 민감해 주변 보호시설을 유지 및 보수하는 기술 개발과 관리 항목이 늘 것이다. 교통경찰은 없어지겠지만 교통정보나 통제, 사고 조치를 위한 드론이 늘어날 것이다. 대리운전도 극소수로 줄어들 것이다. 자전거와 모터사이클, 스케이트보드만을 위한 표지판과 장치들의 관리도 달라질 것이다. 통신관련 일도 많이 늘어날 것이다. 특히 5G의 통신 속도는 안전측면을 더 확실하게 해줄 것이다. 엄청난 수의 데이터가 저장되고 분석하는 분야의 일이 늘어날 것이다. 전기자동차로 전환 시 전기에너지의 발전과 관리에도 변화가 있을 것이다. '기존의 배출가스 자동차가 없어지면 국가 차원에서 어떤 세금을 적용해야 할까?' 이것도 변화가 있을 것이다. 변화와 관련된 일자리 창출도 있을 것이다. 무엇보다 큰 변화가 예상되는 것은 자동차 보험이다. 가해자가 사람이 아닌 로봇이나 인공지능이다. 때에 따라 보험설계사도 로봇일 수 있다. 자율자동차와 관련된 일만 봐도 현재와는 다른 큰 변화가 예상된다. 지금 생각하지 못한 것까지 포함한다면, 생각만 해도 머리가 복잡하다.

3차 산업혁명과 차이가 나는 것을 '자율'이라고 말했다. 그렇다면 자율을 위한 대표 기술은 무엇일까? 1차 산업혁명 때는 증기기관이었고 2차 산업혁명 때는 전기에너지였다. 3차 산업혁명 때는 컴퓨터 기술이고 4차 산업혁명 때는? 빅데이터, IoT, 로봇, 인공지능, 3D프린팅, 블록체인, VR과 AR와 같은 기술을 이야기할 것이다. 자율을 위한 대표 기술은 바로 'CPS'다.

3) CPS

CPS는 Cyber-Physical System의 약자로 '3차 산업혁명을 기반으로 물리적 공간과 생물학적 공간 그리고 디지털 공간이 모호한 경계 속에 기술을 융합하는 것'이다. CPS를 구현하기 위해서 IoT(Internet of Things)가 기반이 돼야 한다. IoT 기술은 국내 공장에 제일 많이 요구되는 기술이지만 많은 투자가 예상되다 보니 포기하거나 검토를 미루는 곳이 많을 정도로 취약한 부문이다.

2. 스마트 팩토리 추진전략, '추진할 수 있기는 한 것일까?'

4차 산업혁명을 스마트 팩토리라고 말하기도 하지만 제조분야의 4차 산업혁명 과제를 스마트 팩토리라고 이야기한다. 'Factory'를 사용한 이유는 독일의 조립공장을 Target으로 명명됐기 때문이다. 정유나 석유화학 공장에서는 'Plant'란 단어를 사용해 'Smart Plant'라고 했을 것이다. 장치산업 일부 공장에서는 'SmartPlant'라고 하고 있다. 많은 기업에서 스마트 팩토리 추진을 위해 컨설팅 펌을 찾고 있다. 그 이유는 '무엇을 해야 할지?', '어떻게 해야 할지?' 막막하기 때문이다. 일단 컨설팅 펌이나 SI 업체들과 같이 프로젝트를 시작하면 정보전략계획(ISP, Information Strategy Planning)과 방법론을 같이 추진한다. 잘못하면 IT를 위한 정보전략계획 수립으로 끝날 수 있다. 시작 전에 추진부서는 추진 목적을 반드시 리마인드해야 한다. 정보전략계획은 내용을 보면 기업 스스로도 수행할 수도 있다.

잠시 스마트 팩토리를 하는 목적을 다시 한 번 생각해보자. '우리는 왜 스마트 팩토리를 하려고 할까?' '경쟁사가 하고 있으므로 하는 것은 아닌지?' 그렇다면 경쟁사가 안 하면 우리도 안 해도 되는 것은 아닌지? 여기서 독일의 Industry 4.0의 목적에 주목할 필요가 있다. Industry 4.0의 목적은 '제조업의 경쟁력 확보'다. 더 늦기 전에 머지 않은 미래에 놓인 경제적 가능성을 인식했기에 'Industry 4.0'을 국가 차원에서 발표한 것이다. 다른 나라보다 빨리 전 국민의 의지를 모으고 실행하기 위한 행보다. 3차 산업혁명 시대부터 ICT(Information and Communication Technology, 정보통신기술)의 기술발전은 하루가 다르게 속도를 더하고 있다. 그 기술은 단일 기술로 발전해나가는 것에 멈추지 않고 기술을 융·복합해 새로운 기술을 탄생시키고 있다.

1) 경쟁력

독일은 이런 기술의 발전에서 미래 자신의 To-Be 이미지를 봤을 것이다. 지금 상태로 그냥 있다가는, 언제 후발 기업들이 신기술로 무장해 자신들을 추월할지 모른다는 생각을 했을 것이다. 앞에서 이야기한 아디다스의 리쇼어링 실현이 이미 독일의 스마트 팩토리 행보를 말해 주고 있다. 필자는 독일과 덴마크의 4차 산업혁명 추진에 관심이 많다. 특히 독일의 야심은 두렵기까지 하다. 그들은 'Platform Industry 4.0' 을 추진하면서 글로벌 목표를 갖고 가는데 바로 '공장을 만드는 공장'이 다. '공장을 만드는 공장'이면 세상의 공장을 독일의 통제 속에 두겠다 는 것은 아닐까?

덴마크는 두 개의 트랙으로 추진하고 있다. 독일의 Industry 4.0과 유사한 MADE Digital 9과, 제조에 대한 9가지 연구를 하는 MADE SPIR 9이다. SPIR 9의 9가지는 생산시간 단축, 모듈 생산 플랫폼, 공 급사슬 발전에 기반을 둔 생산모델, 공급 사슬의 디지털화 등 생산과 물류 전반에서 경쟁력을 갖는 데 노력하고 있다.

그림 03 경쟁력 우위대상 찾기

스마트 팩토리를 추진하는 동안에는 '선점'과 '우위'라는 두 단어를 잊지 말아야 할 것이다. 이 두 단어가 바로 스마트 팩토리의 전부라고 생각하면서 프로젝트를 어떻게 접근해야 할지 살펴보자. [그림03]을 보면 가장 먼저 할 것은 '경쟁력 우위 대상'을 찾는 것이다. 전체 절차 중 가장 중요하다. 공장뿐 아니라 본사와 연구소까지 우리의 경쟁력이 무엇이 있는지 스캔작업을 한다. 5년 후와 10년 후 생존을 위해 경쟁력을 가져야 할 것을 찾는다. 스캔 방법은 인터뷰, 설문 그리고 자료 검토다. 제품부터 생산 공정, 시스템, 인력, 환경안전, 물류, 공무, 영업, 재무, 기획, 정보 등 전체 업무와 현안 그리고 핵심역량 등이 포함될 수 있다.

글로벌 정유·석유화학 기업의 행적을 보면 스마트 팩토리의 경쟁력 우위 대상을 찾는 데 도움이 될 수 있다. BASF, 다우케미컬 그리고 듀폰은 지난 1990년까지 M&A를 통한 기업 확장에 주력했다. 지난 2000년부터 기초화학 분야를 매각하기 시작해 현재까지도 매각하고 가져가야 할 기능성 화학분야만 남기는 추세다. 글로벌 기업들은 수시로 스캔하고 전략을 세우고 실행을 반복한다. 스캔은 포트폴리오에 입각한 스캔 외에 업무프로세스, 공장의 벨류체인 상의 분야별 스캔도 중요하다. 때로는 기업문화나 공장문화도 경쟁력에서 빼놓을 수 없다.

조립산업이 장치산업보다 스캔과 자율화가 쉽다. 기술을 적용하는 방법이 넓지 않고 대상도 명확하다. 그 예가 계속 언급하는 독일 아디다스 공장이다. 작업자 10명으로 50만 켤레를 맞춤 생산한다는 뉴스는 알고 있다. 그들은 언제부터 준비했을까? 그들은 지난 2015년 12월 스포츠 브랜드 제조업의 패러다임을 바꿀 'Speed Factory' 계획을 세웠고 그로부터 10개월도 안 된 2016년 9월에 첫 신발이 나왔다. 단 10개월 만에 전체가 변화한 것에 대해 개발도상국은 심각한 고민을 해야 한다. 아디다스도 아직 아시아 지역과 베트남에 약 100만 명이 생산하는 공장을 두고 있다. 앞으로는 독일과 미국 내에서 150명 정도로 운전하는 공장을 만들겠다는 것이다. 지금까지 몇 주 걸리던 주문식 운동화를 5시간 만에 생산할 수 있다고 한다. 불가능한 것을 그들은 해냈고 더 확장해가고 있다. 독일뿐 아니라 선진국들이 자국에서 경쟁력이 없던 공장들을 불러들이고 있다. 조립공장의 경우는 로봇으로 경쟁력을 가질 수 있다는 것을 보여주고 있다. 앞으로 개발도상국의 신발은 진열장에서 찾기 어려워질 것이다.

2) 경쟁력 우위 대상 찾기

'경쟁력 우위 대상'을 찾는 첫 번째는, '불가능한 것'을 찾는 것이다. 남들이 불가능하다고 한 것을 한마디로 말하면 '모순'이다. 그것을 극복하자는 것이다. 스마트 팩토리 추진에 있어서 필자는 모순 극복 과제를 기업의 가장 중요한 과제 중 하나라고 생각하고 있다. 지금까지 모순을 만나면 대부분 최적점을 찾아서 타협하려 했다. 아니면 그냥 회피했다. 제조공장에 있는 모순은 대개 생산량이나 품질 그리고 에너지 효율과 깊은 관계가 있다. 경쟁력과 직결되기 때문에 관심을 가져야 하는데 무관심한 것처럼 보인다. 찾기가 어렵거나 모르는 것보다 오픈하기 힘든 것일 수 있다.

현장에 숨어 있는 모순거리를 찾아서 문제로 만들어야 한다. 이런 문제들은 경쟁사도 똑같이 갖고 있다. 그러므로 만들어진 문제는 반드시 해결하고 새로운 문제를 찾아야 한다. 모순 극복이 경쟁력 향상에 얼마나 중요한지는 말을 하지 않아도 알 수 있다. 단지 불가능하다고 생각하기 때문에 극복하려고 안 하는 것이다. 주변에서 모순 극복 사례를 쉽게 찾을 수 있다. 한 자동차 기업을 예로 들면 자동차의 대표적인 모순인 연비와 출력에 대한 것이다. 이와 같은 모순을 '기술적 모순'이라고 한다. 자동차의 기술적 모순은 다음과 같다. 연비를 좋게 하면 출력은 떨어지고 반대로 출력을 높이면 연비는 떨어진다. 연비와 출력 둘 다 좋게 하는 것이 모순이다. BMW 3000cc 엔진의 마력은 현대 3000cc 엔진의 마력보다 훨씬 큰 것을 사용한다. 그 이유는 BMW는 연비보다 출력을 최적화했기 때문이다.

반대로 현대는 BMW가 사용한 엔진보다 작은 마력의 엔진을 사용해 연비를 최적화했다. 같은 경쟁사인 혼다는 엔진 기술에 특허를 보유한 자동차 기업이다. 30년 전부터 지속적인 노력을 통해 VCM(Variable Cylinder Management)이라는 엔진특허를 갖고 있다. VCM은 6기통 엔진을 갖고 도심에서는 3기통이나 4기통을 사용하다가 고속도로에서 6기통을 사용할 수 있도록 설계된 엔진이다. 모순 극복이란 바로 이런 것을 말한다. 모순 극복이 쉬운 일은 아니지만 극복하면 바로 차별화가 가능하다. 그래서 '경쟁력 우위 대상'을 찾을 때 모순을 가장 먼저 찾으려는 노력이 필요하다.

두 번째는 '4차 산업혁명의 자율을 궁극적인 목적으로 하는 3차 산업혁명 기술이 무엇인가?'를 찾는 것이다. 이때 말하는 3차 산업혁명 기술은 자동화와 최적화다. 조립공장이나 중소기업은 로봇과 IoT에 집중할 수 있다. 정유나 석유화학은 밸런스, 제어 루프 진단, 운전 최적화와 운전 표준화 그리고 설비 등에서 전반적인 검토가 필요하다. 그중에서도 먼저 검토해야 할 것은 바로 SOP(Standard Operating Procedure)다. 현장은 SOP에 민감하다. 자신들은 잘하고 있는데 잘 모르는 사람이 입을 댄다고 한다. '그것은 이미 다 돼 있는데 뭘 보란 말이야?'라는 질문을 할 수 있다. 이런 질문에 대해 항상 'Back to the Basic'을 이야기한다. 막상 들여다보면 스스로 놀랄 일이 많이 나온다. 기본부터 시작하고 기술들의 목적을 명확히 해 나가는 것을 기준으로 대상을 찾는다.

세 번째는 공정, 플랜트 그리고 공장 전체의 자율화가 대상이다. 이때 비로소 첫 번째와 두 번째 과제와 최신 ICT 기술의 검토가 필요하게 된다. 단시간 내에 스마트 팩토리의 효과를 보려는 기업이 있다. 하지만 스마트 팩토리는 중장기적인 접근이 필요하다. 왜냐하면 기술의 발전 속도가 너무 빠르기 때문이다. 3년 후를 생각해보자. 지금은 생각하지 못한 기술이 상용화할 수 있다. 지금은 며칠을 머리 아프게 고민하던 문제가, 나중에는 문제가 아닐 수도 있다. 그래서 중장기 계획은 지속적인 보완을 해야 한다. 이때 ICT 기술은 사례 중심으로 검토하는 것이 좋다. 한 예로, IoT의 경우는 환경과 수명에 대해 검토를 충분히 해야 한다. 정작 필요한 시점에 IoT의 수명에 문제가 발생할 수 있다. 검토 시점과 도입 시점 그리고 목적하는 시점의 마일스톤을 상세하게 할 필요가 있다. 또한 현 직원들의 퇴직 시점과 근무 기간 중의 역할도 고려해야 한다. 자율화를 잘못 이야기히면 직원들에게 스마트 팩토리가 지상 최고의 적이 될 수도 있다. 집단지성이 필요한 단계가 아닌가 생각한다.

끝으로 '문화와 핵심역량 리마인드'다. 두 번째 내용에서 'Back to the Basic'을 이야기했다. 두 번째에서는 주로 기술적인 것에 초점을 맞췄다면 여기서는 문화와 핵심역량에 초점을 맞춘 'Back to the Basic'이다. 경쟁력을 위한 방법이 기술적인 측면만 있는 것이 아니기 때문이다. 스마트 팩토리 시대에는 특히 시대적 변화가 커서 기업 문화에 변화를 요구할 수 있다.

핵심역량의 중요성을 사례를 통해 알아보자. 3차 산업혁명의 중심에 있었던 지난 2000년 초반, 전 세계적으로 웰빙 바람이 불었다. 패스트푸드업계는 비상경영에 들어가야 했다. 대표적인 기업인 맥도날드의 매출은 눈에 띄게 떨어졌다. 보다 못한 경영진은 돌파구를 찾았고 한 방안으로 스타벅스를 벤치마킹해 먹거리를 찾으려 했다. 당시 스타벅스는 글로벌화가 성공해 매출과 주가가 고공행진을 하고 있었다. 그래선지 맥도날드의 벤치마킹에 대해 대수롭지 않게 생각했다. 맥도널드가 망한다는 소문까지 있다 보니 경계도 안 했다. 몇 년이 지난 2007년 스타벅스의 매출에 빨간불이 켜졌다. 맥도날드는 회생해 매출이 급성장하던 시기에 스타벅스는 비상경영에 들어갔다. 왜 그렇게 됐을까? 스타벅스를 벤치마킹했던 맥도날드는 다양한 커피를 판매했고 매장 분위기에도 변화를 줬다. 다른 패스트푸드 기업들도 맥도날드를 따라 하게 됐다. 발등에 불이 떨어진 스타벅스 경영진은 스타벅스를 글로벌화한 하워드 슐츠(Howard Schultz)를 불러들였다. 슐츠가 본 스타벅스는 변화가 필요했다.

D-Day, 전 세계 스타벅스 매장의 문을 하루 동안 닫았다. 그리고 교육을 했다. 근거리는 집체 교육으로, 원거리는 동영상 교육으로 진행했다.

- 스타벅스만의 바리스타 교육, 프리미엄 커피 역량강화
- 스타벅스의 분위기 찾기, 핵심역량 교육
  - 스타벅스는 커피숍이 아니다.
  - 버터로 굽는 모닝빵 금지

하워드 슐츠가 처음 출근했을 때였다. 아침 출근 시간, 출입문을 열고 들어섰을 때 매장 안은 커피의 향이 나는 것이 아니라 버터로 구운 빵 냄새가 진동했다. 시끄럽고 혼잡해 누구도 그 안에서 사색한다는 것은 어려웠다. 스타벅스의 격이 맥도날드와 다를 것이 없었다. 그래서 교육을 통해 스타벅스의 향을 찾았다. 다음은 스타벅스의 분위기를 찾았다. 직원들에게 스타벅스는 커피숍이 아닌 고객 삶의 공간이라는 것을 재인식시켰다. '사색하고 대화하며 책을 읽고 공부하는 공간'을 다시 찾은 것이다. 스타벅스가 차별화를 시작했던 처음으로 다시 돌아간 것이다. 교육으로만 부활에 성공한 것은 아니었다. 초기에 실적이 저조한 600여 개 매장을 폐쇄하고 1만 6,000명의 직원을 해임한 것도 있지만 결국 스타벅스는 성공했다. '격'과 '차별화'에 성공했는데 바로 문화와 핵심역량이었다. 스마트 팩토리 시대에 기술은 매우 중요하지만 기업에는 살아 움직이는 사람과 문화가 있다는 것을 잊으면 안 된다.

3) 스마트 팩토리의 파생문제 대응

[그림03]으로 돌아가서 보자. 스마트 팩토리 '경쟁력 우위 대상' 도출과 ICT 기술융합을 했다면 프로젝트가 끝난 것일까? 아니다. 스마트 팩토리로 파생되는 문제에 대한 대응도 같이 진행해야 한다.

대응해야 할 문제는 다음 여섯 가지다.

첫째, 변화관리.

둘째, 인적자원의 방향.

셋째, 에너지 소비.

넷째, 보안.

다섯째, 인간의 가치.

여섯째, 법률시스템 개선.

여기서는 4가지만 살펴보기로 한다.

첫 번째 고민 사항은 '사람에 대한 변화관리'다. 스마트 팩토리는 검토와 준비 단계부터 운영까지 모든 것을 사람이 한다. 스마트 팩토리 추진을 위한 환경뿐 아니라 추진할 인원과 그 밖에 인원에 대해 바른 인식을 하게 하는 것이 필요하다. 프로젝트 추진 내내 교육과 이벤트가 계속돼야 한다. 한 마디로 말해 '스마트 피플'을 만들어야 한다.

두 번째는 '인적자원의 방향'에 대한 것이다. 지난 1960년대에서 70년대 세워진 공장의 경우 현장 인력의 약 70% 정도가 20~30년 안에 퇴직한다. 스마트 팩토리를 추진할 때 10년 정도의 중장기적인 전략을 수립해야 한다는 것도 인력의 감소와 조화를 이루기 위해서다. 공장에서는 인력을 늘리기보다 줄여나갈 것이다. 점점 실업문제는 더 큰 이슈로 자리 잡을 것이다. 정부와 기업은 일자리 창출에 노력을 기울일 것이다. 노조와도 뜻을 같이할 때까지는 많은 고민을 할 것이다. 일부 대기업의 노사관계를 보면 우스꽝스러운 면을 볼 수 있다. 공장에서는 노조원과 비노조원을 분리해 관리한다. 같은 공간에서 일도 같이 하고 동호회도 같이 하고 퇴근 후 식사나 술자리도 함께한다. 하지만 회사 비전을 위한 행사나 혁신 활동에서 노조원은 제외되는 경우가 많다. 회사 비전은 전 임직원이 하나의 가슴 벅찬 꿈을 꾸면서 달성해야 하는데도 불구하고 비노조원들만 꾸는 꿈이 되고 있다. 그런 상황에서도 담당 부서는 무엇이 잘못인지도 모르고 있다. 이것은 스마트 팩토리를 추진하는 데 있어 가장 큰 장벽이 될 수 있다. 여기서 독일의 Industry 4.0 추진 시 백서로 나온 '노동 4.0'의 배경을 생각해봐야 한다. 참고로 독일의 제조비중은 22% 정도다. 제조비중이 다른 나라보다 높은 만큼 노사에 대한 공감대가 성공의 힘이라는 것을 느꼈을지 모른다. 시작과 함께 그들은 노사정 대화를 시작했다. 인력감축을 고민하지만 한국의 2030년에는 인구성장률이 마이너스로 바뀐다. 일할 인구가 줄어들기 때문에 큰 고민은 아닐 수도 있다.

세 번째는 '에너지 소비'에 대한 것이다. 알파고와 이세돌의 대국 하나만 봐도 에너지 소비에 대해 이해할 수 있다. 바둑 한 판에서 알파고는 이세돌보다 약 5만 배의 에너지를 더 사용했다. 자율화를 위한 장비 도입과 기술융합에 대한 에너지 소비는 한 기업만의 문제가 아니다. 전력수요에 따른 전기발전과 소비통제 그리고 국내외 규제 등 국가차원으로 관리가 돼야 한다. 특히 온실가스와 같은 국제 흐름의 변화도 생각해야 한다. 에너지 부문은 기업 차원보다는 국가 차원의 경쟁력 요소가 될 것이다. 그래서 안전하고 효율이 좋은 원전의 건설을 더 고민할 것이다. 앞으로 '위험을 최소화하는 R&D에 많은 투자가 있지 않을까?'라는 조심스러운 생각도 하게 된다.

네 번째는 '데이터 보안'에 대한 것이다. 전 세계에서 수조 개의 센서로부터 상상도 못할 데이터들이 생성되고 있다. 저장된 데이터들은 가공돼 새로운 가치를 갖는 데이터로도 생성된다. 그 데이터를 이용한 컴퓨터가 공장을 운전하고 관리한다. 그런 데이터와 정보들이 누군가에 의해 파괴된다면 어떻게 될까? 지난 1970년에서 2000년대까지 '안전제일'을 외치던 공장에서는 '보안철저'를 외치게 될 것이다. 스마트 팩토리를 '잘하느냐?', '못하느냐?'는 '정확한 정의와 목적을 알고 있느냐'에 달려 있다. 중요한 내용인 만큼 다시 요약해본다. '스마트 팩토리는 제조업과 ICT의 융합이다'라는 단순한 정의만 갖고는 전산화와 자동화 영역을 벗어나지 못한다. 스마트 팩토리가 궁극적으로 꾸는 비전은 '자율공장'이다. 그런 미래 자율공장을 To-Be 이미지로 그려보는 것이 중요하다. 비전을 실현할 때는 공장을 스캔해 미래 경쟁력 대상을 선별하고 ICT 기술과 융합을 검토한다. 동시에 6가지 추가적인 과제를 같이 검토함으로써 비로소 경쟁우위를 위한 전쟁에 나갈 수 있다.

3. 스마트 팩토리 현주소, '지피지기면 백전백승이다'

지난 1970년대부터 한국 기업들은 無에서 有를 창조하기 위해 많은 벤치마킹을 했다. First Mover이기보다는 Fast Follower로서 선도 기업들을 쫓아갔고 그러던 중 몇몇 기업은 뛰어넘기도 했다. 그런 것이 몸에 밴 세대가 현재 경영진과 관리직이다. 그래서인지 대부분 기업에서 스마트 팩토리도 선진기업을 벤치마킹하거나 유명 컨설팅 펌에 의뢰하려고 한다. 특히 벤치마킹은 그들의 화려한 외형만 보고 감탄하고 오기가 쉽다. 정말 봐야 할 것은 그들이 그렇게 한 목적과 이유, 가장 크게 부딪힌 장벽 그리고 전 직원의 변화관리 방법 등 그렇게 되기까지의 히스토리다.

스스로 질문을 하나 해보자. 당신이 햄버거 상점을 하고 있고 당신 옆집도 햄버거 상점이라고 가정하자. 당신이 발로 뛰어다니면서 찾은 최고의 고기 원산지와 원료로 그 누구도 흉내 내지 못할 맛을 개발했다. 매출은 옆집의 몇 배로 뛰었고 일손이 부족해서 인력 고용도 늘었다. 매출이 크게 오른 며칠 후 옆집에서 벤치마킹하러 왔다면 당신은 당신의 노하우를 어느 정도까지 알려주겠는가? 스마트 팩토리도 마찬가지다. 경쟁사나 해외 다른 산업군의 기업에 벤치마킹을 하러 갔다고 하자. 경쟁력을 위한 그들의 과제를 잘 설명해줄까? 생각하나마나 한 일이다. 그런데도 우리는 벤치마킹을 하고 있다. 벤치마킹을 부정하는 것이 아니다. 벤치마킹을 실행하기 위해서는 '왜 가야 하는지'와 '우리가 얻어야 할 것이 무엇인지'를 명확하게 할 필요가 있다. 한 가지를 더 하면 Target 기술에 대한 End-user를 관찰하고 흐름을 보는 것을 제안한다.

컨설팅은 주요한 일의 대부분을 내부 직원들이 한다. 컨설팅 펌은 방법론만 알려주고 그 방법론대로 결과를 도출하면 되는데 컨설팅 펌한테서 많은 것을 얻어내려고 한다. 컨설턴트도 비밀 준수 서약을 했기 때문에 타사의 내용을 함부로 말할 수 없다. 얻어 낸다고 해도 그 수준이 일반적인 때가 많다. 스마트 팩토리에 대한 컨설팅은 더욱 그렇다. 컨설턴트 경험을 해본 인력이 없기 때문이다.

1) 한국의 스마트 팩토리 현주소

일부에서 "현재 한국의 기술이 선진 기술에 70~80% 수준에 와 있으므로 머지않아 따라잡을 수 있을 것이다"라고 말하고 있다. 스마트 팩토리 시대에 2등의 위상에 대해 생각해봐야 한다. 시장을 선점하고 우위에 서는 데 있어 2등을 위한 배려가 있을까? 순위 이야기가 나왔으니 국가 차원에서 한국을 보면 지난 2016년도 4차 산업혁명 경쟁력 순위는 25위였고, 2017년도는 19위다. 수치로만 보면 아주 완벽히 잘하고 있다고 보인다. 정말 잘하고 있나? 어떻게 6위나 올랐을까? 솔직히 19위나 25위나 크게 중요하지 않을 수도 있다. 전 세계 200개 나라 정도에서 30위 안에 들면 잘하는 것으로 생각하기 쉽다. 하지만 전 세계 나라를 살펴보면 30~40개 나라 정도를 빼면 아직도 1차 산업과 2차 산업을 주된 산업으로 하는 나라들이다. 대부분이 아직 4차 산업혁명을 모르거나 필요성도 느끼지 못한다. 4차 산업혁명은 OECD 34개 나라들의 전쟁이다. 19위는 경각심을 가져야 할 순위다.

순위 외에도 봐야 할 것이 하나 더 있는데 국가 산업 내의 제조비중이다. 4차 산업혁명 경쟁력 순위 20위까지를 보면 제조 비중이 30%가 넘는 국가는 한국이 유일하다. 대부분 서비스 비중이 크고 제조 비중은 10~20% 사이에 있다. 그렇다면 제조 비중이 30%인 국가의 스마트 팩토리는 어떻게 해야 하는가? 방법론보다 경제에 미치는 영향에 대한 고민과 그에 따른 행동이 필요하다. 제조 비중이 큰 만큼 스마트 팩토리를 더 서둘러야 하는 것은 아닌가? 20위 내에 제조 비중이 22%인 독일과 14%인 덴마크를 눈여겨봐야 한다. 독일은 대기업 중심으로 추진하고 있다. 독일의 중소기업은 히든 챔피언이 많다는 것에 주

국가명	제조비중	경쟁력 순위 2017	경쟁력 순위 2016	UBS 준비도	WEF NRI	WEF 국가경쟁력	IMD	WIPO	혁신성	국가연결성
싱가포르	19%	1	2	2	1	2	1	6	20	1
핀란드	18%	2	4	4	2	10	4	5	6	
미국	12%	3	5	5	5	3	3	4	2	3
네덜란드	12%	4	3	3	6	4	6	9	10	2
스위스	17%	5	1	1	7	1	8	1	1	12
스웨덴	17%	5	11	11	3	6	2	2	4	18
노르웨이	7%	7	8	8	4	11	10			
영국	8%	8	6	6	8	7	11	3	9	6
덴마크	14%	8	9	9	11	12	5	8	18	
홍콩	1%	10	7	7	12	9	7			
캐나다		11	15	15	14	15	9			13
뉴질랜드	12%	12	10	10	17	13	14			
독일	22%	13	13	13	15	5	17	10	5	4
대만	20%	14	16	16	19	14	12			
일본	19%	15	12	12	10	8	27		21	24
호주	17%	16		17	18	22	15			
오스트리아		17		18	20	19	16			19
이스라엘	13%	18		21	21	24	13		2	
한국	**30%**	**19**	**25**	**25**	**13**	**26**	**19**	**11**	**30**	**16**
아일랜드	35%	20	14	14	25	23	21	7	16	5
벨기에		21		19	23	17	22			9
프랑스	11%	22		20	24	21	25		8	8
말레이시아		23		22	31	25	24			20
포르투갈		24		23	30	46	33			
중국	31%		28		59	28				7

그림 04 4차 산업혁명 경쟁력 순위 24개 국가의 관련 지수 비교

목해야 한다. 덴마크는 중소기업 중심으로 추진하고 있다. 제조업 생산과 SCM(Supply Chain Management, 공급망관리)에 초점을 맞춘 중장기 Research Group을 주목해야 한다.

[그림04]는 4차 산업혁명 경쟁력 순위 24개 나라의 국가지수를 비교한 표다. 순위 외에도 NRI(Network Readiness Index, 네트워크 준비 지수), 혁신성과 국가 연결성 정도는 관심을 가져야 한다. 표에서 한국은 '혁신성'이 많이 떨어진다. 이 지수는 교육과 문화와 관계가 있다. 스마트 팩토리 시대에 혁신성은 창의력하고 관계가 있으며 도전하려는 자세가 있는 자에게 필요하다. 교육은 하루아침에 결과를 얻을 수 없다.

그래서 초등학교 이하에 초점을 맞춘 코딩교육이나 창의교육은 좋은 방향이나 먼 미래를 위한 것이기 때문에 천천히 가도 된다. 지금 필요한 것은 청소년부터 직장인을 대상으로 한 교육이다. 초등학생이 성인이 된 그때는 이미 스마트 팩토리 전쟁은 끝난 후가 될지 모르기 때문이다.

기업과 개인만 열심히 하면, 스마트 팩토리 구축에 한계가 있다. [그림05]를 보면 한국이 극도로 취약한 것이 2개가 보인다. '노동시장의 유연성'과 '법률시스템 및 윤리성'이다. 윤리성은 상당히 높아졌다고 생각하지만 법적규제는 계속 강화되고 있다. 국내에서 법 규제와 노조로 해외로 가야겠다는 기업들도 늘고 있다. 해외라고 다 좋은 것만은 아니겠지만 일부 선진국에서는 리쇼어링을 하는 것과 같이 고민해야 할 일이다. 경쟁국들은 지금도 멀리 달려가고 있다. 또 한 가지 '노동시장 유

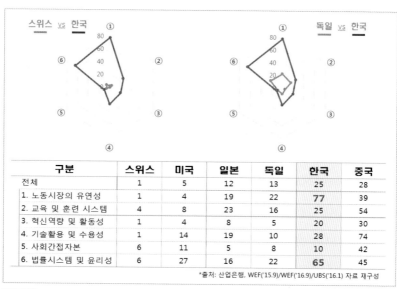

구분	스위스	미국	일본	독일	한국	중국
전체	1	5	12	13	25	28
1. 노동시장의 유연성	1	4	19	22	**77**	39
2. 교육 및 훈련 시스템	4	8	23	16	25	54
3. 혁신역량 및 활동성	1	4	8	5	20	30
4. 기술활용 및 수용성	1	14	19	10	28	74
5. 사회간접자본	6	11	5	8	10	42
6. 법률시스템 및 윤리성	6	27	16	22	**65**	45

*출처: 산업은행, WEF('15.9)/WEF('16.9)/UBS('16.1) 자료 재구성

그림 05 주요 국가의 4차 산업혁명 준비도 순위

연성'도 생각부터 달라져야 한다. 스마트 팩토리 시대에는 국가 간의 경쟁과 기업 간의 경쟁 외에 개인 간의 경쟁도 허용돼야 한다. 그 외의 지수는 위의 두 지수보다 상대적으로 좋게 보일 뿐이지 스위스, 미국, 일본 그리고 독일에 비교하면 좋다고 할 수 없다. OECD 국가가 34개 국이라는 것을 생각하면 더 그렇다.

우리는 이미 집단사고에 빠지기 쉬운 상황을 '우버'를 통해 경험했다. 앞으로 자율택시가 나오면 8만이나 되는 서울 택시는 어떻게 될까? 오는 2018년부터 싱가포르에서는 자율택시가 대중화한다고 한다. 서울에 자율택시가 나온다면 서울시청 앞에 촛불을 들고 모이기만 할 것인가? 새로운 길을 찾기 위한 노력이 사방에서 있어야 한다. 스마트 팩토리의 현주소는 기술에 너무 맞춰져 있다. 정부의 정책과 기업의 문화와 핵심역량 그리고 개인역량으로 다방면으로 시야를 넓혀 가야 한다.

4. 스마트 팩토리 추진사례, '실패는 피가 되고 살이 된다'

1) 공정관리에 관한 경험 사례

정유와 석유화학 공장에서는 지난 1980년대부터 스마트 팩토리를 하고 있었다. 공장 운전을 위한 설비로 DCS(Distributed Control System)와 PLC(Programmable Logic Controller)가 있다. 공장 전 생산 공정의 계기와 주요 설비에 센서를 부착해 모니터링과 제어를 하고 있다. 이것은 공정관리의 IoT다. 공정관리에 비해 설비관리 IoT는 많이 부족하다. 선진제어 부문에는 APC(Advanced Process Control),

VOA(Virtual On-line Analyser)와 RTO(Real-Time Optimization) 등이 딥러닝 기술의 '학습-모델링-추론'을 응용하고 있다. 특히 APC는 예측운전시스템으로 평상시에는 스스로 최적화 운전을 하다가 비정상 상태에서는 변화에 대해 사전에 예측함으로써 운전 안정화를 하게 한다.

몇 년 전까지 APC 모델링을 위해서는 전문 엔지니어가 필요했다. 최근에 발표된 새로운 버전은 운전 중 튜닝과 스텝 테스트를 하고 현 상태에 최적의 APC 모델링까지 스스로 할 수 있다. 운전 조건이 변화하는 공정 상황에 스스로 맞추는 지능형 APC다. 한국 정유와 석유화학 관련 많은 기업에서 검토도 하고 적용도 하고 있다. Tuning과 Modeling, Performance monitor, Calibration mode, SmartStep으로 구성돼 있다. Modeling 후 모델은 담당 엔지니어에게 확인을 받고 운전에 적용하거나 자동으로 적용되게 할 수 있다. 이 구성도에서 한 가지 더 눈여겨볼 항목이 있다. 'Performance monitor'다. 3차 산업혁명까지는 자동화와 최적화는 했지만 성능(Performance)을 관리하지는 못했다. 아마 운전하고 있으니 성능이 100%라고 생각했을 수도 있다. 경쟁력을 위해서는 효율과 성능은 같이 관리돼야 할 지수다.

VOA는 가상의 온라인 분석기다. 분석이 필요한 공정이지만 샘플을 얻을 수 없는 공정을 대상으로 한다. DCS나 실시간 RTDB(Real-Time Database)에 저장된 공정 데이터와 실험실 데이터를 이용한다. 통계적 상관분석을 기반으로 한 뉴우럴 네트워크 기술이 접목된 시스템이다. APC와 마찬가지로 실행모델을 만들어 실시간 Snapshot 값을 흘리면서 모델 내 알고리즘에 의해 분석 값을 예측하는 것이다. APC와 연계해 사용하거나 독립적으로 사용할 수 있다. VOA의 기반이 통계분석이기 때문에 빅데이터를 이용한 공정분석을 시도할 때 큰 도움이 된다. 현장에서는 On-Stream Analyzer의 데이터와 보조 시스템으로 관리를 할 경우 On-Stream Analyzer의 신뢰도를 높이거나 교정 시기를 정하는 데 도움을 준다. 설비관리의 예지보전이라고 볼 수 있다. 공정관리의 발전은 매우 빠르다. 하지만 적용할 대상만큼은 변하지 않는다. [그림06]처럼 공장 설비부터 공장계획관리까지 경험을 바탕으로 자율화 계획을 수립해야 한다.

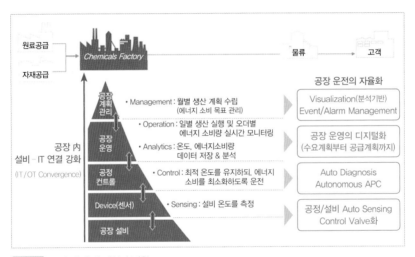

그림 06 공장 내 추진 대상과 방향

2) 설비관리에 관한 경험 사례

스마트 팩토리의 정의를 말하고 있는 필자도 지난 2010년도 ERP 프로젝트를 하면서 예지보전 기술도입에 큰 실패를 한 경험이 있다. Logistics Part Leader로서 SAP PM 모듈에 예지보전 솔루션 세 가지를 추가로 적용했다. 당시 도입한 기술은 SmartSignal사의

EPI*Center와 AREVA사와 ARTESIS사의 전기해석법 기술이다. 당시 현장은 무관심했고 작은 필요성도 못 느끼고 있었다. SmartSignal사의 EPI*Cenetr는 현재 GE사에서 인수해 SmartSignal이라는 제품 명으로 서비스하는 제품이다. 동작원리는 정상상태를 학습해 모델을 만들고 실시간 현장 값을 흘려서 모델 알고리즘으로 비정상상태를 찾는 방식이다. EPI*Center는 하인리히 법칙의 1 : 29 : 300(큰 재해와 작은 재해 그리고 사소한 사고의 발생 비율이 1 : 29 : 300이라는 것) 중 300을 찾아주는 것이다. 최근에는 EPI*Center와 유사한 솔루션이 출시됐다. IBM사는 AI 왓슨과 결합한 자산관리 솔루션을, AspenTech사는 AI 기능이 포함된 '처방전 보전'이라는 APM 솔루션을 출시했다. 이런 모델링 방식을 도입 및 검토 시 반드시 확인할 두 가지가 있다.

첫째는 대상에 대한 데이터 양이다. 센서의 수라고 보면 된다. 빅데이터 기술이 적용되기 때문에 데이터가 많아야 하는데 DCS에서 관리하는 설비의 데이터는 한계가 있다. DCS가 공정제어를 목적으로 하는 것이기 때문에 주요 회전설비(이하 '설비'로 표기) 몇 개에 대해서만 20여 개 정도의 센서를 부착한다. 그 밖의 설비에 대해서는 ON/OFF 스위치 정도다. 이런 설비는 모델을 만들 수 없다.

둘째는 관리하는 설비의 중요도다. 발전소에서는 대형 터빈과 발전기가 하나의 공장과 같다. 그 설비 하나만 관리해도 EPI*Center의 ROI가 나올 수 있다. 그러나 정유·석유화학 공장의 경우는 관리해야 할 설비가 많다. 몇 개의 설비만 관리해서는 공장 전체의 설비관리를 한다고 할 수 없다. 설비의 중요도는 설비등급과 관계가 있다. 설비등급 중 A등급은 약 5~7% 정도가 적절하다. 하지만 현장은 15~25% 정도로 많게 돼 있다. 그 이유는 사고와 책임이라는 미묘한 관계 때문으로, 설비관리를 어렵게 만드는 원인이 되고 있다. A등급의 설비는 주요 설비이므로 EPI*Center에 등록하기를 바랄 것이다. 하지만 대부분 설비가 DCS에 데이터가 들어오지 않는다. 모델링 방식을 도입할 때는 설비에 대한 IoT도 같이 검토해서 예산을 책정해야 하는데 빠지는 경우가 많다. 결국 EPI*Center를 도입한 많은 수의 기업이 몇 개의 회전설비에 적용하는 것을 끝으로 프로젝트를 마치고 있다. 그래도 끝을 낼 수 있다는 것은 다행인 것이다. 몇 안 되는 설비에 적용하는 것도 데이터의 신뢰가 문제가 돼 도중에 포기하거나 시간만 길게 끄는 경우도 발생한다.

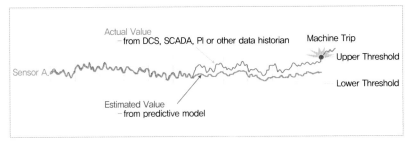

Actual Value
– from DCS, SCADA, PI or other data historian

Machine Trip

Upper Threshold

Lower Threshold

Sensor A

Estimated Value
– from predictive model

그림 07 EPI*Center 실 데이터와 예측치 비교

모델링 방식 도입은 성급하게 투자하기보다는 공장 전체의 설비관리 전략을 수립한 후에 도입하는 것이 좋다. 적용이 가능한 설비가 한정적인 단점이 있지만 공정관리 면에서 큰 장점이 있다. 설비 외에 공정의 이상 징후를 감지할 수 있다. 공장에 비계획 가동정지의 원인을 파악하면 약 30% 정도가 Human Error다. 즉, 운전자의 잘못된 조작에 의한 가동정지가 많다. EPI*Center를 공정 이상 관리에 적용하는 것이

다. 비계획 가동정지의 원인을 살펴보면 설비 이상이 30%고 누수에 의한 이상이 10%, 모드 변경에 의한 이상이 25%, 불량이 5%다. 설비 이상만큼 Human Error가 많다. [그림07]은 모델링방식을 설명할 때 많이 사용하는 그림이다. 녹색 트렌드는 정상상태를 예측한 값이고 보라색은 실측한 값이다. 두 트렌드의 이격이 '이상'에 대한 정보를 주는 것이다.

전기해석법은 전기적 특징을 이용한 방식으로 CP(변류계)와 PT(변압계)를 사용한다. 전기해석법의 방식은 다음 3가지가 현재까지 알려져 있다.

- 방식 1 : MCSA(Motor Current Signature Analysis)
- 방식 2 : ESA(Electrical Signature Analysis, AREVA 社)
- 방식 3 : Smart-RCM(R-MCM, 터키 Artesis 社), Precog(이스라엘)

어느 방식이 더 좋고 나쁨을 가리는 것은 현 시점에서는 시기상조다. 관련 논문들도 있지만 여러 가지 방식을 오랜 기간 사용하면서 작성한 것이 아니므로 한 방식에 편중된 의견이 많다. 가장 중요한 것은 현장의 경험이다. 공무부서에서는 이러한 시스템을 사용해본 적도 없는 만큼 시스템 특성을 이해하는 데 주력해야 한다. Try and Error 방식으로 경험을 쌓아가야 한다. 이들 방식의 도입 목적은 예방보전 항목이 너무 많아 현 공무부서의 인원으로는 감당할 수 없다는 것이 하나다. 또 다른 하나는 고령화에 대한 것이다. 한순간에 경험 많은 인력의 퇴직으로 기술적인 공황이 발생했을 때 회전설비의 관리 수준에 한계를 느낄 수 있다. 그것은 공장 전체의 가동정지를 불러올 수도 있다. 대응 방법으로 예지보전 방식이 있다. 큰 회전기에는 모델링 방식과 전기해석법 고정식으로 Visual Inspection을 수행하면서 이상이 발생하면 고급기술의 진단을 하는 것이다. 징후의 포착인 만큼 계획보전을 할 수 있다. 비용과 시간 그리고 인력소요에 있어 최적으로 운영할 수 있게 한다. 작은 회전기에 대해서는 휴대용 전기해석법 진단 장비를 이용한다. 휴대용 진단장비는 데이터 수집만 하는 인력과 데이터를 분석하는 인력으로 나눠 운영하는 것이 전문성도 키우고 효과적이다. 전기해석법으로 진단하지 못하는 설비는 동기식전동기와 직류전동기가 있다. 이 설비에 대해서는 별도의 보전방식을 갖고 가야 한다.

지난 2010년부터 3년간 수행한 프로젝트는 모델링 방식과 전기해석법 방식 2와 방식 3이었다. '방식 2'를 빼고 다 실패했다. 실패의 가장 큰 원인은 2가지였다. 첫 번째는 변화관리를 안 했던 것이고 두 번째는 기술에 대한 이해 부족이다. 가장 아쉬웠던 것은 변화관리에 대한 것이다. 그 당시 포항제철과 전기해석법 방식 3을 비슷한 시기에 검토했다. EPI*Center는 국내 최초였다. 당시 주변을 둘러보면 예지보전에 대한 관심이 전혀 없었다. 현장도 프로젝트를 하고 있는데도 관심을 갖지 않았다. 지난 2010년 프로젝트를 한 경험을 떠올려보면 변화관리 시 기술적인 이해를 하는 워크숍을 해야 했다. 이해하지 않으려는 담당자들을 어떻게 해서든지 이해시켜야 했다. 그 결과 하인리히 법칙의 '1 : 29 : 300'에서 300에 대한 이해를 하지 못하고 솔루션의 신뢰 부족이라는 판단을 하게 했다. 지금 생각하면 참 바보 같았다. 예지보전의 성공은 그 목적과 방식에 대한 충분한 교육과 변화관리가 좌우한다.

한국의 공장에서 예방정비를 제대로 하는 공장은 손가락으로 꼽을 정도다. 공장이나 공무부서 내에 '설비관리'에 대해 교육할 수 있는 역량 있는 사람이 거의 없다. 한마디로 카센터와 같이 수리하는 것과 재발 방지하는 것에만 관심 있는 정비관리 수준이다. 그래서 예지보전을 이야기할 때에 많은 부서장이 '왜 이런 것을 하느냐?', '효과가 없다'라는 식의 부정적인 말을 했다. 앞에서도 이야기했지만 적용하기 전에 미래에 대한 설비관리 워크숍을 했더라면 어떻게 됐을까? 기술적인 교육에 2시간을 투자할 때 변화관리에 1시간을 투자했더라면 어떻게 됐을까?

5. 스마트 팩토리, '이제 시작이다. 무엇부터?'

스마트 팩토리의 정의를 알아보고 추진 방향과 몇 가지 추진 사례를 살펴봤다. 이제 시작하려고 하는데 무엇부터 손을 대야 할까? 사례에서 실패의 원인을 말할 때 교육과 변화관리에 대해 언급했다. 그 중요성은 성패와 직결되기 때문이라고 했다. 교육과 변화관리의 대상이 누구인가? 기술이나 설비가 아니라 사람이다. 그래서 스마트 팩토리는 사람을 중심으로 시작한다. 변화의 시작은 다음과 같아야 한다.

싱가포르에 한 젊은 판사가 있었다. 법정에서 하얀 가발을 쓰고 판결을 내리는 자신을 보고 의문을 가졌다. 우리는 왜 하얀 가발을 써야 할까? 하얀 가발을 쓴 자신에게 '왜?'라는 의문을 던졌고 궁금증에 스스로 조사를 시작했다. 어렵지 않게 그 이유를 찾았다. 그 이유는 싱가포르가 영국의 식민지였기 때문이다. 그럼 영국의 판사들은 왜 하얀 가발을 쓰게 되었을까? 또 조사했다. 그 해답도 어렵지 않게 찾을 수 있었다. 영국은 기후가 습하고 차다는 것이 원인이었다. 하지만 그것이 근본 원인은 아니었다. 조금 더 파고들어보니 근본 원인은 영국의 판사 중에 대머리가 많다는 것이다. 재판 동안 찬 공기로부터 두피를 보호하기 위해 하얀 가발을 쓰기 시작을 했는데 그것이 전통이 됐다. 그 전통이 식민지까지 전파돼 더운 싱가포르에서도 하얀 가발을 사용하게 된 것이다. 직접 확인해보지 못했지만 아마도 지금은 하얀 가발을 벗은 판사의 모습을 볼 수 있을 것 같다.

1) 창의와 문제해결

공장에서의 시작도 비슷하다고 생각한다. 공장의 운전 조작에 있어서 '왜 그렇게 운전을 해야 할까?'라는 질문을 스스로 해봐야 한다. 수십 년 동안 선배에게 그렇게 하라고 배웠다. 구전으로 전해 내려온 것이 바이블이 된 것이다. 굳어진 것은 바꾸기가 쉽지 않다. 그것이 틀렸을 경우 바로잡는 데 많은 시간과 인력이 필요하다. 이것이 지식답습이다. 스마트 팩토리 도입을 방해하는 높은 장벽 중 하나다. 스마트 팩토리 도입을 방해하는 3대 장벽은 심리적 관성, 지식답습 그리고 모순회피다. 이 장벽을 허는 데 필요한 역량이 '창의'와 '문제해결'이다. 아래 조사결과가 이를 뒷받침하고 있다. [그림08]은 2016년도 한국능률협회(KMAC)와 한국인더스트리 4.0 협회에서 스마트 팩토리 추진현황 실태 조사를 한 결과 중 하나다. 40여 개의 산업, 400여 개의 기업에 종사하는 분들에게 "스마트 팩토리 관련 시장 환경 변화에 대응하기 위해 중요하게 생각하는 역량은 무엇입니까?"라고 물었다. 그 결과다. 내용을 보면 가장 많은 24%가 '문제해결 능력'이라고 답하고 있고, 가장 많은 것부터 세 가지를 합친 것이 약 60% 정도로 창의적 문제해결과 관련된 역량을 요구하고 있다.

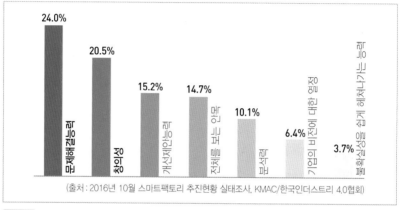

(출처 : 2016년 10월 스마트팩토리 추진현황 실태조사, KMAC/한국인더스트리 4.0협회)

그림 08 시장 환경 변화에 대응하기 위해 중요시하는 역량 (국내)

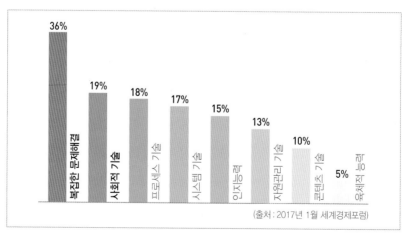

(출처 : 2017년 1월 세계경제포럼)

그림 09 시장 환경 변화에 대응하기 위해 중요시하는 역량 (해외)

지난 2017년 1월 세계경제포럼에서도 비슷한 조사를 했다. 그 결과가 [그림09]다. 그래프에서 가장 많은 36%가 '복잡한 문제해결'이다. 국내외에서 스마트 팩토리 시대에 가장 필요한 역량으로 '문제해결'과 '창의'를 꼽고 있다. 요구가 있다는 것은 그런 문제들을 갖고 있다는 것이다. 그렇다면 스마트 팩토리 프로젝트에 들어가기 전에 역량을 향상할 계획 수립이 필요하지 않겠는가? 우리는 초등학교 이전부터 수많은 문제를 풀어 왔다. 많은 문제를 풀었다고 하지만 나만의 문제해결 방법을 갖고 있는 사람이 드물다. 문제에 접근하는 방법도 문제가 있다. 일반적으로 문제를 접하면 머릿속에는 '답이 무엇일까?'라는 질문이 떠오른다. 이러한 접근방법을 '해결책 중심적 사고'라고 한다. 문제의 본질이나 원인을 찾기보다는 답이 무엇일까를 생각한다. 이 방법의 문제점은 머리에 생각나는 아이디어를 답으로 생각하고 끼워 맞추려는 경우가 많다. 이 방법은 문제를 해결하는 생각의 폭을 좁게 한다. 스마트 팩토리 시대에는 다른 방법으로 문제에 접근해야 한다. 문제를 접하면 'Why?'나 'So What?'으로 접근한다. 이러한 접근방법을 '문제 중심적 사고'라고 한다. 계속되는 질문으로 문제의 본질과 근본원인에 가깝게 접근할 수 있다. 유사한 기법으로 '5 WHY 기법'과 'RCA, Root Cause Analysis(근본원인분석)', 로직 트리 등이 있다. 반드시 열거한 기법만을 사용하라는 것은 아니다. 개인적으로 선호하는 방식이 있다면 그 방법을 사용하는 것이 제일 좋다. 단 지속적인 연습과 훈련을 통해 능숙하게 사용할 수 있어야 한다.

2) 근본원인분석, 문제의 본질 파악

문제의 본질을 파악하는 데 근본원인분석 기법을 많이 사용한다. 다른 기법보다 배우기가 쉽기 때문이다. 근본원인분석을 알고 있다는 몇몇 사람에게 문제를 풀게 했다. 문제는 우리 주변에서 쉽게 발생할 수 있는 것으로 했다. "아파트 쓰레기 버리는 곳에 음식물쓰레기통이 있는데 악취가 심하게 나고 있다. 악취가 나는 문제에 대해 근본원인을 분석하라."라는 문제다. 이 문제를 교육시간에 냈을 때 피교육생들의 입가에 미소가 보였다. 쉽다는 의미로 생각한다. 얼마 지나지 않아 그 미소는 사라지고 웅성웅성하던 공간은 조용해졌다. 10여 분 후 해결이 어려운 것 같아 4~6명씩 묶어 그룹으로 토의를 하게 했다. 그리고 30분 후 결과를 봤더니 처음과 달라진 것이 없었다. 그동안 우리는 기법을 눈과 머리로만 배웠다. 강사가 설명하면 너무 쉽게 이해를 하지만 강의실 문을 나서는 순간 기억은 빠르게 지워졌다. 대개가 백지를 받은 후 '어떻게 해야 할지 몰랐다'고 한다. 한 번이라도 교육받은 것을 실무에 사용했더라면 이렇게 백지를 받고 막막하지는 않았을 것이다. 문제를 해결하는 데 기법을 사용하지 않고 있다. 왜 사용하지 않을까? 우리 교육방법이 그런 방법에 익숙한 교육이 아니었기 때문이다.

3) 창의의 정의

문제해결을 위해 가장 많은 시간과 노력을 기울이는 과정이 문제의 본질을 파악하는 것이다. 아인슈타인도 문제를 해결하는 것보다 문제를 관찰하는 것이 훨씬 더 중요하다고 했다. 문제 원인을 명확히 찾는 기법을 활용하는 것도 개인에게 가장 필요한 역량이다. 문제의 본질을 파악한 후에는 아이디어를 도출해 해결책을 찾아야 한다. 이때 '창의'가 빛을 발할 때다. 그런데 '창의'가 무엇인가? 우리는 일상 속에서 창의라는 단어를 많이 사용한다. 일할 때도 후배 사원에게 '좀, 창의적으로 생각해봐'라는 말을 하곤 하는데 그렇게 이야기한 자신은 창의가 뭔지 알고 있는 것인가? 창의적인 아이디어를 요구하면서 발명을 하라고 한 것은 아닌지 생각해봐야 한다. 심하게 말하면 마술을 하라고 한 것은 아닌지 생각해봐야 한다.

창세기 1장 1절에 '태초에 하나님이 천지를 창의 하셨느니라'라고 돼 있는가? '창의'가 아니라 '창조'라는 단어를 사용하고 있다. 왜? 무에서 유를 창출하는 뜻으로 창조를 사용하는데 우리도 창의를 그런 의미로 사용하는 것은 아닌지? 우리는 창의와 창조를 혼동하고 있다. 왜냐하면 우리를 더 혼란하게 만드는 것은 바로 사전이다. 사전에는 '자신이 가진 기존의 생각을 파괴함으로써 전에 없던 새로운 생각을 만드는' 또는 '새로운 생각을 만들어냄'이라고 돼 있다. 지금부터는 그런 혼란스러움을 정리하려고 한다.

아인슈타인은 '창의는 무에서 유를 창출하는 것이 아니다. 우리가 모를 뿐이지 출처가 있다'라고 했다. 창의는 카오스의 아무것도 없는 혼돈 속에서 빛과 어둠을 만드는 것이 아니라고 하고 있다. 창조와 같다 생각하더라도 출처를 모를 뿐이지 존재한다는 것을 말하고 있다. 분명하게 창조와 창의를 구분할 수 있는 말을 하고 있다. 스티브 잡스는 '만약 당신이 창의적인 일을 한 사람에게 어떻게 그런 일을 해냈냐고 묻는다면 약간의 죄책감을 가질 것이다'라고 했다. 그의 말 속에는 고객을 사로잡는 애플 제품 속의 아이디어들도 그것을 생각하고 적용한 엔지니어조차 그 어디에선가 가져온 것이라는 의미를 내포하고 있다. TRIZ 발명가인 겐리히 알츠슐러(Genrigh Altshuller) 박사는 '이 세상의 90% 이상이 이미 나와 있다'라고 했다. 200년 전과 100년 전 그리고 100년 전과 지금은 발명에 대한 폭이 점점 더 좁아지고 있음을 말하고 있다. 알츠슐러는 아이디어를 새로운 것에서 찾지 않고 발명했던 발명품들 속에서 관계 법칙을 찾아내 새로운 아이디어를 도출하는 이론을 말하고 있다. 그동안 우리가 갖고 있었던 '창의'에 대한 정의를 새롭게 해본다.

창의 : 다른 사람이 미처 생각하지 못한 것을 찾아내거나 생각해내는 것.

1990년 이전까지는 문제해결을 위해 사람마다 여러 방법론을 사용했다. 기업들도 마찬가지로 저마다 방법론을 갖고 있었다. GE는 나름대로 문제해결 방법론을 갖고 있었고 매킨지도 로직 트리를 포함한 방법론을 갖고 있었다. 지금도 그들 기업은 방법론을 사용하고 있다. 필자가 소개하는 방법론은 TRIZ다. 이 방법론은 지난 1940년 알츠슐러 박사가 러시아에서 발명한 것이다. TRIZ(러시아어로 'Teoriya Resheniya Izobretatelskikh Zadach')는 '창의적 문제해결 방법론'이다. 지난 1985년까지 발전시켜온 철학적인 사상이 깃든 문제해결 방법론이라고 말하고 싶다.

필자가 공장에서 교육도 하고 문제도 해결하기까지는 약 200시간 이상의 교육 및 훈련이 필요했다. 남을 가르치고 문제해결을 할 수 있는 수준인 Level III 인증을 받았지만 아직 문제해결은 쉽지 않다. 전문가

도 문제해결이 쉽지 않은데 초보자에게 문제를 해결하라고 방법론을
가르쳐야 할까? 당연히 가르쳐야 한다고 생각한다. 누구나 시작은 있
고 시간과 경험이 수준을 만든다고 생각하기 때문이다. 하지만 지금 당
장 문제해결을 해야 한다는 과제를 안고 있다. 이런 고민 속에서 문제
해결 절차를 만들었다. 고전 TRIZ와 인터넷이 절차를 만드는 데 도움
을 줬다. [그림10]에 요약해 정리했으니 도움이 됐으면 한다.

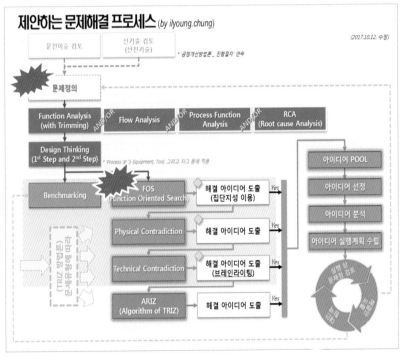

그림 10 창의적 문제해결 절차

'숙제'

    토플러는 "한국 학생은 미래에 필요 없는 지식과 직업을 위해 매일 15시간을 낭비하고 있다"라고 했다. 앞으로 몇 년은 이러한 입시제도가 더 갈 것 같아 토플러의 말 한마디가 한국의 미래를 더 암울하게 한다. 사회에는 이러한 제도 속에서 교육받은 사람들이 많다. 그것도 현장 일선에 있다. 아직 그들은 변화할 마음이 없다. 변화라는 숙제를 풀기 위해 시대적 무관심을 깨야 한다. 하루라도 빨리 변화를 위해 무엇인가 해야 한다. 제조분야 스마트 팩토리는 지금 늦었다. 그렇다고 급한 마음에 기술적인 접근으로만 해결하려고 한다면 더 늦어질 수도 있다. 다시 강조하지만 이 시대에 가장 중요한 것은 사람이다. 한 줄기 긍정적인 가능성은, 세계에서 가장 우수하다고 인정받는 '사람'이다. 사람을 먼저 움직이고 그 움직임이 활발해지면 현재 부족한 것을 만회할 수 있을 것이다. 전쟁 후 60년의 발전은 경쟁국의 200~300년과 비슷한 결과를 가져왔다. 한국인은 저력 있는 민족이다.

너무 암울한 소문과 이야기가 많은 사람들을 불안하게 하고 있다. 한 주부는 울먹이면서 '유치원생인 두 자녀의 미래를 위해 어떻게 하면 좋겠느냐'라고 질문한다. 불확실한 시대다. 과거에 비해 발전 속도가 너무 빨라 예측을 할 수도 없다. 미래가 불확실한데 불안하지 않을 수 없다. 이것을 기회로 코딩이다 뭐다 해서 교육과 돈을 바꾸는 사람들이 있다. 좀 넓게 봐야 한다. 많은 고비마다 인류는 큰 발전을 했다. 교육과 석학들이 먼저 바른 정의와 큰 그림으로 발전 방향을 이야기해야 한다. 지금은 교육이 먼저다. 어떤 교육이라고 묻는다면, 유발 하라리(Yuval Noah Harari) 교수의 말을 인용한다. "불확실성의 무지한 시대를 깨쳐나갈 수 있는 사람을 만드는 교육"이라고 생각한다. 바로 '창의', '창의적 문제해결', '문제해결 방법론' 등의 교육으로 아이부터 직장인까지 지금의 상태에서 탈피하는 변화를 가져야 한다. 생각의 틀을 깨고 생각하는 방법을 스스로 만들어가야 한다. 그런 기반 속에 기업과 개인만이 아닌 정부도 같이 뛰어야만 미래가 밝다고 생각한다. 제조분야에서도 스마트 팩토리가 지금까지는 기술만을 쫓고 추구했다면 지금부터라도 사람에 대한 투자를 해야 한다. 그럼으로써 하루속히 선진국들과 경쟁하는 날을 희망하며 글을 맺는다.

본 책의 내용에 대해 의견이나 질문이 있으면
전화(02)3604-565, 이메일 dodreamedia@naver.com을 이용해주십시오.
의견을 적극 수렴하겠습니다.

4차 산업혁명 지금이 기회다!

제1판 1쇄 인쇄 | 2018년 1월 8일
제1판 1쇄 발행 | 2018년 1월 15일

지은이 | 양성길, 최재용 총괄
         박광록, 박영찬, 반종규, 방명숙, 안병미
         이은정, 이재원, 이창원, 정일영
펴낸이 | 한경준
펴낸곳 | 한국경제신문*i*
기획제작 | ㈜두드림미디어

주소 | 서울특별시 중구 청파로 463
기획출판팀 | 02-3604-565
영업마케팅팀 | 02-3604-595, 583   FAX | 02-3604-599
E-mail | dodreamedia@naver.com
등록 | 제 2-315(1967. 5. 15)

ISBN 978-89-475-4298-2   03320